Jean Paré
reçoit avec simplicité

Photo de couverture :
1. Gâteau au chocolat, page 75 avec Glaçage sept-minutes, page 82
2. Crabe extraordinaire, page 107
3. Légumes à l'italienne, page 162
4. Salade verte, page 146

Jean Paré reçoit avec simplicité
Droit réservés © The Recipe Factory Inc., 1998

Droits réservés dans le monde entier. La reproduction par quelque moyen que ce soit de cet ouvrage est interdite sans la permission écrite préalable de l'éditeur. De brèves parties de cet ouvrage peuvent être reproduites à des fins d'examen critique, à condition d'en mentionner la source. Les critiques sont invités à communiquer avec l'éditeur pour obtenir des renseignements supplémentaires.

Premier tirage Octobre 1998

Données de catalogage avant publication (Canada)

Paré, Jean
    Jean Paré reçoit avec simplicité : l'élégance sans difficulté

    Comprend un index.
    ISBN 1-896891-42-X
            1. Cuisine.   2. Réceptions.   3. Menus.
I. Titre.
TX731.P737214 1998   642   C98-900391-4

Également publié en anglais sous le titre : Easy Entertaining
ISBN I-896891-40-3

Publié simultanément au
Canada et aux États-Unis d'Amérique par
THE RECIPE FACTORY INC.
conjointement avec
COMPANY'S COMING PUBLISHING LIMITED
2311 - 96e Rue
Edmonton (Alberta) Canada T6N 1G3
Tél. : (403) 450-6223
Téléc. : (403) 450-1857

Company's Coming et les Livres de cuisine Jean Paré sont des marques de commerce déposées de Company's Coming Publishing Limited.

Adaptation française par Françoise L'Heureux, mise en page par Guy L'Heureux, Services T & A inc., Wakefield (Québec) Canada.
Sélection chromatique, illustrations au trait, impression et reliure par Friesens, Altona, (Manitoba) Canada.
Imprimé au Canada

Cet ouvrage vous aidera à profiter du temps que vous passez avec votre famille et vos amis et une fois que tout le monde sera reparti, vous vous direz : «c'était simple»!
Jean Paré

Jean Paré reçoit avec simplicité a été créé grâce au dévouement des personnes et des organismes suivants.

COMPANY'S COMING PUBLISHING LIMITED

Auteure	Jean Paré
Président	Grant Lovig
Adjointe à la recherche	Helen Urwin
Vice-présidente, Développement des produits	Kathy Knowles
Gestionnaire de la conception	Derrick Sorochan
Conception	Nora Cserny
Illustrations	Jaclyn Draker
Mise en page	Marlene Crosbie
Rédaction publicitaire	Debbie Dixon

THE RECIPE FACTORY INC.

Gestionnaire, Recherche et développement	Nora Prokop
Révision	Stephanie Amodio
Adjointe à la révision	Michelle White
Correction d'épreuves	Mimi Tindall
Supervision de la cuisine d'essai	Lynda Elsenheimer
Personnel de la cuisine d'essai	Ellen Bunjevac
	Allison Dosman
	Jacquie Elton
	Sharon Frietag
	Marg Steeden
	Audrey Thomas
	Pat Yukes
Photographie	Stephe Tate Photo
Arrangement des aliments	Cora Lewyk
Accessoiriste	Gabriele McEleney

Nous tenons à remercier les entreprises suivantes de nous avoir fourni une foule d'accessoires pour les photographies.

Chintz & Company	Mystique Pottery & Gifts
Creations by Design	Scona Clayworks
Dansk Gifts	Stokes
Eaton	The Basket House
Enchanted Kitchen	La Baie
Exquisite Sewing Centre	The Glasshouse
La Cache	The Royal Doulton Store
Le Gnome	Wicker World
Mugsie's Coffee House	

Table des matières

Fondues
À gauche : Fondue aux artichauts et au fromage, page 20
À droite : Fondue à la bière, page 20

Boissons
Punch au raisin, page 54
Punch à la rhubarbe, page 53

Avant-propos 6

Comment créer l'ambiance 8
Énumération des fleurs qui se prêtent le mieux à la création de compositions et sur la disposition de bouquets. Précisions sur différents genres de bougies, y compris leur durée, leurs usages et la façon de les présenter.

Fondues 16
Fondues chaudes à l'huile ou au bouillon, sauces et fondues pour le dessert. Description du matériel à fondue et suggestions d'aliments à tremper.

Garnitures et présentation 22
Idées simples et faciles pour créer des garnitures et des présentations intéressantes. Liste des articles à avoir sous la main, recettes de trempettes rapides et suggestions concernant la disposition des plateaux de viandes et de légumes.

Menus 28
Buffet pour 20 personnes, tête-à-tête et une foule d'autres raisons de recevoir des invités.

Comment plier les serviettes 30
Trois différentes méthodes de plier les serviettes pour un buffet et quatre différentes méthodes de les plier pour un repas à table.

Recettes

Hors-d'œuvre.................................. 32
Bouchées chaudes ou froides à base de bœuf, de porc, de poulet et de fruits de mer. Également des tartinades, des mousses, des rouleaux au fromage et des boules de fromage.

Boissons... 53
Punch pour une foule, chocolat chaud pour deux, liqueurs à préparer soi-même et autres boissons.

Pains et pains éclairs....................... 58
Gâteaux pour le thé, biscuits de pâte pour le déjeuner, brioches collantes à la cannelle et muffins.

Déjeuners et brunches....................... 68
Quiches, plats étagés, sandwiches chauds et autres plats ingénieux à base d'œufs et de pain.

Gâteaux 75
Au chocolat, aux épices ou des anges ou encore gâteaux aux fruits ou roulés, gâteaux Bundt et glaçages.

Hors-d'œuvre
Bouchées aux olives noires, page 43
Champignons champêtres, page 42

Noix enrobées 83
Noix, maïs soufflé et céréales enrobés de sirops au caramel et de garnitures au sucre.

Biscuits 86
Biscuits à la cuillère ou réfrigérés, biscuits fourrés—toute une panoplie de biscuits!

Desserts 90
Desserts élégants, y compris gâteaux au fromage et bagatelles. Allant de riches et crémeux à légers et mousseux.

Poissons et fruits de mer 104
Plats au crabe, aux crevettes, au saumon et au poisson blanc.

Viandes et volailles 112
Plats au bœuf, au porc, au poulet, à la dinde et à l'agneau.

Tartes 138
Tartes au chocolat et aux fruits, dans une pâte brisée ou sur un fond de chapelure.

Salades 145
Salades de légumes et aspics, salades de fruits de mer, de pâtes et au riz.

Soupes et chaudrées 150
Potages crémeux, chaudrées aux fruits de mer consistants, soupes de légumes épaisses et nourrissantes soupes aux haricots.

Carrés 155
Carrés à base de chocolat, de noix ou de flocons d'avoine, ainsi que des fudges onctueux.

Légumes 160
Brocoli, carottes, maïs, macédoine, oignons et courges, sans oublier les haricots, le riz et les pommes de terre.

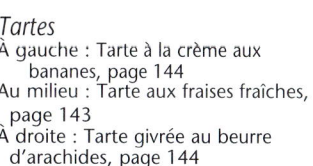

Tartes
À gauche : Tarte à la crème aux bananes, page 144
Au milieu : Tarte aux fraises fraîches, page 143
À droite : Tarte givrée au beurre d'arachides, page 144

Viandes et volailles
Pain de viande abondance, page 120
Bœuf bourguignon, page 122
Bœuf au gingembre, page 116
Lasagne, page 124

Recevoir dans la détente 172
Facile de garder son sang froid avec ces conseils sur la planification, la préparation et la façon de tout mener à bien.

Couverts et décorations 176
Comment disposer un buffet ou une table, avec des idées pour décorer la table avec des nappes, des serviettes et des centres de table.

Tableaux de mesures 184
Index 185

Avant-propos

Vous êtes-vous déjà demandé comment certaines personnes donnent l'impression de recevoir chez elles sans sembler se donner aucun mal?

❁

Elles ouvrent toute grande leur porte pour accueillir des gens qui arrivent à l'improviste, invitent spontanément les voisins à venir passer la soirée et sont détendues lorsque la maison est pleine d'invités—rien ne semble les déranger. Ces personnes ont compris que l'amitié est la clé du succès des rencontres, et non des plats ou des décorations élaborés. Après tout, les êtres humains sont de nature grégaire et apprécient volontiers les occasions de se détendre avec leurs amis et au sein de leur famille.

❁

Les moments dont on garde le meilleur souvenir sont ceux qui ont été marqués d'éclats de rire, de bonne nourriture et d'une atmosphère confortable, lorsque l'hôte ou les hôtes participaient à la conversation.

❁

Ces propos se rapportent à la fonction même de JEAN PARÉ REÇOIT AVEC SIMPLICITÉ—cet ouvrage contient des idées et des conseils sur la façon de recevoir chez soi avec peu d'effort et beaucoup de succès. Quelque temps avant la prochaine rencontre que vous planifiez, prenez un moment pour parcourir chaque partie de ce livre. Vous verrez que vous commencerez vos plans dès que vous aurez mis la main sur un papier et un crayon.

❁

Ce ne sont pas les raisons d'accueillir des gens chez soi qui manquent. Une invitation peut commencer par un simple coup de téléphone pour convier un voisin qui habite seul à vous rejoindre pour le souper. Il y a aussi les réunions de famille, où les invités sont plus nombreux et se réunissent pour un baptême, pour une graduation ou pour des noces d'or. On peut alors choisir entre un repas à table ou un buffet, selon ce qui convient le mieux. Pour offrir quelque chose de simple et de différent, il suffit de consulter le chapitre sur les fondues. Ce genre de repas est parfait lorsqu'on reçoit des amis proches ou de la famille—l'atmosphère est intime et détendue, rendue simplement élégante par le menu unique et la disposition de la table.

❁

Ces pages contiennent aussi des suggestions de menus qui conviennent pour une foule d'occasions. Avec plus de 250 recettes savoureuses, il peut être pratique d'envisager certaines des combinaisons proposées selon les occasions. Lorsque vous consultez les recettes mêmes, vous constaterez que chaque une d'elle contient des renseignements qui permettent de préparer le plat, en entier ou en partie, à l'avance. Parcourez également le chapitre sur les garnitures et les présentations. Un mets simple devient un régal pour les yeux quand on le décore d'une feuille de menthe, d'une fraise coupée en éventail ou d'une rose en sucre.

❁

Ne vous sentez pas dans l'obligation de servir un repas élaboré, à plusieurs services, si vous ne le voulez pas. Un simple pain de viande ou plat de pâtes accompagné d'une salade, de pain frais et d'un bon vin est susceptible de satisfaire l'appétit de tous tout autant qu'un repas compliqué.

✿

Il est des occasions qui donnent envie de décorer la maison, ou du moins la table. Toujours par souci de simplicité, la beauté apaisante des chandelles et des fleurs suffit à créer un air d'élégance sans qu'il faille se compliquer la vie. Le chapitre intitulé «Comment créer l'ambiance» contient des merveilleux conseils sur la décoration avec des bougies et des fleurs. Quelles fleurs se manipulent le mieux et durent le plus longtemps? Faut-il choisir des bougies votives ou des chandelles pour embellir une table de buffet?

Prenez le temps de lire les chapitres sur les idées de décoration et la façon de disposer une table attirante. Ils contiennent des conseils sur la création de centres de table simples, de compositions florales colorées qui attirent le regard et de couverts décoratifs. Il faut aussi profiter des apports aromatiques des huiles parfumées et du pot-pourri.

✿

Comment faire alors pour recevoir sans inquiétude ou tracas? Le chapitre intitulé «Recevoir dans la détente» contient une foule de conseils et d'astuces sur les aspects à planifier d'avance et sur la façon de s'y prendre pour profiter soi même de la fête, une fois que les invités sont arrivés.

✿

Personnellement, les rencontres ont toujours tenu une grande place dans ma vie et j'ai toujours eu du plaisir à recevoir des gens chez moi. Aujourd'hui, tout le monde est plus occupé qu'autrefois et on se trouve souvent à se contenter de saluer de la main nos amis et voisins en se promettant de se voir «bientôt». JEAN PARÉ REÇOIT AVEC SIMPLICITÉ a pour objet de vous aider à recevoir sans difficulté, dans l'espoir d'inciter tous à multiplier les rencontres en famille et entre amis. Ouvrez votre foyer, comme vous le feriez votre cœur, et célébrez la joie pure de recevoir en toute simplicité.

✿

Jean Paré

Comment créer l'ambiance

Lorsque les architectes d'intérieur planifient la disposition de bureaux, ils prévoient des éléments destinés à stimuler l'énergie dans le milieu de travail. De même, ceux et celles qui reçoivent veulent créer chez eux une atmosphère confortable et relaxante, à la hauteur de l'occasion. Créer une «ambiance», c'est un peu entrer dans le domaine de la décoration invisible puisque l'ambiance relève d'éléments qui stimulent les sens.

Ce chapitre contient une foule d'idées merveilleusement inspirantes sur la façon de s'y prendre pour créer une ambiance. Il contient notamment des renseignements utiles sur les compositions florales, des indications qui permettent de transformer de simples ustensiles de cuisine en vases ingénieux et des suggestions sur la façon d'exploiter le plus possible les bougies aromatiques et celles qui absorbent les odeurs.

Prenez le temps de considérer la rencontre que vous avez planifiée et d'évaluer vos besoins avant de parcourir ce chapitre. Ces suggestions simples et amusantes vous permettront sûrement de créer l'ambiance parfaite pour votre rencontre!

L'animation florale

Les fleurs fraîches, qu'elles ornent la table du petit déjeuner, celle du souper ou le manteau de la cheminée, ajoutent de la couleur, des parfums légers et un dynamisme visuel à toutes les rencontres. Dans bien des régions de l'Amérique du Nord, le climat permet de cultiver un jardin à longueur d'année. Même dans les régions où la saison est écourtée, la plupart des fleuristes et des magasins d'alimentation vendent des fleurs coupées à prix raisonnable.

Lorsque le salon, la salle familiale, la salle de jeux ou même la salle de bain a besoin d'un peu de couleur, les fleurs offrent un assortiment infini de tons, de textures, de hauteurs et de parfums. Dans le langage des fleurs, les tons de rouge évoquent l'amour, le blanc, la vérité, et le jaune, la joie et l'optimisme.

Les fleurs qui suivent font souvent partie de bouquets.

A. Choisir parmi les fleurs qui suivent une couleur dominante ou un mélange de couleurs.

Alstroémère (dure 7 jours et plus)

Ces petites fleurs en forme de trompette sont regroupées sur une tige. Elles existent en différentes couleurs. Les jolis boutons de graines ne font que rehausser l'ensemble de la composition florale.

Œillet (dure 7 jours et plus)

Symbole de passion, cette fleur populaire et peu coûteuse, aux pétales découpés, existe en tailles et en couleurs vives variées.

Chrysanthème (dure 7 jours et plus)

La taille de cette noble fleur varie, mais ce sont les fleurs plus petites, qui mesurent de 5 à 7,5 cm, qui donnent les plus beaux résultats dans une composition. Écraser le bout coupé des tiges dures et les laisser tremper dans l'eau plusieurs heures avant d'utiliser les chrysanthèmes.

Jonquille (dure de 3 à 5 jours)

La fleur en forme de trompette de ce populaire bulbe printanier est le plus souvent jaune vif, mais elle existe aussi en blanc, en orange et en rose.

Marguerite (dure 7 jours et plus)

Cette fleur du matin est le symbole de l'innocence et des souvenirs précieux. Les marguerites sont le plus souvent blanches, mais existent aussi en saisissants tons de jaune, de rose et de mauve.

Freesia (dure de 3 à 5 jours)

Ces fleurs qui embaument sont réunies à raison de 4 ou 5 sur une tige doucement inclinée. Cette fleur, symbole d'innocence, ajoute de la vie à n'importe quelle composition et existe dans une foule de couleurs.

Iris (dure de 3 à 5 jours)

Les pétales de cette haute fleur noble sont foncés sur le pourtour et plus pâles au centre. Les iris viennent en différents tons de bleu, de violet et de jaune. Il faut ôter les fleurs à mesure qu'elles meurent pour que d'autres puissent les remplacer.

Lis (dure 7 jours et plus)

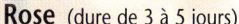

Fleur qui persiste même après avoir été coupée, le lis dramatise toutes les compositions. Il y a généralement de 4 à 6 fleurs sur une tige solide et comme il existe plusieurs variétés de lis, la taille et la couleur des fleurs varient.

Rose (dure de 3 à 5 jours)

Reconnue pour sa beauté et son odeur, la rose est la fleur de bouquet classique. Elle aussi se trouve en nombreuses variétés qui se distinguent par la forme, la taille et la couleur. La beauté simple de la rose se prête à des compositions saisissantes, que ce soit avec une seule fleur ou en la combinant à un bouquet.

Gueule-de-loup (dure de 3 à 5 jours)

Cette haute plante présente plusieurs fleurs sur une grande tige droite et solide. La hauteur du plant et la couleur des fleurs varient.

Tulipe (dure de 4 à 6 jours)

Cette populaire fleur printanière existe en tons vifs et pastels et dégage une odeur agréable. Les tulipes se distinguent des autres fleurs en ce qu'elles continuent de pousser même après avoir été coupées. Comme les tulipes absorbent énormément d'eau, il est préférable de les placer dans environ 5 cm d'eau, et de vérifier chaque jour le niveau de l'eau, et non dans de la mousse oasis.

B. Choisir une des fleurs suivantes pour ajouter un point focal à une composition.

Oiseau de paradis (dure de 4 à 6 jours)

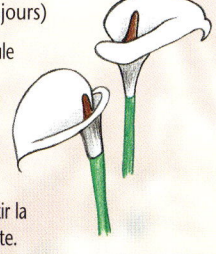

Cette haute fleur aux couleurs vives qui domine une tige solide ressemble au paradisier, un des plus jolis oiseaux du monde. Son apparence particulière ajoute de l'exotisme à une composition en lui prêtant un air moderne.

Zantédesquie (dure de 4 à 6 jours)

Cette fleur élégante est formée d'un seule pétale en trompette dont le bord est recourbé. Son centre comporte un pistil unique et la tige est haute et épaisse. La fleur est d'un blanc vif tandis que les feuilles sont larges et luisantes. Il suffit d'un contenant simple pour faire ressortir la beauté classique de cette fleur apaisante.

Gerbera (dure 7 jours et plus)

Cette fleur, qui doit son nom au botaniste allemand Truagott Gerber, ressemble à une grosse marguerite. Elle est de différentes couleurs vives et convient parfaitement dans un composition simple et moderne.

Glaïeul (dure de 4 à 6 jours)

Le glaïeul comporte plusieurs fleurs sur une haute tige légèrement inclinée dont les feuilles sont en forme d'épée. Les fleurs sont de couleurs vives ou pastels. Pour prolonger la vie des fleurs, il faut recouper les tiges au bout de quelques jours.

Orchidée (dure 7 jours et plus)

La délicate orchidée est une fleur assez imposante à l'air ciré, dont la taille et la couleur varient, et dont le centre est souvent plus foncé. Cette fleur classique rehausse l'élégance de n'importe quelle composition.

C. Les fleurs qui suivent complètent un bouquet.

Gypsophile (dure 7 jours et plus) Les fines tiges qui se divisent en branches sont ornées de petites grappes de délicates fleurs blanches ou roses à l'odeur subtile et délicate.

Fougère (dure 7 jours et plus) Les fougères sont de forme et de texture diverses. Les frondes sont longues et divisées en branches et peuvent être foliacées ou plutôt solides. Les tons de vert des feuilles varient.

Arméria (dure 7 jours et plus) Ces petites fleurs très colorées sont groupées sur des tiges qui ont l'apparence de branches. En grec, le nom signifie «qui reste debout». L'arméria conserve sa fraîcheur pendant des mois.

Giroflée (dure 7 jours et plus) Ce plant populaire comporte des petites fleurs allongées à l'odeur subtile. Elles peuvent être différents tons de rose, de mauve, de blanc, de jaune ou de blanc cassé.

Choix des contenants

Le contenant dans lequel on choisit de présenter une composition florale, qu'il s'agisse d'un vase de cristal ou d'un poivron ou d'un cantaloup évidé (page 25), est aussi important que les fleurs qui y sont destinées.

La forme du contenant devrait reprendre celle de la composition florale. Ce qui amène donc à la question fondamentale : faut-il choisir d'abord le contenant ou la forme de la composition? La réponse : cela n'a aucune importance.

En revanche, il faut commencer par choisir l'endroit où la composition sera placée. Ensuite, il faut choisir un genre de composition. Est-ce que l'emplacement choisi (et la nature de la rencontre) exigent une composition informelle ou quelque chose de plus formel? Il faut ensuite considérer l'endroit où la composition sera placée. S'agit-il d'une niche ou d'un endroit dégagé? Les convives verront-ils la composition de tous les côtés ou simplement le devant? Est-ce qu'ils devront s'étirer au-dessus des fleurs pour rejoindre quelque chose? Est-ce qu'ils seront séparés par les fleurs au cours de leurs conversations? La réponse à ces questions décident de la hauteur de la composition. Il faut à tout prix éviter que les invités renversent la composition florale.

Le moment est maintenant venu d'explorer les placards et les étagères de la maison en quête de contenants uniques et intéressants.

La théière jaune et «l'essaim d'abeilles» qui l'accompagne conviennent parfaitement pour la table du petit déjeuner. Les tulipes et les glaïeuls ont été taillés courts et disposés pour créer une forme (sans ajouter de verdure) qui fait ressortir la théière. À cause du contraste des couleurs (pâles et foncées) et de l'emploi de couleurs complémentaires (jaune et mauve), les fleurs et la théière transmettent le même accent visuel.

La grande tasse sur pied est parfaite pour un buffet pour le brunch ou le déjeuner. Elle devient un centre visuel saisissant sans dominer la myriade d'objets qui sont disposés autour d'elle, sur la table. Le tournesol domine le nuage rose que forment les gueules-de-loup, les freesias, les œillets et les gerberas. Même le vert de la tasse vient compléter l'ensemble sans distraire de son élément central—les fleurs. La disposition suit la courbe de l'anse et continue de «déborder» de l'autre côté, comme si on versait les fleurs.

Un seau en fer blanc est le réceptacle idéal pour des jonquilles lumineuses, donnant l'impression qu'elles viennent tout juste d'être cueillies. On s'est servi de diasmo pour compléter les fleurs et les rehausser d'un peu de rose. La forme angulaire du seau reprend l'angle droit des pétales pointus des jonquilles. Cette composition est parfaite pour une rencontre en après-midi ou une soirée sur le patio.

Le gros pichet de verre coloré, avec son ouverture large, est le support de présentation idéal de ce généraux assortiment de fleurs printanières—iris, lis, freesias et chrysanthèmes. La rondeur du pichet est reprise dans l'ampleur de la composition florale. Les feuilles vertes contribuent énormément à la forme de l'ensemble.

Il y a dans toutes les maisons une foule de contenants qui peuvent servir à présenter une seule fleur. Ici, on s'est servi de contenants de pellicules photographiques vides pour ces tulipes en les remplissant environ aux $2/3$ d'eau et en laissant 2,5 cm (1 po) de tige sur les fleurs. On peut également remplir à moitié d'eau un verre à dégustation, y ajouter 1 ou 2 gouttes de colorant alimentaire et déposer un œillet à la surface de l'eau.

Composition des bouquets

Les couleurs que l'on choisit pour composer un bouquet peuvent être toutes des variantes d'un même ton ou il peut s'agir d'un assortiment de couleurs complémentaires ou d'une explosion de contrastes dynamiques.

Une fois choisi le contenant, on peut l'orner d'un ruban noué avant de déballer le colis du fleuriste et d'entreprendre la merveilleuse aventure que constitue la création d'un chef-d'œuvre visuel à partir d'un amas de tiges, de feuilles et de pétales. Il suffit de suivre les étapes simples ci-dessous pour composer un bouquet et découvrir combien il est facile de créer quelque chose de si joli.

1. Toujours retailler les tiges des fleurs avant de les placer dans le contenant.

Couper les tiges en angle avec un couteau affûté plutôt qu'avec des ciseaux car ceux-ci ont tendance à écraser la tige. Les tiges de rose devraient être taillées sous l'eau, dans l'évier, mais non sous l'eau courante du robinet.

Enlever les feuilles qui seraient en contact avec l'eau dans le contenant.

La hauteur du contenant devrait être environ le 1/3 de la hauteur des plus hautes fleurs. Remplir le contenant aux 3/4 d'eau tiède. Placer les feuilles vertes (on se sert ici de fougères arborescentes) pour former un fond pour les fleurs.

2. Déterminer la hauteur et la forme de la composition en introduisant d'abord les plus grandes fleurs dans le contenant. Dans la composition ci-contre, les gerberas jaune citron donnent une jolie forme arrondie, mais comme elles sont hautes et étroites, elles prolongent également la forme du vase.

On peut aussi ajouter à la composition une fleur qui en constituera le point d'intérêt, comme la zanthédesquie qui est employée ici.

3. Ajouter le reste des fleurs, mais en respectant la forme finale de la composition.

Ici, on a ajouté des œillets blancs et mauve foncé pour faire ressortir davantage les brillantes gerberas jaunes, mais de façon que l'œil soit attiré vers le haut par la zanthédesquie.

4. Pour finir, ajouter des fleurs plus courtes ou qui fournissent la composition, comme de l'arméria ou de la giroflée.

Ici, on a choisi de l'arméria d'un mauve foncé très subtil pour combler les vides au bas de la composition. On obtient au bout du compte une composition abondante, mais qui conserve une apparence élancée et angulaire.

La créativité à la bougie

Les bougies diffusent une lumière chaleureuse, illuminent les coins sombres et sont une alternative paisible à la luminosité crue des luminaires électriques. Il est impossible de recréer par quelque autre moyen l'ambiance créée par les bougies. De nos jours, on trouve des bougies de pratiquement n'importe quelle ton, ce qui permet d'ajouter de la couleur, un parfum ou un accent visuel sur la table à café ou près de chaque couvert à table, en regroupant les bougies par trois ou plus, qu'elles flottent dans un bol ou soient posées dans d'imposants bougeoirs.

Outre les minces et hautes chandelles traditionnelles, il y a des bougies cylindriques, des lampions, des bougies votives, des bougies trempées et des bougies de cire d'abeille roulée. Les formes que prennent les bougies ne sont limitées que par l'imagination— abeilles, ours, arbres et anges, pour n'en nommer que quelques-unes, mais la plupart des gens choisissent de ne pas faire brûler ces bougies décoratives. Les bougies cylindriques sont également diverses : elles peuvent être ondulées, à cinq côtés ou plus ou en forme de pyramide.

Les chandelles peuvent être faites de cire qui s'égoutte et qui s'étale lentement sur un bougeoir posé sur la table ou le manteau de la cheminée ou elles peuvent ne pas couler. Les deux genres sont aussi élégants l'un que l'autre, mais il faut faire preuve de prudence avec les bougies qui s'égouttent car la cire peut endommager certaines surfaces.

Bon nombre de bougies sont aromatisées et il faut alors les positionner judicieusement. Il est préférable de les placer un peu à l'écart des endroits prévus pour la conversation ou encore dans la salle de bain pour les invités. Il faut aussi être conscient du mélange des odeurs des fleurs, des bougies et du pot-pourri. Il survient parfois des conflits qui résultent en une odeur nauséabonde imprévue.

Les bougies non parfumées peuvent aider à neutraliser les odeurs de fumée, de parfum, d'eau de Cologne ou de cuisine, comme celle du poisson. Un peu de sel placé dans un contenant peut aussi contribuer à l'absorption des odeurs indésirables ou puissantes. Les étapes qui suivent permettent de créer rapidement et facilement une bougie désodorisante.

Choisir une orange bien ronde de bonne taille. La couper en deux et en dégager la chair et la première couche de la membrane intérieure blanche afin d'obtenir une écorce vide dont l'intérieur est blanc et sec.

Remplir presque entièrement l'écorce de sel et égaliser le dessus. Prendre un lampion et le dégager de son enveloppe de métal, au besoin, puis l'enfoncer doucement au milieu du sel. Préparer de la même manière l'autre moitié d'écorce et disposer à un endroit stratégique de la pièce.

Types de bougies

Cire d'abeille

Ces bougies fondent assez rapidement car la cire est percée de gros trous. La cire d'abeille véritable fond plus également que celle qui est combinée avec de la paraffine.

Chandelles trempées

Elles mesurent de 15 à 25 cm de hauteur (6 à 10 po) et de 1,2 à 2,5 cm de diamètre ($\frac{1}{2}$ à 1 po) et brûlent de $1\frac{1}{2}$ à 9 heures.

Bougies flottantes

Elles mesurent de 5 à 7,5 cm de diamètre (2 à 3 po) et brûlent environ 4 heures.

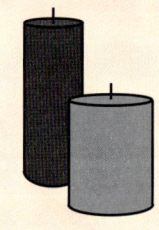

Bougies cylindriques

Elles mesurent de 17,5 à 25 cm de hauteur (7 à 10 po) et de 5 à 7,5 cm de diamètre (2 à 3 po) et brûlent de 70 à 100 heures.

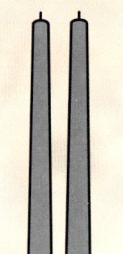

Chandelles

Elles mesurent de 15 à 38 cm de hauteur (6 à 15 po) et brûlent de 5 à 13 heures.

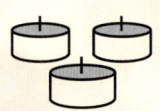

Lampions

Ils mesurent environ de 3,8 cm de diamètre ($1\frac{1}{2}$ po) et brûlent de 4 à 5 heures.

Bougies votives

Elles mesurent de 3 à 5 cm de diamètre ($1\frac{1}{2}$ à 2 po) et brûlent de 8 à 10 heures.

Combustion et rangement des bougies

Les conseils qui suivent permettent de brûler et de ranger correctement les bougies.

- Ne jamais laisser sans surveillance une bougie allumée!
- La cire coule sous l'effet d'un courant d'air ou lorsqu'on déplace une bougie. Si le mouvement d'air est inévitable, protéger la bougie avec un écran de verre ou un protège-flamme.
- Lorsqu'une bougie est neuve, retailler la mèche à environ 6 mm de long (¼ po), puis la laisser brûler pendant environ une minute. Éteindre ensuite la bougie qui sera alors beaucoup plus facile à rallumer au moment de l'arrivée des invités. Toujours retailler la mèche avant de rallumer une bougie pour éviter qu'elle ne crache ou fume.
- Les bougies cylindriques doivent rester allumées au moins une heure pour 2,5 cm (1 po) de diamètre pour éviter qu'un «puits» ne se creuse autour de la mèche. Après avoir éteint la bougie, ramener délicatement les bords ramollis vers le centre. Si un puits se forme malgré tout, on peut y remédier en retirant un lampion de son enveloppe de métal et en le posant dans le puits, ce qui donne l'impression que c'est la bougie principale qui brûle.
- Ranger les bougies votives dans un récipient hermétique et les conserver au réfrigérateur pour préserver leur odeur.
- Envelopper individuellement les bougies de couleur dans du papier de soie avant de les ranger pour éviter qu'elles ne déteignent sur les autres bougies. De même, les bougies blanches devraient être enveloppées et rangées dans le noir pour éviter qu'elles ne jaunissent. Les bougies devraient systématiquement être rangées dans un endroit sec, à l'abri du soleil ou d'autres sources de chaleur.
- Éteindre les bougies avec un éteignoir ou en plaçant la paume de la main derrière la flamme avant de la souffler doucement. La fumée qui s'élève d'une bougie que l'on vient d'éteindre dégage une forte odeur de soufre que l'on peut neutraliser en se mouillant de salive le bout du pouce et de l'index et en pinçant rapidement la mèche entre ces deux doigts.

On peut se servir d'un grand bol ou d'un autre grand plat pour faire flotter des têtes de fleurs fraîches et des bougies flottantes. Les gerberas ci-dessus sont saisissantes et les bougies flottantes semblent très ordinaires à côté des fleurs, c'est pourquoi on a répandu des petites étoiles métallisées sur les bougies.

Le sable artisanal est peu coûteux et existe en différentes couleurs. Le sable fait un fond solide pour les chandelles et les bougies cylindriques. Il suffit ensuite de laisser courir son imagination pour compléter la composition.

Mouiller le sable et y ajouter des têtes de fleurs (on s'est servi ci-dessus d'œillets jaunes) ou choisir des objets qui reprennent le thème de la rencontre. Les coquillages disposés autour des chandelles seraient parfaits pour décorer une table disposée pour un buffet de fruits de mer. Recouvrir le sable de pot-pourri aromatisé (à condition que les chandelles ne le soient pas), de billes, de petits drapeaux de papier ou de ces petits parasols qui servent à décorer les cocktails. Il n'y a qu'à laisser libre cours à son imagination—c'est un jeu d'enfants!

Fondues

Si vous désirez offrir à vos invités une expérience culinaire qui sort un peu de l'ordinaire, songez à la spectaculaire et impressionnante présentation d'une fondue. Les invités réunis autour de la table se trouvent plongés dans une atmosphère intime et informelle, propice à la conversation et à l'amitié.

Placée au centre de la table, la fondue est le point focal rêvé. Le repas et la conversation qui s'ensuivent stimuleront et satisferont assurément tous les convives! En plus, comme une fondue se prépare à l'avance, vous, l'hôte, serez libre de profiter entièrement d'une soirée relaxante passée entre amis.

La fondue, avec le mode de cuisson qui lui est particulier, peut faire office de hors-d'œuvre, de plat de résistance ou de dessert, et les recettes données ici sont sûres de vous inspirer. Elles sont accompagnées de celles de sauces sucrées ou épicées qui rehaussent le goût de la viande cuite, de sauces onctueuses et crémeuses au fromage pour pratiquement tous les légumes et le pain et c'est sans oublier, bien entendu, les irrésistibles sauces au chocolat ou au caramel qui accompagnent si bien les fruits frais.

Fondue de pizza

Services à fondue

Caquelon à fondue au chocolat
Lampions (fondue au fromage ou au chocolat)
Fourchettes (à manches longs ou courts)
Caquelon à fondue au fromage
Combustible solide (Fondue à l'huile ou au bouillon)
Panier
Caquelon à fondue à l'huile ou au bouillon
Combustible liquide et réchaud (Fondue à l'huile ou au bouillon)

Fondue de pizza

Elle goûte la pizza, sans la croûte. ⏱ *Préparer les bouchées et râper le fromage la veille. De même, faire revenir le bœuf haché, l'oignon et l'ail et réfrigérer jusqu'au lendemain.*

Bœuf haché maigre	¼ lb	113 g
Oignon haché fin	¼ tasse	60 mL
Gousse d'ail, émincée (ou 1 mL, ¼ c. à thé, de poudre d'ail)	1	1
Farine tout usage	1 c. à soupe	15 mL
Soupe de tomates condensée	10 oz	284 mL
Vin blanc (ou vin sans alcool)	⅔ tasse	150 mL
Gruyère, râpé	1 tasse	250 mL
Mozzarella, râpé	1 tasse	250 mL
Basilic déshydraté	1 c. à thé	5 mL
Origan moulu	1 c. à thé	5 mL
Poivre, une pincée		

Faire revenir le bœuf haché, l'oignon et l'ail dans une poêle à frire à revêtement anti-adhésif jusqu'à ce qu'ils soient dorés. Bien égoutter.

Incorporer la farine, puis la soupe de tomates en remuant jusqu'à ce que la préparation bouille.

Ajouter les 6 derniers ingrédients. Remuer jusqu'à ce que le fromage ait fondu. Verser le tout dans le caquelon. Régler basse la flamme du réchaud. Donne 625 mL (2½ tasses) de sauce à fondue.

30 mL (2 c. à soupe) de sauce : 62 calories; 4 g de protéines; 3,1 g de matières grasses; 3 g de glucides; 145 mg de sodium

Bouchées : cubes de pain à l'ail, morceaux de poivrons, champignons, quartiers de tomates, tranches de saucisse ou de saucisson d'été.

Photo sur cette page.

Fondue au bifteck

Servir avec la sauce teriyaki au sésame, page 18, ou la trempette au chili et au raifort, page 18. ☺Une délicieuse marinade à préparer à l'avance. Trancher le bifteck avant qu'il ne dégèle complètement.

Marinade :		
Sherry (ou sherry sans alcool)	½ tasse	125 mL
Mélasse de fantaisie (ou de cuisine)	¼ tasse	60 mL
Jus de citron	1 c. à soupe	15 mL
Sauce soja	1 c. à soupe	15 mL
Huile de cuisson	1 c. à soupe	15 mL
Ketchup	1 c. à soupe	15 mL
Gingembre moulu	½ c. à thé	2 mL
Sauce piquante aux piments	¼ c. à thé	1 mL
Poudre d'ail	¼ c. à thé	1 mL
Bifteck de flanc, coupé sur la diagonale en lanières étroites de 10 cm (4 po)	1½ lb	680 g
Huile de cuisson pour remplir aux ⅔ le caquelon (ou bouillon à fondue orientale, ci-contre)		

Marinade : Combiner les 9 premiers ingrédients dans un bol. Bien mélanger.

Ajouter les morceaux de viande. Couvrir. Laisser mariner au frais jusqu'au lendemain. Égoutter. Enfiler les morceaux de viande sur les 7,5 cm (3 po) inférieures de brochettes de bois de 25 cm (10 po) qui ont été détrempées dans l'eau pendant 10 minutes. Donne 35 à 40 brochettes de bœuf.

Porter la seconde quantité d'huile de cuisson à ébullition dans une casserole. Verser doucement dans le caquelon. Régler la flamme du réchaud à intensité moyenne pour que l'huile reste chaude ou à haute intensité s'il s'agit de bouillon.

<small>1 brochette : 48 calories; 4 g de protéines; 2,8 g de matières grasses; 1 g de glucides; 29 mg de sodium</small>

Photo ci-dessus.

Fondue orientale au bouillon

Servir avec des bols individuels de riz chaud. ☺Préparer les légumes le matin. Trancher le bœuf avant qu'il ne dégèle complètement. Réfrigérer jusqu'au moment de servir.

Bouillon :		
Bouillon de bœuf (ou de poulet) condensé	2 × 10 oz	2 × 284 mL
Eau	2 tasses	500 mL
Gingembre moulu	½ c. à thé	2 mL
Poudre d'ail, une pincée		

Bouillon : Combiner les 4 ingrédients dans une casserole. Porter à ébullition. Verser dans le caquelon et régler la flamme du réchaud à haute intensité. Donne 1,1 L (4½ tasses) de bouillon à fondue.

<small>15 mL (1 c. à soupe) de bouillon : 3 calories; trace de protéines; 0,1 g de matières grasses; trace de glucides; 50 mg de sodium</small>

Bouchées : filet de porc coupé en lanières fines, filet de bœuf coupé en lanières fines, poitrines de poulet dépouillées et coupées en lanières fines, petites crevettes cuites, décortiquées et déveinées, petits champignons frais entiers attendris à la vapeur, pois en cosses frais ou surgelés, bouquets de brocoli ou de chou-fleur, morceaux de poivrons verts, rouges ou jaunes, oignons verts tranchés.

Photo ci-dessus.

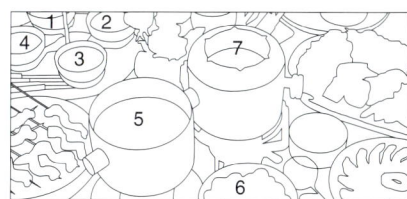

1. Sauce chutney aux mangues, page 18
2. Sauce teriyaki au sésame, page 18
3. Trempette au chili et au raifort, page 18
4. Sauce aigre-douce, page 18
5. Fondue au bifteck, page 17
6. Boulettes mexicaines, page 18
7. Fondue orientale au bouillon, page 17

Boulettes mexicaines

Une agréable boulette épicée. Il vaut mieux les cuire dans un panier car une fourchette risque de les briser. ☉Façonner les boulettes le matin ou la veille de la rencontre et les conserver au frais.

Gros œuf, battu à la fourchette	1	1
Sauce chili	3 c. à soupe	50 mL
Flocons d'oignon	½ c. à thé	2 mL
Piments rouges du Chili broyés	¼ c. à thé	1 mL
Poudre d'ail	⅛ c. à thé	0,5 mL
Tranche de pain réduite en chapelure	1	1
Bœuf haché maigre	¾ lb	340 g

Verser les 6 premiers ingrédients dans un bol. Bien combiner le tout.

Ajouter le bœuf haché. Bien mélanger. Façonner 48 boulettes de 12 mm (½ po), en divisant d'abord le mélange en 4, puis en divisant chaque quart en 2 pour obtenir 8 parties en tout. Ensuite, il suffit de diviser chaque partie en 6 boulettes. Réfrigérer. Cuire dans l'huile chaude, dans le caquelon. Donne 4 douzaines de boulettes d'environ 2 cm (¾ po).

1 boulette cuite : 27 calories; 2 g de protéines; 2,1 g de matières grasses; 1 g de glucides; 24 mg de sodium

Photo à la page 17.

Trempette au chili et au raifort

Cette trempette rouge orangée contient des petits morceaux foncés de céleri. ☉À préparer à l'avance. Se conserve une semaine au réfrigérateur.

Sauce chili	½ tasse	125 mL
Raifort commercial	¼ tasse	60 mL
Vinaigre blanc	1 c. à soupe	15 mL
Sucre granulé	1 c. à thé	5 mL
Graines de céleri	1 c. à thé	5 mL
Sauce Worcestershire	1 c. à thé	5 mL
Sel à l'ail	¼ c. à thé	1 mL

Combiner les 7 ingrédients dans un bol. Réfrigérer pendant plusieurs heures pour que les goûts se combinent. Donne largement 175 mL (¾ tasse) de trempette.

15 mL (1 c. à soupe) de trempette : 16 calories; trace de protéines; 0,1 g de matières grasses; 4 g de glucides; 192 mg de sodium

Photo à la page 17.

Sauce chutney aux mangues

Une sauce savoureuse et foncée. Servir tiède ou froide avec du porc ou du bœuf. ☉À préparer à l'avance. Se conserve une semaine au réfrigérateur.

Chutney aux mangues, en purée	1 tasse	250 mL
Sucre granulé	½ tasse	125 mL
Jus de citron	3 c. à soupe	50 mL

Verser les 3 ingrédients dans une casserole. Porter à ébullition en remuant souvent. Laisser frémir jusqu'à ce que la sauce épaississe. Donne 325 mL (1⅓ tasse) de sauce.

15 mL (1 c. à soupe) de sauce : 31 calories; trace de protéines; trace de matières grasses; 8 g de glucides; trace de sodium

Photo à la page 17.

Sauce teriyaki au sésame

Servir tiède ou froide avec une viande ou des légumes. ☉Se conserve une semaine.

Sauce soja à teneur réduite en sel	½ tasse	125 mL
Poudre d'ail	¼ c. à thé	1 mL
Vin blanc (ou jus de pomme)	¼ tasse	60 mL
Cassonade, tassée	2 c. à soupe	30 mL
Fécule de maïs	1 c. à soupe	15 mL
Graines de sésame, grillées	2 c. à soupe	30 mL

Combiner la sauce soja, la poudre d'ail et le vin blanc dans une petite casserole.

Combiner la cassonade avec la fécule de maïs dans un petit bol. Ajouter le tout au contenu de la casserole et chauffer à feu moyen, en remuant souvent, jusqu'à ce que la sauce éclaircisse et épaississe.

Ajouter les graines de sésame. Donne 175 mL (¾ tasse) de trempette.

15 mL (1 c. à soupe) de sauce : 30 calories; 1 g de protéines; 0,7 g de matières grasses; 4 g de glucides; 418 mg de sodium

Photo à la page 17.

Sauce aigre-douce

Une sauce légère, à servir avec du bœuf ou du porc. ☉À préparer à l'avance. Se conserve une semaine au réfrigérateur.

Vinaigre blanc	½ tasse	125 mL
Eau	½ tasse	125 mL
Sucre granulé	1 tasse	250 mL
Sel	¼ c. à thé	1 mL
Poivron vert, haché fin	1 c. à soupe	15 mL
Poivron rouge, haché fin	2 c. à soupe	30 mL
Fécule de maïs	1½ c. à soupe	25 mL
Eau	1½ c. à soupe	25 mL
Paprika	1 c. à thé	5 mL

Combiner les 6 premiers ingrédients dans une casserole. Porter à ébullition en remuant de temps en temps. Laisser mijoter à découvert pendant 7 à 10 minutes.

Délayer la fécule de maïs dans la seconde quantité d'eau dans une petite tasse. Ajouter le paprika. Mélanger. Incorporer le tout au mélange de vinaigre en ébullition et remuer jusqu'à ce que la sauce bouille et épaississe. Donne 250 mL (1 tasse) de sauce.

15 mL (1 c. à soupe) de sauce : 53 calories; trace de protéines; trace de matières grasses; 14 g de glucides; 41 mg de sodium

Photo à la page 17.

---

1. Bouchées aux abricots, page 21
2. Doigts de meringue, page 21
3. Fondue au chocolat, page 20
4. Fondue au caramel, page 20

Fondue à la bière

Légèrement parfumée au fromage. La bière donne un goût de levure. ☺Râper le fromage la veille et le conserver au frais. Préparer les bouchées à l'avance.

Margarine dure (ou beurre)	3 c. à soupe	50 mL
Farine tout usage	3 c. à soupe	50 mL
Bière	1½ tasse	375 mL
Cheddar mi-fort, râpé	2 tasses	500 mL
Gouda (ou Édam), râpé	2 tasses	500 mL
Flocons d'oignon	2 c. à thé	10 mL
Moutarde en poudre	1 c. à thé	5 mL
Poudre d'ail, une petite pincée		

Faire fondre la margarine dans une casserole. Incorporer la farine. Ajouter la bière et remuer jusqu'à ce que la préparation bouille et épaississe.

Ajouter les 5 prochains ingrédients. Remuer jusqu'à ce que le fromage ait fondu. Verser dans le caquelon et régler la flamme du réchaud à faible intensité. Donne 650 mL (2⅔ tasses) de sauce à fondue.

30 mL (2 c. à soupe) de sauce : 112 calories; 6 g de protéines; 8,4 g de matières grasses; 2 g de glucides; 181 mg de sodium

Bouchées : cubes de pain de seigle ou de pain au levain, bouquets de brocoli ou de chou-fleur attendris et tomates-cerises.

Photo à la page 21.

Fondue aux artichauts et au fromage

À essayer, ainsi que les variantes. Toutes sont bonnes. ☺Préparer à l'avance et réchauffer sur la cuisinière au moment de servir. Rajouter un peu de lait si la sauce est trop épaisse.

Margarine dure (ou beurre)	3 c. à soupe	50 mL
Farine tout usage	3 c. à soupe	50 mL
Lait entier homogénéisé	1¼ tasse	300 mL
Cœurs d'artichauts, en conserve, égouttés et hachés	14 oz	398 mL
Sherry (ou sherry sans alcool)	¼ tasse	60 mL
Fromage à la crème aux fine herbes	4 oz	125 g
Tranches de bacon, bien cuites et émiettées	2	2
Poivre, une pincée		

Faire fondre la margarine dans un poêlon. Incorporer la farine. Ajouter le lait et remuer jusqu'à ce que la préparation bouille et épaississe.

Ajouter les 5 derniers ingrédients. Remuer jusqu'à ce que le fromage ait fondu. Verser dans le caquelon et régler la flamme du réchaud à faible intensité. Donne 500 mL (2 tasses) de sauce à fondue.

30 mL (2 c. à soupe) de sauce : 76 calories; 2 g de protéines; 5,8 g de matières grasses; 4 g de glucides; 111 mg de sodium

Photo à la page 21.

Variante : Omettre le fromage à la crème aux fines herbes et ajouter 250 mL (1 tasse) de gruyère ou de cheddar fort râpé.

Bouchées : cube de pain croûté, crevettes et pétoncles cuits, gros morceaux de poulet cuit.

Fondue au chocolat

Légèrement parfumée à la liqueur. Il faut bien égoutter les fruits en conserve et les éponger avec un essuie-tout. ☺Couper les fruits frais à l'avance et les mettre environ 30 minutes au congélateur pour les refroidir. Le chocolat durcit légèrement sur les fruits s'ils sont froids.

Chocolat au lait de bonne qualité, coupé en morceaux	8 oz	250 g
Carrés de chocolat mi-sucré, brisés en morceaux	4 × 1 oz	4 × 28 g
Crème à fouetter	1 tasse	250 mL
Tia Maria (ou cognac)	2 c. à soupe	30 mL

Combiner les 4 ingrédients dans un poêlon. Chauffer à feu doux, en remuant souvent, jusqu'à ce que les chocolats fondent et se combinent. Verser dans le caquelon à fondue au chocolat et déposer au-dessus d'une faible flamme. Donne 325 mL (1⅓ tasse) de sauce à fondue.

30 mL (2 c. à soupe) de sauce : 246 calories; 3 g de protéines; 20,2 g de matières grasses; 17 g de glucides; 27 mg de sodium

Bouchées : doigts de meringue, page 21, guimauves, petites crêpes, petits bretzels, fraises fraîches, quartiers de mandarines, gros morceaux d'ananas, de cantaloup pelé ou de melon, raisins verts.

Photo à la page 19.

Fondue au caramel

Elle ne demande qu'à servir de trempette. ☺Développer les caramels et préparer les bouchées à l'avance ou préparer la sauce et la congeler, puis la réchauffer au moment de servir le dessert.

| Crème de table (moitié-moitié) | ⅔ tasse | 150 mL |
| Caramels mous (environ 53) | 1 lb | 454 g |

Mettre la crème et les caramels dans un poêlon. Chauffer à feu doux, en remuant sans arrêt, jusqu'à ce que les caramels aient fondu et que la préparation soit lisse. Verser dans le caquelon à fondue et déposer au-dessus d'une faible flamme. Donne 425 mL (1¾ tasse) de sauce à fondue.

30 mL (2 c. à soupe) de sauce : 138 calories; 2 g de protéines; 4,4 g de matières grasses; 24 g de glucides; 87 mg de sodium

Variante : Utiliser des caramels au chocolat ou un mélange des deux.

Bouchées : guimauves, gros morceaux de bananes, de carrés au chocolat ou de pain de Savoie.

Photo à la page 19.

Doigts de meringue

Tremper une extrémité de ces délicates meringues dans la fondue au chocolat, page 20, ou la fondue au caramel, page 20.
☺Se conservent un mois au congélateur ou deux semaines dans un contenant hermétique.

Blancs de trois gros œufs, à la température de la pièce	3	3
Sucre granulé	¾ tasse	175 mL
Colorant alimentaire, pour teinter légèrement les meringues (facultatif)		

Battre les blancs d'œufs dans un bol jusqu'à obtenir des pics mous. Ajouter le sucre peu à peu et battre jusqu'à obtenir une neige ferme. Verser dans une poche à pâtisserie ou un petit sac de plastique (en couper 1 coin). Déposer des doigts de 7,5 cm (3 po) sur une plaque à pâtisserie recouverte de papier d'aluminium. Cuire au four à 250° F (120° C) environ 2 heures, jusqu'à ce que les meringues soient sèches et croustillantes. Laisser refroidir dans le four. Enlever le papier d'aluminium. Donne 30 meringues.

1 meringue : 22 calories; trace de protéines; 0 g de matières grasses; 5 g de glucides; 5 mg de sodium

Photo à la page 19.

Gâteries à la meringue

Arroser les meringues refroidies d'un filet de chocolat mi-sucré et servir en guise de biscuits.

Bouchées aux abricots

Les piquer avec une fourchette à fondue et les tremper rapidement dans la fondue au chocolat, page 20, ou la fondue au caramel, page 20.
☺Se conservent plusieurs mois au congélateur. Dégeler immédiatement avant de servir car les bouchées ramollissent en dégelant.

Pain de Savoie surgelé, coupé en tranches de 6 mm (¼ po)	10¾ oz	298 g
Sachet de garniture à dessert, non préparée	1	1
Lait	⅓ tasse	75 mL
Essence d'amande	½ c. à thé	2 mL
Bocaux de purée d'abricots (aliments pour bébés)	2 × 4½ oz	2 × 128 mL

Recouvrir de papier d'aluminium un moule de 20 × 20 cm (8 × 8 po). Y coucher le ⅓ des tranches de pain de Savoie en les taillant au besoin pour couvrir entièrement le moule d'une couche de gâteau.

Battre la garniture à dessert avec le lait et l'essence d'amande. Le mode de préparation de la garniture exige 125 mL (½ tasse) de lait, mais en mettre moins, conformément à la méthode ci-dessus. Battre jusqu'à obtenir une garniture ferme.

Incorporer les abricots à la garniture, puis étaler la ½ du mélange sur les tranches de pain de Savoie, dans le moule. Couvrir le tout avec le ⅓ des tranches de gâteau, comme au début. Étaler le reste de la garniture sur le gâteau, puis finir par une troisième couche de gâteau, avec les tranches qui restent. Couvrir. Congeler. Au moment de servir, démouler le gâteau et dégager le papier d'aluminium. Couper en carrés de 2,5 cm (1 po). Donne 64 bouchées.

1 bouchée : 27 calories; trace de protéines; 1,2 g de matières grasses; 4 g de glucides; 10 mg de sodium

Photo à la page 19.

Fondue aux artichauts et au fromage, page 20

Fondue à la bière, page 20

Garnitures et Présentation

Saviez-vous que les garnitures, en plus d'ajouter un merveilleux accent visuel à vos plats, sont faciles et amusantes à créer? Elles sont votre chance de «jouer» avec les aliments.

Quoique les garnitures soient généralement ajoutées aux plats comme décorations, bien des gens affirment qu'un plat qui est agréable à regarder a réellement meilleur goût. Autrement dit, plus un plat paraît bien, meilleur est son goût.

Quelques garnitures judicieusement placées peuvent donner une apparence élégante, digne d'un gourmet, au plus simple des plats, comme un pain de viande. En fin de compte, vos invités reconnaissent tout l'effort que vous avez fait pour eux et ils se sentent valorisés.

Lorsque vous dressez votre liste de courses, jetez un coup d'œil aux idées simples, mais voyantes, qui vous sont proposées ici pour rehausser la présentation de vos plats. Il n'y a pas non plus que les garnitures pour rehausser l'apparence des plats. La forme et la couleur des récipients, des plateaux ou des autres plats de service peuvent aussi rehausser l'impact visuel du repas. Les garnitures originales et idées de présentation qui suivent sont sûres de susciter l'émerveillement de vos invités.

Couteau à canneler

Indispensable dans toutes les cuisines, ce couteau est vendu dans les magasins d'articles de cuisine et d'alimentation. L'utiliser pour couper les concombres et les carottes destinés à un assortiment de crudités, mais aussi pour couper les carottes pour un ragoût ou même simplement pour des carottes bouillies. On peut même l'utiliser pour savamment sculpter un bloc de beurre ou de margarine. Épatant!

Roses

Les roses reproduites ici sont exquises et très faciles à faire! La rose rouge est taillée dans la peau d'une tomate. La rose orange, avec la peau d'une orange à écorce fine. Celle qui est de couleur caramel est, justement, faite de caramels! La jaune (dans le bol à fruits à la page 24) est façonnée avec des bonbons mous. Il suffit de ramollir les bonbons ou les caramels dans le micro-ondes pendant quelques secondes, puis de les poser sur le comptoir et de les saupoudrer de sucre granulé. Les écraser légèrement avec la paume de la main, puis les aplatir en les roulant. Avec un petit couteau-éplucheur, façonner des demi-cercles. Enrouler un demi-cercle bien serré pour former le centre de la rose. Fixer les autres «pétales» autour du cœur, en quinconce, et former les «feuilles» avec des caramels au chocolat.

Épis d'oignons verts

Les épis d'oignons verts complètent souvent les plateaux de crudités, les plats de riz et certaines casseroles. Il suffit d'enlever presque complètement la partie blanche et de laisser environ 5 à 7,5 cm (2 à 3 po) des tiges vertes. Avec un couteau-éplucheur, entailler sur la hauteur les tiges vertes, puis les immerger dans l'eau froide, au réfrigérateur, en attendant de servir. Pour recourber les bouts, ouvrir une paire de ciseaux et passer le bord affûté le long des fentes (comme pour un ruban) afin de les courber.

Fraise coupée en éventail

Choisir des fraises fermes, bien formées, qui ont leurs feuilles. Les laver et les sécher. Avec un couteau-éplucheur bien affûté, trancher les fraises de haut en bas, mais sans les couper complètement. Pratiquer ainsi 4 à 7 incisions parallèles, puis ouvrir légèrement les tranches pour former un éventail.

Couteau à zester
Cet ustensile est également indispensable. Il sert à éplucher en enlevant des fines lamelles de peau et peut servir à faire des «rayures» sur les radis, les champignons, les concombres, les oranges et les citrons. On peut s'en servir pour enlever des lanières d'écorce d'orange ou de citron pour attacher en paquets des asperges cuites (ci-dessous), des carottes coupées en juliennes ou des bâtonnets de cannelle (ci-dessous). On peut aussi nouer les lanières pour décorer des plats de légumes (ci-dessous), des tartes, des gâteaux au fromage et d'autres desserts fantaisie.

Fagot de bâtonnets de cannelle
Choisir 3 à 5 bâtonnets de cannelle de même longueur. Laver et sécher une orange ou à citron à écorce lisse. Avec le couteau à zester, couper une longue lanière d'écorce en utilisant environ la ½ de l'orange ou du citron. Entourer les bâtonnets de cannelle du zeste et nouer le tout. Les fagots sont parfaits pour décorer un punch.

Spirale d'écorce de citron
Choisir un citron ferme dont l'écorce est lisse. Laver et sécher. Avec le couteau à zester, couper une longue lanière d'écorce tout tour du citron. Façonner une spirale avec l'écorce. Utiliser pour décorer des gâteaux, des boissons ou des légumes.

Décorations en chocolat

Copeaux de chocolat

Faire fondre des carrés de chocolat et étaler le chocolat en une couche de 3 mm (⅛ po) d'épaisseur sur une plaque à biscuits. Si la plaque est munie de bords, utiliser l'endos. Réfrigérer 7 à 10 minutes, le temps que le chocolat soit juste ferme. Introduire l'envers d'une spatule sous le bord du chocolat et repousser celui-ci vers l'avant, ce qui a pour effet de faire rouler le chocolat. Prendre les copeaux avec un cure-dents pour les poser sur une assiette. Pour faire des copeaux plus petits, poser le rebord d'un couteau de boucher ou d'un petit couteau-éplucheur sur le chocolat et le ramener vers soi.

Feuilles de chocolat

Laver et sécher des feuilles non toxiques qui sont marquées de nervures (p.ex. feuilles de rose ou de menthe). Badigeonner le dessous des feuilles de chocolat fondu et les poser sur une feuille de papier ciré. Laisser durcir à la température de la pièce. Répéter le badigeonnage jusqu'à ce que le chocolat ait 3 mm (⅛ po) d'épaisseur. Laisser reposer jusqu'à ce que le chocolat soit sec et ferme, puis décoller doucement la feuille.

Filigranes en chocolat

Dessiner une ou plusieurs formes sur un papier. Recouvrir le papier de papier ciré et le fixer en place avec du ruban adhésif. Dessiner la forme avec du chocolat fondu, en travaillant avec une poche à pâtisserie, en suivant les lignes qui paraissent au travers du papier ciré. Laisser reposer jusqu'à ce que le chocolat soit sec et ferme, puis soulever délicatement les formes du papier ciré.

Festons

Avec une poche à pâtisserie, tracer des lignes parallèles ou des cercles de sauce ou de glaçage de couleur contrastante sur la sauce ou le glaçage. Passer un couteau ou une broche sur les lignes, à intervalles réguliers. Pour varier, passer le couteau dans un sens sur une ligne, puis dans l'autre pour la suivante.

L'imagination mise à décorer les pièces est une façon d'impressionner ses invités. L'ajout d'une ou deux garnitures pour rehausser l'élégance des plats est également source de compliments, mais il ne faut pas s'en contenter. En effet, il faut aussi songer aux plats de service. Un bol à soupe fait bien l'affaire, mais la soupe servie dans un petit pain rond vidé de sa mie est réellement épatante! De même, la trempette servie dans un bol est adéquate, mais servie dans un cantaloup évidé (voir page 25), elle est merveilleuse!

Pour servir des grignotises assorties dans un contenant plus flamboyant qu'un simple plat à noix en bois, il suffit d'un peu de papier crêpé et d'une guirlande de fleurs en plastique. Façonner la base, puis ramener les bouts et les passer dans la guirlande. Pas besoin de ruban adhésif ou d'agrafes. Autre photo à la page 85.

Au lieu de simplement poser des fruits dans une corbeille pour en faire un centre de table, pourquoi ne pas les givrer d'abord!

Poser les fruits lavés et séchés avec un essuie-tout sur une feuille de papier ciré ou une planche à découper. Les badigeonner de blanc d'œuf battu et les saupoudrer de sucre fin. On peut aussi se servir de sucre granulé, mais il a davantage tendance à s'agglutiner. Poser délicatement les fruits dans la corbeille, en évitant d'abîmer le «givre». Attention—il ne faut pas manger les fruits givrés parce qu'ils sont recouverts de blanc d'œuf non cuit qui a été laissé à la température de la pièce.

On peut employer la même technique pour givrer les têtes et les pétales de fleurs comestibles pour décorer une salade ou un gâteau glacé, comme dans la photo ci-dessous. De même, un bol de fleurs givrées est aussi saisissant qu'un bol de fruits.

La photo aux pages 26 et 27 montre la trempette à la moutarde, page 26, entourée d'un joli assortiment de fines herbes. La couronne de fines herbes, page 182, est très facile à faire. Elle peut d'ailleurs être assemblée plusieurs jours à l'avance et rangée, enveloppée, dans le réfrigérateur.

Trempette printanière

L'accompagnement idéal des crudités coupées en bouchées.
☺ *On peut la préparer deux jours à l'avance.*

Oignon haché	⅓ tasse	75 mL
Carotte moyenne, hachée	½	½
Poivron vert ou rouge, haché	½	½
Vinaigre blanc	2 c. à soupe	30 mL
Sauce à salade hypocalorique (ou mayonnaise)	1 tasse	250 mL
Préparation de fromage fondu à tartiner	½ tasse	125 mL

Mettre les 5 premiers ingrédients dans le mélangeur. Combiner jusqu'à ce que la préparation soit lisse.

Ajouter le fromage, puis travailler de nouveau le tout pour que la consistance soit lisse. Verser la trempette dans un bol. Donne 500 mL (2 tasses) de trempette.

15 mL (1 c. à soupe) de trempette : 35 calories; 1 g de protéines; 2,8 g de matières grasses; 2 g de glucides; 123 mg de sodium

Photo ci-dessous.

Trempette printanière

Trempette à fruits

Trempette à fruits

Cette trempette lisse, d'un jaune crémeux, se prépare vite. Il suffit ensuite de la déguster avec des fruits.
☺ *Peut se préparer la veille au soir.*

Yogourt à la vanille sans matières grasses	1 tasse	250 mL
Cassonade, tassée	2 c. à soupe	30 mL
Concentré de jus d'orange surgelé	1½ c. à thé	7 mL

Combiner le yogourt avec la cassonade et le jus dans un bol. Donne 250 mL (1 tasse) de trempette.

15 mL (1 c. à soupe) de trempette : 15 calories; 1 g de protéines; trace de matières grasses; 3 g de glucides; 12 mg de sodium

Photo ci-dessus.

Plateaux de buffet

En ayant sous la main les ingrédients nécessaires pour préparer des trempettes de base ainsi que de la charcuterie bien enveloppée dans le congélateur, on peut accueillir sans difficulté des invités qui arrivent à l'improviste. Il suffit de prendre quelques instants pour disposer le tout sur des plateaux, et voici comment faire.

1. Tenter de tailler des morceaux de même taille des mêmes aliments.

2. Disposer les tranches ou les morceaux sur le plateau de façon symétrique, c'est-à-dire reproduire du côté droit ce qui est disposé du côté gauche et vice-versa.

3. Alterner les couleurs pâles et les couleurs foncées pour créer un équilibre visuel.

4. Poser les aliments sur des napperons de dentelle ou des serviettes pour donner de la couleur à l'ensemble.

Trempette aux crevettes

Le bon goût des crevettes combiné à celui des épices italiennes. Délicieuse avec des légumes et des craquelins.
☺ *Peut être préparée 24 heures à l'avance.*

Fromage à la crème, ramolli	8 oz	250 g
Crème sure à faible teneur en matières grasses	1 tasse	250 mL
Sachet de préparation pour vinaigrette italienne	1 × ¾ oz	1 × 21 g
Petites crevettes cuites, écrasées	1 tasse	250 mL

Combiner le fromage à la crème, la crème sure et le mélange à vinaigrette dans un bol jusqu'à ce que le mélange soit lisse.

Ajouter les crevettes. Remuer. Réfrigérer au moins 2 heures avant de servir. Donne 625 mL (2½ tasses) de trempette.

15 mL (1 c. à soupe) de trempette : 31 calories; 1 g de protéines; 2,6 g de matières grasses; 1 g de glucides; 72 mg de sodium

Photo aux pages 26 et 27.

Trempette aux biscuits

Servir avec des fruits coupés en bâtonnets, en gros morceaux ou tranchés, ou encore avec des gaufrettes glacées.
☺ *Peut être préparée la veille.*

Crème sure	1 tasse	250 mL
Miel liquide	2 c. à soupe	30 mL
Biscuits à la noix de coco (ou à la farine d'avoine), émiettés	3	3

Bien combiner la crème sure et le miel. Ajouter les miettes de biscuits. Remuer. Réfrigérer plusieurs heures. Donne 300 mL (1¼ tasse) de trempette.

30 mL (2 c. à soupe) de trempette : 74 calories; 1 g de protéines; 4,5 g de matières grasses; 8 g de glucides; 12 mg de sodium

Photo à la page 27.

Trempette à la moutarde

Elle est meilleure tiède, mais on peut aussi la servir froide. ☺*Préparer la veille et réchauffer dans le micro-ondes au moment de servir.*

Cassonade, tassée	1 tasse	250 mL
Farine tout usage	3 c. à soupe	50 mL
Sel	¼ c. à thé	1 mL
Eau	⅔ tasse	150 mL
Vinaigre blanc	6 c. à soupe	100 mL
Moutarde préparée	3 c. à soupe	50 mL

Verser la cassonade, la farine et le sel dans une casserole. Bien combiner le tout.

Incorporer l'eau, le vinaigre et la moutarde. Chauffer, en remuant souvent, jusqu'à ce que la trempette bouille et épaississe. Servir tiède. Donne 425 mL (1¾ tasse) de trempette.

15 mL (1 c. à soupe) de trempette : 34 calories; trace de protéines; trace de matières grasses; 9 g de glucides; 46 mg de sodium

Photo aux pages 27 et 45.

Guacamole

Servir avec des croustilles de maïs. ☺*Comme le guacamole se congèle bien, on peut en faire lorsqu'on a de beaux avocats bien mûrs.*

Avocats, pelés, coupés en morceaux	4	4
Jus de citron	¼ tasse	60 mL
Sauce à salade (ou mayonnaise)	½ tasse	125 mL
Oignon haché	¼ tasse	60 mL
Poudre chili	1 c. à thé	5 mL
Poudre d'ail	½ c. à thé	2 mL
Poivre de Cayenne	¼ c. à thé	1 mL
Sel	1 c. à thé	5 mL
Poivre	¼ c. à thé	1 mL
Tomates moyennes, coupées en dés	2	2

Verser les 9 premiers ingrédients dans le mélangeur. Combiner jusqu'à ce que le mélange soit lisse. Verser le tout dans un bol. À ce stade, on peut congeler le guacamole. Il suffit ensuite de bien le dégeler avant de le consommer.

Répandre les tomates sur le dessus ou les intégrer au guacamole. Donne 500 mL (2 tasses) de guacamole, avant qu'on y ajoute les tomates.

15 mL (1 c. à soupe) de guacamole (avec les tomates) : 60 calories; 1 g de protéines; 5,6 g de matières grasses; 3 g de glucides; 109 mg de sodium

Photo à la page 27.

1. Trempette à la moutarde, page 26
2. Guacamole, page 26
3. Trempette aux biscuits, page 25
4. Trempette aux crevettes, page 25

Menus

Lorsque vous planifiez votre menu, vous devez songer au nombre de personnes que vous attendez et aux mets qui conviennent pour l'occasion. Est-ce que les invités sont tous sensés arriver en même temps ou est-ce que certains d'entre eux viendront plus tard?

Les menus qui suivent vous sont proposés pour que les rencontres que vous organisez se déroulent en souplesse. Bien entendu, vous être libre d'ajouter des recettes ou d'en substituer, selon votre goût. En revanche, lorsque vous choisissez les plats, faites la part entre les couleurs, les goûts et les plats chauds et froids.

Le but ultime de cet ouvrage est de vous permettre de passer moins de temps dans la cuisine et plus de temps avec vos invités!

À l'heure du romantique
(souper pour 2)

Mousse de saumon (½ recette), page 48
(servie avec un assortiment de craquelins)
Fondue orientale au bouillon, page 17
(servie avec du riz)
Fondue au chocolat, page 20
Doigts de meringue, page 21
Liqueur de framboises, page 56

Brunch pour 10

Sandwiches garnis au poulet, page 74
Surprise de macaroni et fromage, page 71
Pain de fromage et de saucisse, page 71
Salade aux pêches melba, page 147
Pain au chocolat et à l'orange, page 65

Souper en famille
(pour 8)

Rôti de dinde, page 137
Galettes de farce, page 167
Purée de pommes de terre, page 168
Carottes glacées aux noix, page 161
Salade de chou, page 148
Tarte à la crème aux bananes, page 144

Souper estival
(pour 8)

Grillades, page 130
Aubergines au parmesan, page 163
Casseroles de pommes de terre et oignons épicés, page 167
Délice frais aux fruits, page 103
Punch à la rhubarbe, page 53

Soirée de vidéos
(grignotises pour 8)

Petites saucisses fumées, page 36
Trempette chaude au four, page 42
(servie avec des croustilles de maïs)
Bagatelles épicées, page 45
Mélange de céréales à grignoter, page 84
Maïs soufflé au caramel, page 84

Grand rassemblement
(buffet pour 20)

Boulettes en sauce, page 36
Saumon froid, page 104
Casserole de pommes de terre rapide, page 169
Haricots au four, page 164
Salade verte, page 146
Salade de framboises, page 149
Dessert spécial, page 98

C'est la fête
(buffet à grignoter pour 16)

Ailes en sauce, page 38
Saucisse sur réchaud, page 37
Pains au poulet, page 37
Tour de fromage, page 50
(servie avec un assortiment de craquelins)
Rouleaux au chili, page 50

Fiesta mexicaine
(souper pour 6)

Quesadillas en hors-d'œuvre, page 39
Tostadas, page 39
Soupe aux haricots noirs, page 154
Enchiladas au crabe, page 106
Riz élégant, page 170
Bananes en sauce, page 97

Partie de pâtes
(buffet pour 10)

Bruschetta, page 34
Légumes à l'italienne, page 162
Lasagne, page 124
Pâtes fumées, page 110
Jambon et pâtes au four, page 129

Un parfum oriental
(souper pour 6)

Petits choux au crabe, page 46
Bœuf au gingembre, page 116
Légumes braisés (½ recette), page 162
Nouilles et soupe, page 150
Riz frit aux crevettes, page 169

Plaisirs de l'océan
(souper de fruits de mer pour 8)

Hors-d'œuvre au crabe, page 48
Chaudrée de palourdes, page 152
Coulibiac, page 105
Casserole de crevettes, page 108
Salade de riz aux crevettes, page 145

Rencontre du club de lecture
(plats à grignoter pour 10)

Boule de fromage et jambon, page 51
(servie avec un assortiment de craquelins)
Bouchées de bagel, page 44
Grignotises glacées, page 85
Tarte à la confiture, page 141

La belle-famille en visite
(souper pour 4)

Potage aux pommes de terre, page 150
Biscuits de pâte aux fines herbes, page 62
Médaillons de bœuf, page 119
Riz à l'oignon, page 170
Casserole de brocoli, page 161
Dessert aux amandes, page 99

Fête pour adolescents
(buffet pour 14)

Trempette mexicaine, page 42
(servie avec des croustilles de maïs)
Saucisses en pâte, page 36
Carrés de pizza végétarienne, page 44
Pelures de pommes de terre, page 35
Ailes au four, page 38
Biscuits au caramel bouillis, page 87
Dumplings aux brisures, page 103
Carrés aux pacanes et au caramel, page 158

Fête pour une fiancée ou une nouvelle maman
(dîner léger pour 15)

Bouchées de courgettes, page 43
Salade de bretzels, page 149
Salade au riz et aux artichauts, page 147
Roulé des anges, page 81
Frappé aux canneberges, page 54
(thé ou café, ou les deux)

Comment plier les serviettes

Avec tous les détails qui vous trottent déjà dans la tête, vous vous demandez sûrement s'il est vraiment nécessaire d'ajouter des serviettes savamment pliées à votre table.

Songez cependant à l'effet qu'elles ont dans un restaurant. La serviette simplement posée à côté de l'assiette, c'est normal. Par contre, quand la serviette est joliment pliée et posée sur votre assiette, vous remarquez qu'on s'est donné un peu plus de mal.

Le même principe s'applique à votre table. Vous pouvez toujours sauter cet élément de la décoration, mais si vous en avez le temps, c'est un moyen amusant de préparer quelque chose d'unique et d'impressionnant. C'est le moment de vous essayer, quand vous attendez des invités, et ceux-ci seront certainement impressionnés.

Buffet

Enveloppe buffet
(2 grande serviettes en tissu, l'une à motifs, l'autre unie, de même taille)

1. Poser les serviettes l'une sur l'autre en les décalant légèrement pour former une bordure de couleur de 5 cm (2 po) du côté gauche.
2. Plier les deux serviettes en deux, avec le pli vers le haut. Poser jusqu'à 3 ustensiles au centre de la serviette, de sorte qu'ils soient tournés en direction de la bordure de couleur.
3. Replier le bas sur les ustensiles, de sorte à les couvrir partiellement. Rabattre le pli supérieur sur les ustensiles pour qu'il touche presque le bas.
4. Rabattre le côté gauche jusqu'au milieu.
5. Replier également le côté droit vers le centre et introduire le bord gauche sous la première des deux épaisseurs de bordure.

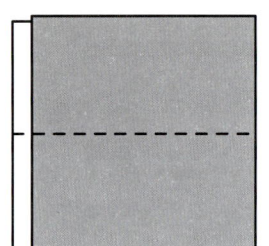
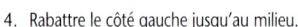

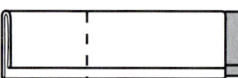
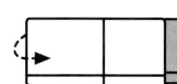

Pochette pour le buffet
(1 grande serviette de tissu)

1. Plier la serviette en deux, avec le pli vers le bas.
2. Replier le dessus pour l'aligner sur le bas.
3. Retourner la serviette. Rabattre le côté droit vers le milieu.
4. Replier le côté droit une autre fois vers le milieu.
5. Replier une autre fois pour former un rectangle avec une pochette.

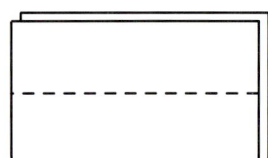
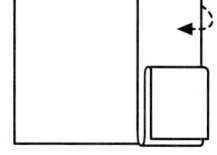
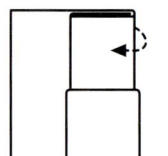

Rouleau pour buffet
(1 grande serviette de tissu)

1. Plier la serviette en quatre. Poser jusqu'à 3 ustensiles au centre du carré. Replier les deux pointes de côté pour faire deux petits triangles.
2. Ramener les deux côtés pliés sur les ustensiles, pour les recouvrir complètement.
3. Attacher le rouleau avec un ruban ou du raphia noué.

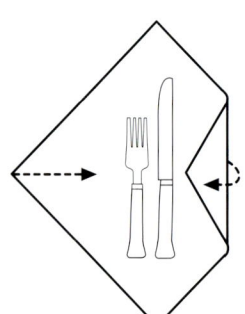
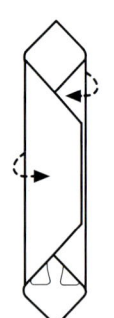

Service à table

Bouquet

(1 serviette de tissu léger de même couleur des deux côtés)

1. Déplier la serviette et la poser à plat. Ramener le coin inférieur droit vers le haut, au centre, de façon à former 2 triangles égaux de chaque côté.
2. Introduire un rond de serviette au bas. Tirer la serviette légèrement au travers de l'anneau.

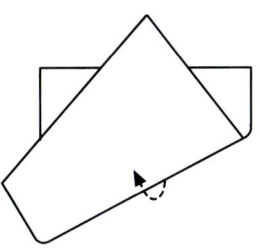
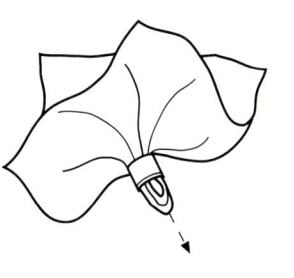

3. Continuer à tirer la serviette au travers du rond jusqu'à ce que celui-ci soit à moitié remonté. Ouvrir légèrement la partie supérieure de la serviette.

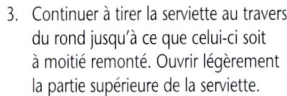

Feu d'artifice

(1 grande serviette de tissu épais ou de papier)

1. Plier la serviette en triangle.
2. Replier le coin supérieur droit sur la pointe inférieure.
3. Replier le coin droit sur la ligne du centre, à angle droit. Refaire la même chose avec le côté gauche.
4. Replier la serviette sur la ligne verticale centrale. Tourner la serviette de haut en bas.
5. Retenir les plis d'une main. Introduire la pointe inférieure dans un rond à serviette. Déployer légèrement les plis.

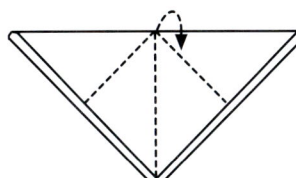

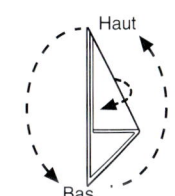

Éventail

(1 grande serviette de tissu épais ou de papier)

1. Plier la serviette en accordéon de haut en bas, en commençant près de soi.
2a. Poser une main fermement sur la serviette pliée.
2b. Plier la serviette en deux.
3. Faire un nœud à mi-hauteur des plis et déployer la partie supérieure pour former un éventail.

Roue de paon

(1 grande serviette de tissu épais ou de papier)

1. Plier la serviette en deux, sur la hauteur, pour former un rectangle.
2. Depuis le bas de la serviette, en replier les ¾ en accordéon.
3. En gardant les plis sur le devant de la serviette et vers le bas, la plier en deux.
4. Replier le coin non plissé vers le centre pour faire un triangle. Introduire le bord du triangle dans le premier plis.
5. Poser la serviette à plat sur son bord plissé et laisser la roue se déployer.

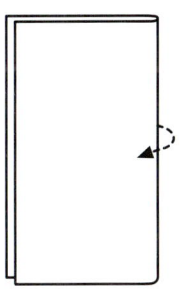
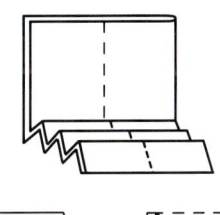
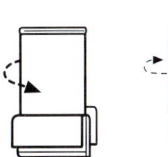
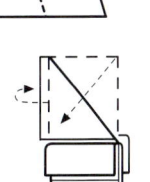

Hors-d'œuvre

Vous pouvez recevoir sans souci si vous choisissez un assortiment de hors-d'œuvre simples qui se préparent rapidement. Que vous soyez l'hôte d'un dîner formel ou que vous invitiez des voisins pour une rencontre improvisée, il est agréable et attentif de présenter à vos invités un assortiment de hors-d'œuvre impressionnants comme ceux qui sont suggérés ci-dessous.

Gardez un assortiment de ces hors-d'œuvre dans votre congélateur et vous ne serez jamais pris à court lorsque des gens se présentent chez vous à l'improviste. Si votre intention est de servir le souper, ces petites bouchées donnent aux invités un avant-goût des plats qui les attendent.

Canapés de bœuf salé

Une jolie tartinade rose et orange sur des tranches de pain foncé. ☺On peut les préparer plusieurs heures à l'avance et les griller au moment de servir.

Corned-beef, en conserve, broyé	12 oz	340 g
Cheddar fort, râpé	2 tasses	500 mL
Sauce Worcestershire	1 c. à soupe	15 mL
Poudre d'ail	¼ c. à thé	1 mL
Poudre d'oignon	½ c. à thé	2 mL
Sauce à salade hypocalorique (ou mayonnaise)	6 c. à soupe	100 mL
Petites tranches de pain pour canapés (pumpernickel par exemple)	54	54

Bien combiner les 6 premiers ingrédients dans un bol. Donne 560 mL (2¼ tasses) de tartinade.

Étaler 10 mL (2 c. à thé) de tartinade sur chaque tranche de pain. À ce stade, on peut réfrigérer les tranches 2 heures ou davantage, jusqu'au moment de servir. Poser les trancher sur une plaque à pâtisserie. Griller au four à 10 à 15 cm (4 à 6 po) de l'élément chauffant pendant environ 4 minutes, jusqu'à ce que la tartinade bouillonne et que le fromage ait fondu. Donne 54 canapés.

1 canapé : 56 calories; 3 g de protéines; 2,9 g de matières grasses; 4 g de glucides; 147 mg de sodium

Photo à la page 33.

Canapés aux crevettes

Un joli contraste de couleurs. ☺La tartinade aux crevettes se conserve bien au réfrigérateur pendant un ou deux jours. On peut rapidement préparer d'autre canapés pour compléter un plateau dégarni.

Flocons d'oignon	1 c. à soupe	15 mL
Sauce à salade hypocalorique (ou mayonnaise)	2 c. à soupe	30 mL
Jus de lime	1 c. à soupe	15 mL
Aneth	⅛ c. à thé	0,5 mL
Fromage à la crème à tartiner à faible teneur en matières grasses	8 oz	250 g
Petites crevettes cuites	1¼ lb	560 g
Petites tranches de pain pour canapés (pumpernickel par exemple)	54	54

Combiner les 5 premiers ingrédients dans un bol.

Incorporer les crevettes. Réfrigérer 24 heures. Donne 375 mL (1½ tasse) de tartinade.

Étaler environ 7 mL (1½ c. à thé) du mélange de crevettes sur chaque tranche de pain. Donne 54 canapés.

1 canapé : 41 calories; 4 g de protéines; 1,2 g de matières grasses; 4 g de glucides; 106 mg de sodium

Photo à la page 33.

Canapés épicés

Qu'ils sont jolis ces canapés aux couleurs de l'Italie sur pain foncé. ☺La tartinade se congèle bien.

Fromage à la crème à faible teneur en matières grasses, ramolli	8 oz	250 g
Ciboulette hachée	2 c. à soupe	30 mL
Sel assaisonné	½ c. à thé	2 mL
Piments doux, hachés fin	1 c. à soupe	15 mL
Petites tranches de pain pour canapés (pumpernickel par exemple)	48	48

Bien combiner le fromage à la crème, la ciboulette et le sel assaisonné. Ajouter les piments doux. Mélanger. Donne 250 mL (1 tasse) de tartinade.

Étaler 5 mL (1 c. à thé) du mélange de fromage à la crème sur chaque tranche de pain. Donne 48 canapés.

1 canapé : 28 calories; 1 g de protéines; 1 g de matières grasses; 4 g de glucides; 104 mg de sodium

Photo à la page 33.

---

1. Canapés aux champignons, page 34
2. Canapés épicés, page 32
3. Canapés de bœuf salé, page 32
4. Canapés à la viande et au fromage, page 34
5. Canapés aux crevettes, page 32

Canapés aux champignons

La tartinade est lisse et onctueuse. ☺On peut préparer la tartinade aux champignons deux jours à l'avance et la conserver au réfrigérateur.

Margarine dure (ou beurre)	1½ c. à thé	7 mL
Oignon, haché fin	¾ tasse	175 mL
Champignons frais, hachés fin	1½ tasse	375 mL
Fromage à la crème, ramolli	2 × 8 oz	2 × 250 g
Gros œuf	1	1
Paprika	⅛ c. à thé	0,5 mL
Poudre d'oignon	⅛ c. à thé	0,5 mL
Sel	⅛ c. à thé	0,5 mL
Persil en flocons	⅛ c. à thé	0,5 mL
Petites tranches de pain pour canapés (pumpernickel par exemple)	64	64

Faire fondre la margarine dans une poêle à frire. Ajouter l'oignon et les champignons et les faire revenir jusqu'à ce qu'ils soient tendres et que le liquide se soit évaporé.

Bien battre le fromage à la crème avec l'œuf, le paprika, la poudre d'oignon, le sel et le persil. Ajouter le tout aux champignons. Mélanger. Donne 500 mL (2 tasses) de garniture.

Étaler environ 7 mL (1½ c. à thé) du mélange sur chaque tranche de pain et les poser sur une plaque à pâtisserie non graissée. Griller au four jusqu'à ce que les canapés soient dorés. Servir chauds. Donne 64 canapés.

1 canapé : 48 calories; 1 g de protéines; 3 g de matières grasses; 4 g de glucides; 71 mg de sodium

Photo à la page 33.

Canapés à la viande et au fromage

La recette peut être réduite de moitié. ☺En ayant sous la main les ingrédients nécessaires, on peut préparer ce hors-d'œuvre à la dernière minute.

Bœuf haché	1 lb	454 g
Chair à saucisse	1 lb	454 g
Brique de préparation de fromage (Velveeta par exemple), coupée en morceaux	1 lb	454 g
Petites tranches de pain pour canapés (pumpernickel par exemple)	64	64

Faire revenir le bœuf haché avec la chair à saucisse. Bien égoutter.

Ajouter le fromage et remuer sans arrêt jusqu'à ce qu'il ait fondu. Donne 1 L (4 tasses) de tartinade.

Étaler 15 mL (1 c. à soupe) de tartinade sur chaque tranche de pain. À ce stade, on peut congeler les canapés. Poser sur une plaque à pâtisserie non graissée. Cuire au four à 350° F (175° C) pendant 15 minutes, jusqu'à ce que les canapés soient chauds. Donne 64 canapés.

1 canapé : 66 calories; 4 g de protéines; 3,9 g de matières grasses; 4 g de glucides; 184 mg de sodium

Photo à la page 33.

Bruschetta

Une fois que les tomates sont coupées, le reste de la préparation est rapide. ☺Préparer les ingrédients le matin et les réfrigérer.

Tomates italiennes, épépinées et coupées en dés	3 tasses	750 mL
Gousses d'ail, émincées (ou 2 mL, ½ c. à thé, de poudre d'ail)	2	2
Huile d'olive (ou de cuisson)	⅓ tasse	75 mL
Basilic déshydraté	1 c. à soupe	15 mL
Sel	1 c. à thé	5 mL
Baguette, coupée en tranches de 2,5 cm (1 po)	1	1
Parmesan râpé (ou 125 mL, ½ tasse, de mozzarella)	¼ tasse	60 mL

Combiner les 5 premiers ingrédients dans un bol. Couvrir. Laisser reposer pendant au moins 1 heure pour que les goûts se combinent.

Disposer les tranches de baguette sur une plaque à pâtisserie non graissée. Les faire griller au four d'un côté. Retourner les tranches. Avec une fourchette, étaler le mélange de tomates sur le pain et les arroser de la vinaigrette qui reste.

Répandre le parmesan ou le mozzarella sur les tranches, ou en faire quelques-unes de chaque sorte. Griller au four pendant 5 minutes, jusqu'à ce que le fromage ait fondu et que le bord des tranches soit croustillant. Donne 20 tranches.

1 tranche : 111 calories; 3 g de protéines; 5 g de matières grasses; 14 g de glucides; 294 mg de sodium

Photo ci-dessous.

Bruschetta

En haut, à gauche :
Petites saucisses fumées, page 36

En bas, à gauche :
Pelures de pommes de terre, ci-dessous

En haut, à droite :
Saucisses en pâte, page 36

En bas, à droite :
Brochettes hawaïennes, ci-dessous

Pelures de pommes de terre

Servir ces délices épicées avec de la crème sure comme trempette. On peut les préparer tôt dans la journée et les garder sous couvert, puis les cuire au moment de servir.

Pommes de terre au four moyennes	4	4
Huile de cuisson	2 c. à soupe	30 mL
Sel assaisonné	1 c. à thé	5 mL
Poivre	¼ c. à thé	1 mL
Paprika	1 c. à thé	5 mL
Thym moulu	⅛ c. à thé	0,5 mL

Cuire les pommes de terre au four à 400° F (205° C) pendant 45 à 60 minutes, jusqu'à ce qu'elles soient tendres. Laisser les pommes de terre refroidir 15 minutes, puis les trancher en deux sur la longueur. Couper chaque moitié en quartiers pour obtenir 16 morceaux en tout. Dégager la chair en laissant une épaisseur de pelure de 6 mm (¼ po).

Combiner les 5 derniers ingrédients dans une petite tasse. Badigeonner chaque morceau de pelure du mélange, puis les poser sur une plaque à pâtisserie non graissée. Cuire au four à 400° F (205° C) pendant 20 à 25 minutes. Donne 16 pelures de pommes de terre.

1 pelure de pomme de terre : 21 calories; trace de protéines; 1,8 g de matières grasses; 1 g de glucides; 86 mg de sodium

Photo ci-dessus.

Brochettes hawaïennes

Elles sont d'un joli jaune et rouge. Le matin, enfiler la viande et l'ananas sur les cure-dents. Badigeonner de sauce et réfrigérer. Griller au four au moment de servir.

Produit de viande, en conserve, coupée en cubes de 2 cm (¾ po)	12 oz	340 g
Gros morceaux d'ananas, en conserve, égouttés et séchés avec un essuie-tout	14 oz	398 mL
Sauce soja	2 c. à soupe	30 mL
Vinaigre blanc	1 c. à soupe	15 mL
Cassonade, tassée	1 c. à soupe	15 mL

Enfiler 1 cube de viande et 1 morceau d'ananas sur chaque cure-dents rond. Poser le tout sur une plaque à pâtisserie non graissée munie de côtés.

Combiner la sauce soja avec le vinaigre et la cassonade dans un petit bol. Badigeonner généreusement les brochettes. Griller au four jusqu'à ce que les brochettes soient chaudes, en les retournant à plusieurs reprises. Donne 20 brochettes.

1 brochette : 67 calories; 2 g de protéines; 5,2 g de matières grasses; 3 g de glucides; 324 mg de sodium

Photo ci-dessus.

Boulettes en sauce

Le succès à tous les coups! Servir avec des piques, avec la sauce épicée comme trempette. ☺Il suffit de conserver ces boulettes moelleuses au réfrigérateur ou au congélateur et de les réchauffer quand des invités se présentent.

Eau	½ tasse	125 mL
Sel	¾ c. à thé	4 mL
Poivre	¼ c. à thé	1 mL
Raifort commercial	2 c. à thé	10 mL
Tranches de pain, réduites en chapelure	4	4
Gros œuf, battu à la fourchette	1	1
Bœuf haché maigre	1 lb	454 g
Sauce :		
Ketchup	⅓ tasse	75 mL
Sirop de maïs	¼ tasse	60 mL
Sauce soja	2 c. à soupe	30 mL
Sauce Worcestershire	½ c. à thé	2 mL
Moutarde préparée	1 c. à thé	5 mL

Combiner les 5 premiers ingrédients dans un bol. Bien remuer. Incorporer l'œuf.

Ajouter le bœuf haché. Mélanger. Façonner des boulettes de 2 cm (¾ po) et les poser sur une plaque à pâtisserie non graissée munie de côtés. Cuire au four à 450° F (230° C) pendant 10 à 15 minutes. Donne 45 boulettes.

Sauce : Verser les 5 ingrédients dans une grande casserole. Réchauffer en remuant. Arroser les boulettes de sauce et servir. Donne 125 mL (½ tasse) de sauce.

1 boulette (avec la sauce) : 49 calories; 2 g de protéines; 1,7 g de matières grasses; 6 g de glucides; 141 mg de sodium

Photo ci-dessous.

Boulettes en sauce

Petites saucisses fumées

Ces hors-d'œuvre seront les premiers à disparaître. ☺Les préparer à l'avance et les réchauffer au besoin. Se congèlent bien.

Gelée de groseilles ou de cassis	1 tasse	250 mL
Moutarde préparée	⅔ tasse	150 mL
Saucisses cocktail, en conserve (voir remarque)	2 × 4 oz	2 × 113 g

Combiner la gelée avec la moutarde dans une casserole. Ajouter les saucisses. Chauffer, en remuant de temps en temps, jusqu'à ce que la préparation mijote. Couvrir. Laisser mijoter environ 1 heure. Servir tièdes avec des piques ou des cure-dents ronds. Donne 28 saucisses fumées.

1 saucisse fumée (avec la sauce) : 58 calories; 1 g de protéines; 2,3 g de matières grasses; 9 g de glucides; 155 mg de sodium

Photo à la page 35.

Remarque : on peut remplacer les saucisses en conserve par 2 paquets de petites saucisses fumées. On peut aussi simplement trancher des saucisses de taille normale. Donne 32 saucisses fumées.

Saucisses en pâte

Servir chaudes, avec du ketchup et de la moutarde. ☺Elles se congèlent bien. Il suffit ensuite de les réchauffer au four, sur une plaque à pâtisserie, à 350° F (175° C).

Préparation à crêpes	1 tasse	250 mL
Semoule de maïs jaune	⅔ tasse	150 mL
Sucre granulé	1 c. à soupe	15 mL
Gros œuf, battu à la fourchette	1	1
Lait	¾ tasse	175 mL
Huile de cuisson	2 c. à soupe	30 mL
Saucisses cocktail, en conserve, coupées en deux et séchées (ou 8 saucisses coupées en 5 morceaux chacune)	3 × 4 oz	3 × 113 g
Huile de friture		

Combiner la préparation à crêpe avec la semoule et le sucre dans un bol.

Ajouter l'œuf, le lait et l'huile de cuisson. Bien remuer.

Enfoncer un cure-dents rond au bout de chaque saucisse, en en laissant dépasser environ 2,5 cm (1 po). Enrober complètement chaque saucisse du mélange de semoule, à l'aide d'une cuillère au besoin.

Faire frire les saucisses dans l'huile de cuisson chauffée à 375° F (190° C). Les retourner jusqu'à ce que tous les côtés soient dorés. Retirer de l'huile avec une écumoire et égoutter sur un essuie-tout. Donne 42 hors-d'œuvre.

1 hors-d'œuvre : 101 calories; 2 g de protéines; 6,7 g de matières grasses; 8 g de glucides; 194 mg de sodium

Photo à la page 35.

Saucisse sur réchaud

Saucisse sur réchaud

On peut substituer une cocotte préchauffée au plat-réchaud. Servir avec des piques. ☺À cuire à l'avance. Au moment de servir, réchauffer dans une casserole et verser dans le plat-réchaud à la dernière minute.

Ketchup	¾ tasse	175 mL
Cassonade, tassée	¾ tasse	175 mL
Sauce Worcestershire	2 c. à thé	10 mL
Poudre d'ail	¼ c. à thé	1 mL
Poudre d'oignon	¼ c. à thé	1 mL
Eau	¾ tasse	175 mL
Eau	1 c. à soupe	15 mL
Fécule de maïs	2 c. à thé	10 mL
Saucisson à l'ail (ou autre), coupé en tranches de 6 mm (¼ po) d'épaisseur	2 lb	900 g

Verser les 6 premiers ingrédients dans une grande casserole. Remuer. Porter à ébullition.

Combiner la seconde quantité d'eau et la fécule de maïs dans une petite tasse. Incorporer le tout au liquide bouillant et remuer jusqu'à ce que la sauce épaississe légèrement.

Ajouter le saucisson à la sauce. Laisser mijoter pendant 10 à 15 minutes. Verser dans le plat-réchaud. Donne 1,3 L (5⅓ tasses).

60 mL (¼ tasse) de saucisson (avec sauce) : 129 calories; 6 g de protéines; 8,7 g de matières grasses; 6 g de glucides; 554 mg de sodium

Photo ci-dessus.

Pains au poulet

Même les enfants aimeront ces «pochettes-surprise». ☺Préparer à l'avance et réchauffer pendant cinq à dix minutes.

Fromage à la crème à faible teneur en matières grasses, ramolli	2 oz	57 g
Margarine dure (ou beurre), ramollie	1 c. à soupe	15 mL
Ciboulette hachée	2 c. à thé	10 mL
Flocons de poulet, en conserve, égouttés	6½ oz	184 g
Eau	1 c. à soupe	15 mL
Bouillon de poulet en poudre	⅛ c. à thé	0,5 mL
Sel, une pincée		
Poivre, une pincée		
Pâte réfrigérée à biscuits de pâte campagnards (10 par tube)	1 × 12 oz	1 × 340 g
Gros blanc d'œuf, battu à la fourchette	1	1
Parmesan, râpé	1 c. à soupe	15 mL
Chapelure fine	2 c. à soupe	30 mL

Écraser le fromage à la crème avec la margarine et la ciboulette dans un bol.

Ajouter les 5 prochains ingrédients. Bien mélanger.

Couper chaque biscuit en deux. Avec les mains farinées, former des cercles de 9 cm (3½ po) sur une surface légèrement farinée. Dresser environ 2 c. à thé (10 mL) de garniture au milieu de chaque rond. Humecter le bord des cercles avec de l'eau. Ramener le bord ensemble et le pincer pour former une galette.

Badigeonner la pâte de blanc d'œuf.

Combiner le parmesan et la chapelure dans un bol. Répandre le mélange sur les ronds de pâte et les déposer sur une plaque à pâtisserie non graissée. Cuire au four à 350° F (175° C) pendant 12 à 15 minutes, jusqu'à ce que la pâte soit légèrement dorée. Donne 20 pains.

1 pain : 77 calories; 4 g de protéines; 2,9 g de matières grasses; 9 g de glucides; 241 mg de sodium

Photo ci-dessous.

Pains au poulet

Ailes au four

Ailes au four

On peut dépouiller les ailes ou non. Dans un cas comme l'autre, elles sont foncées et riches. ☺Préparer à l'avance et congeler, puis réchauffer au moment de servir.

Pilons d'ailes de poulet (ou ailes entières)	3 lb	1,4 kg
Sauce soja	¾ tasse	175 mL
Eau	¾ tasse	175 mL
Cassonade, tassée	⅓ tasse	75 mL
Poivron rouge, haché	1	1
Poivron vert, haché	1	1
Oignon haché	1 tasse	250 mL
Sel assaisonné	½ c. à thé	2 mL

Disposer les pilons sur une plaque à pâtisserie munie de côtés et recouverte de papier d'aluminium. Ôter les pointes des ailes entières et les diviser à l'articulation.

Combiner les 7 derniers ingrédients dans un bol. Verser le tout sur le poulet. Cuire au four, à découvert, à 350° F (175° C) environ 1 heure, jusqu'à ce que les ailes soient tendres. Transférer les ailes dans un plat avec une écumoire ou des pinces. Donne environ 24 pilons ou 36 morceaux d'ailes.

1 pilon (non dépouillé) : 92 calories ; 5 g de protéines ; 5,1 g de matières grasses ; 5 g de glucides ; 598 mg de sodium

Photo ci-dessus.

Ailes en sauce

Dorées et foncées, ces ailes sont lustrées. On peut ou non les dépouiller. ☺Préparer à l'avance et congeler, puis réchauffer au moment de servir.

Pilons d'aile de poulet (ou ailes entières)	3 lb	1,4 kg
Jus d'ananas	¾ tasse	175 mL
Sauce soja à teneur réduite en sel	¼ tasse	60 mL
Jus de citron	3 c. à soupe	50 mL
Cassonade, tassée	½ tasse	125 mL
Sucre granulé	⅓ tasse	75 mL
Gingembre moulu	1 c. à thé	5 mL
Sel à l'ail	¼ c. à thé	1 mL
Farine tout usage	6 c. à soupe	100 mL

Disposer les pilons sur une plaque à pâtisserie munie de côtés et recouverte de papier d'aluminium. Ôter les pointes des ailes entières et les diviser à l'articulation. Cuire au four à 350° F (175° C) pendant 30 minutes.

Porter à ébullition le jus d'ananas, la sauce soja et le jus de citron dans une casserole.

Bien combiner les 5 derniers ingrédients dans un bol. Incorporer le tout au liquide en ébullition et remuer jusqu'à ce que la sauce bouille de nouveau et épaississe. Retirer du feu. Badigeonner généreusement les ailes de sauce. Cuire environ 30 minutes, en badigeonnant toutes les 10 minutes, jusqu'à ce que les ailes soient tendres. Servir chaudes. Donne environ 24 pilons ou 36 morceaux d'ailes.

1 pilon (non dépouillé) : 114 calories ; 6 g de protéines ; 5,1 g de matières grasses ; 11 g de glucides ; 148 mg de sodium

Photo ci-dessous.

Ailes en sauce

En-cas aux piments verts

*Une délicieuse recette simple, qui se prépare dans un seul bol.
☺Servir tiède ou préparer à l'avance et servir froid. Se congèle bien.*

Fromage cottage en crème	1 tasse	250 mL
Farine tout usage	⅓ tasse	75 mL
Poudre à pâte	½ c. à thé	2 mL
Bicarbonate de soude	½ c. à thé	2 mL
Sel	½ c. à thé	2 mL
Gros œufs	4	4
Margarine dure (ou beurre), ramollie	3 c. à soupe	50 mL
Cheddar fort, râpé	1½ tasse	375 mL
Piments verts hachés, en conserve, égouttés	4 oz	114 mL

Mettre les 7 premiers ingrédients dans un bol. Battre à vitesse moyenne pour les combiner.

Incorporer le fromage et les piments verts. Verser le tout dans un plat graissé de 20 x 20 cm (8 x 8 po). Cuire au four à 350° F (175° C) pendant 45 à 55 minutes. Se coupe en 25 morceaux.

1 morceau : 68 calories; 4 g de protéines; 4,7 g de matières grasses; 2 g de glucides; 193 mg de sodium

Photo à la page 40.

Tostadas

Des jolis petits morceaux rouges, verts et blancs, qui font goûter au Mexique. ☺Préparer tous les ingrédients le matin, mais ne les répandre sur les croustilles qu'au moment de servir pour ne pas les détremper.

Croustilles de maïs rondes	20	20
Trempette aux haricots et au jalapeño en conserve (ou haricots frits), réchauffée	10½ oz	298 mL
Crème sure	½ tasse	125 mL
Salsa, douce ou moyenne	½ tasse	125 mL
Oignon vert, tranché	2 c. à soupe	30 mL
Monterey Jack, râpé	½ tasse	125 mL

Disposer les croustilles sur une plaque à pâtisserie non graissée munie de côtés. Les recouvrir de 15 mL (1 c. à soupe) de trempette, de 5 mL (1 c. à thé) de crème sure, de 5 mL (1 c. à thé) de salsa, de 1 mL (¼ c. à thé) d'oignon vert et de 5 mL (1 c. à thé) de fromage. Servir tel quel ou cuire au four à 350° F (175° C) environ 5 minutes, jusqu'à ce que le fromage ait fondu. Donne 20 tostadas.

1 tostada : 68 calories; 1 g de protéines; 3,4 g de matières grasses; 7 g de glucides; 184 mg de sodium

Photo à la page 40.

1. Trempette chaude au four, page 42
2. Quesadillas en hors-d'œuvre, page 39
3. Tostadas, page 39
4. Trempette mexicaine, page 42
5. En-cas aux piments verts, page 39
6. Frappé aux canneberges, page 54

Quesadillas en hors-d'œuvre

*Ce hors-d'œuvre ne s'effondre pas quand on mord dedans.
Bon chaud ou froid. ☺Préparer le matin et griller
au moment de servir. Ne pas congeler.*

Monterey Jack, râpé	2 tasses	500 mL
Piments verts hachés, en conserve, égouttés	4 oz	114 mL
Oignon, haché fin	⅓ tasse	75 mL
Avocat moyen, pelé, épépiné et haché (facultatif)	1	1
Grosse tomate, coupée en petits dés	1	1
Tortillas à la farine de 20 cm (8 po)	6	6
Huile de cuisson	2 c. à soupe	30 mL

Préparer les 5 premiers ingrédients à l'avance, chacun dans son propre contenant.

Répandre 75 mL (⅓ tasse) de fromage sur la moitié de chaque tortilla. Répartir les piments verts, l'oignon, l'avocat et la tomate sur le fromage. Humecter le bord avec de l'eau. Replier les tortillas pour les fermer. Écraser le bord avec une fourchette pour le sceller. Couvrir avec un torchon humide pour préserver l'humidité.

Chauffer 15 mL (1 c. à soupe) d'huile de cuisson dans une poêle à frire. Y poser 3 tortillas pliées. Les faire doucement dorer pendant 3 minutes de chaque côté, jusqu'à ce que le fromage ait fondu. Cuire les 3 autres tortillas de la même façon. Couper chaque tortilla en 4 morceaux. Donne 24 morceaux.

1 morceau : 105 calories; 4 g de protéines; 4,4 g de matières grasses; 12 g de glucides; 122 mg de sodium

Photo à la page 41.

On peut congeler les plats de résistance et les desserts en portions individuelles ou en tranches pour pouvoir en prélever le nombre voulu de portions.

Trempette mexicaine

Servir avec des croustilles de maïs. ☺Peut être préparée à l'avance, mais ne pas congeler. Ranger au réfrigérateur.

Tomates moyennes, pelées, coupées en dés	3	3
Oignons verts, hachés	3	3
Piments verts hachés, en conserve, non égouttés	4 oz	114 mL
Olives mûres dénoyautées, hachées	¼ tasse	60 mL
Huile de cuisson	2 c. à soupe	30 mL
Vinaigre blanc	1½ c. à soupe	25 mL
Poudre d'ail	½ c. à thé	2 mL
Sel	½ c. à thé	2 mL
Poivre	⅛ c. à thé	0,5 mL

Combiner les 9 ingrédients dans un bol. Couvrir. Réfrigérer au moins 2 heures avant de servir. Donne 750 mL (3 tasses) de trempette.

15 mL (1 c. à soupe) de trempette : 8 calories; trace de protéines; 0,6 g de matières grasses; 1 g de glucides; 32 mg de sodium

Photo à la page 40.

Trempette chaude au four

On y voit plein de rouge, de vert et d'orange. Servir avec des croustilles de maïs. ☺Peut être assemblée à l'avance et conservée au frais jusqu'au moment de réchauffer et servir.

Fromage à la crème, ramolli	8 oz	250 g
Sauce à pizza commerciale	½ tasse	125 mL
Origan entier déshydraté	½ c. à thé	2 mL
Poudre d'ail	¼ c. à thé	1 mL
Basilic déshydraté	¼ c. à thé	1 mL
Poudre d'oignon	¼ c. à thé	1 mL
Poudre chili (facultatif)	½ à 1 c. à thé	2 à 5 mL
Poivron rouge, haché fin	½ tasse	125 mL
Poivron vert, haché fin	½ tasse	125 mL
Oignons verts, tranchés	¼ tasse	60 mL
Cheddar fort, râpé	½ tasse	125 mL
Mozzarella, râpé	½ tasse	125 mL

Bien mélanger les 7 premiers ingrédients dans un bol. Verser le tout dans un moule à tarte en verre non graissé de 22 cm (9 po). Égaliser.

Répandre le poivron rouge, le poivron vert, les oignons verts, le cheddar et le mozzarella sur la trempette. À ce stade, on peut réfrigérer la trempette. Cuire au four à 350° F (175° C) pendant 20 minutes. Donne environ 750 mL (3 tasses) de trempette.

15 mL (1 c. à soupe) de trempette : 31 calories; 1 g de protéines; 2,6 g de matières grasses; 1 g de glucides; 40 mg de sodium

Photo à la page 41.

Bouchées aux olives noires, page 43   Champignons champêtres, ci-dessous

Champignons champêtres

Des petites pépites luisantes. ☺À préparer la veille ou même trois ou quatre jours à l'avance.

Marinade :		
Ketchup	½ tasse	125 mL
Vinaigre à l'estragon (ou vinaigre blanc)	¼ tasse	60 mL
Sucre granulé	2 c. à thé	10 mL
Poudre d'ail	½ c. à thé	2 mL
Sel	½ c. à thé	2 mL
Poudre d'oignon	¼ c. à thé	1 mL
Eau	½ tasse	125 mL
Huile de cuisson	1 c. à soupe	15 mL
Champignons entiers, en conserve, égouttés	3 × 10 oz	3 × 284 mL

Marinade : Combiner les 8 premiers ingrédients dans un bol. Bien mélanger.

Ajouter les champignons. Remuer. Couvrir. Laisser reposer dans le réfrigérateur jusqu'au lendemain. Retirer les champignons de la marinade avec une écumoire et jeter celle-ci. Enfoncer une pique dans chaque champignon. Donne environ 90 champignons.

3 champignons : 9 calories; trace de protéines; 0,3 g de matières grasses; 2 g de glucides; 111 mg de sodium

Photo ci-dessus.

Bouchées aux olives noires

Pour que la croûte soit moins dure, utiliser des pains à sous-marins tranchés. ☺ On peut étaler la tartinade sur les pains tranchés, les poser sur une plaque à pâtisserie, couvrir et réfrigérer, puis développer et réchauffer le tout au four.

Olives mûres dénoyautées, en conserve, égouttées et hachées, réserver des tranches pour décorer	14 oz	398 mL
Cheddar mi-fort ou fort, râpé	1 tasse	250 mL
Sauce à salade (ou mayonnaise)	¼ tasse	60 mL
Oignons verts, tranchés	¼ tasse	60 mL
Tomate moyenne, épépinée et coupée en dés	1	1
Poudre de cari	¼ c. à thé	1 mL
Baguette, coupée en tranches de 2,5 cm (1 po)	1	1

Bien combiner les 6 premiers ingrédients dans un bol.

Répartir le mélange aux olives sur les tranches de pain. Décorer avec les tranches d'olives réservées. Poser les tranches de pain sur une plaque à pâtisserie non graissée. Cuire au four à 350° F (175° C) pendant 15 minutes. Servir chaudes. Donne 20 bouchées.

1 bouchée : 120 calories; 4 g de protéines; 5,4 g de matières grasses; 14 g de glucides; 288 mg de sodium

Photo à la page 42.

Bouchées de courgettes

Un plat facile, au goût léger de parmesan, qui se prépare dans un seul bol. ☺ Se congèlent très bien. Couper avant que les bouchées ne soient complètement dégelées.

Gros œufs	4	4
Huile de cuisson	⅓ tasse	75 mL
Oignon haché	¾ tasse	175 mL
Parmesan, râpé	½ tasse	125 mL
Persil en flocons	1½ c. à thé	7 mL
Sel assaisonné	½ c. à thé	2 mL
Origan entier déshydraté	½ c. à thé	2 mL
Poudre d'ail	½ c. à thé	2 mL
Sel	½ c. à thé	2 mL
Poivre	⅛ c. à thé	0,5 mL
Petites courgettes, non pelées, tranchées fin	3 tasses	750 mL
Préparation à pâte à biscuits	1 tasse	250 mL

Battre les œufs dans un bol. Incorporer les 11 derniers ingrédients en ordre. Verser le tout dans un plat graissé de 22 x 33 cm (9 x 13 po). Cuire au four à 350° F (175° C) environ 35 minutes, jusqu'à ce que les bouchées soient dorées. Laisser reposer 2 minutes avant de couper en 54 carrés.

1 carré : 31 calories; 1 g de protéines; 2,2 g de matières grasses; 2 g de glucides; 77 mg de sodium

Photo ci-dessous.

Carrés de pizza végétarienne, page 44   Pépites de fromage, page 52   Bouchées de courgettes, ci-dessus

Carrés de pizza végétarienne

Ils peuvent être très colorés, selon les légumes que l'on y met. ☉Cuire la croûte la veille. Préparer la garniture et les légumes le matin et assembler au moment de servir.

Pâte réfrigérée à croissants (8 par tube)	11½ oz	325 g
Garniture :		
Fromage à la crème à tartiner sans gras	8 oz	225 g
Sauce à salade hypocalorique (ou mayonnaise)	½ tasse	125 mL
Sachet de préparation à vinaigrette ranch	1 × 1 oz	1 × 28 g
Légumes :		
Céleri, haché fin	2 c. à soupe	30 mL
Poivron rouge, haché fin	⅓ tasse	75 mL
Poivron vert, haché fin	⅓ tasse	75 mL
Radis, hachés fin	3 c. à soupe	50 mL
Oignons verts, hachés fin	3 c. à soupe	50 mL
Champignons frais, hachés fin	3 c. à soupe	50 mL
Chou-fleur, haché fin	3 c. à soupe	50 mL
Brocoli, haché fin	3 c. à soupe	50 mL
Carottes, râpées	3 c. à soupe	50 mL

Diviser la pâte à croissant et l'enfoncer légèrement dans un moule graissé de 22 × 33 cm (9 × 13 po) en couvrant complètement le fond. Cuire au four à 350° F (175° C) pendant 10 à 12 minutes, jusqu'à ce que la croûte soit bien dorée. Laisser refroidir.

Garniture : Bien combiner les 3 ingrédients dans un bol. Étaler le tout sur la croûte refroidie.

Légumes : Ces légumes ne sont que suggérés. En tout, il en faut environ 500 mL (2 tasses). Mettre du rouge pour rehausser l'apparence. Bien mélanger. Répandre les légumes sur la garniture et les enfoncer légèrement. Réfrigérer. Couper en 48 carrés.

1 carré : 33 calories; 1 g de protéines; 1,1 g de matières grasses; 5 g de glucides; 121 mg de sodium

Photo à la page 43.

Pour nettoyer un broyeur à ordures, y verser 125 mL (½ tasse) de sel, puis faire tourner l'appareil pendant plusieurs secondes, sous l'eau courante. Pour le désodoriser, broyer des écorces d'oranges et de citrons, sous l'eau, jusqu'à ce qu'elles soient bien broyées.

En bas, à gauche :
Petits choux au crabe, page 46

En haut, à gauche :
Bouchées de bagel, page 44

Bouchées de bagel

Un hors-d'œuvre rapide. Il suffit de débiter les bagels, de les tartiner et de servir. ☉Préparer l'une ou l'autre des tartinades, ou les deux, le matin pour que les goûts se combinent bien.

Bagels au pumpernickel (ou autres)	3	3
Tartinade à l'aneth :		
Fromage à la crème, ramolli	4 oz	125 g
Aneth	¼ c. à thé	1 mL
Tartinade aux olives :		
Préparation de fromage fondu à tartiner	½ tasse	125 mL
Olives farcies aux piments, coupées en trois tranches chacune	8	8

Couper chaque bagel en 8.

Tartinade à l'aneth : Écraser le fromage à la crème avec l'aneth jusqu'à ce que le mélange soit crémeux. En étaler une noix sur chaque section de bagel. Donne 24 bouchées.

Tartinade aux olives : Étaler du fromage sur chaque section de bagel. Poser 1 tranche d'olive sur le fromage. Donne 24 bouchées.

1 bouchée avec 5 mL (1 c. à thé) de garniture : 67 calories; 2 g de protéines; 3,3 g de matières grasses; 7 g de glucides; 222 mg de sodium

Photo ci-dessus.

Centre :
Trempette à la moutarde, page 26

En haut, à droite :
Bagatelles épicées, ci-dessous

En bas, à droite :
Petites bouchées au jambon, ci-dessous

Bagatelles épicées

On peut ajuster l'assaisonnement avec plus ou moins de cayenne.
☺Peuvent être préparées à l'avance et congelées.

Margarine dure (ou beurre), ramollie	½ tasse	125 mL
Sachet de mélange à soupe à l'oignon, le secouer avant de le diviser	½ × 1½ oz	½ × 42 g
Cheddar fort, râpé	1 tasse	250 mL
Poivre de Cayenne	¼ c. à thé	1 mL
Farine tout usage	1 tasse	250 mL

Battre les 4 premiers ingrédients en crème dans un bol.

Incorporer la farine. Si la pâte est trop collante, rajouter un peu de farine. Abaisser la pâte à 6 mm (¼ po) d'épaisseur sur une surface légèrement farinée. Couper à l'emporte-pièce et poser les morceaux de pâte sur une plaque à pâtisserie non graissée munie de côtés. Cuire au four à 350° F (175° C) pendant 8 à 10 minutes. Donne environ 40 bagatelles coupées avec un emporte-pièce de 4,5 cm (1¾ po).

1 bagatelle : 47 calories; 1 g de protéines; 3,5 g de matières grasses; 3 g de glucides; 94 mg de sodium

Photo ci-dessus.

Petites bouchées au jambon

Servir chaudes avec des piques et la trempette à la moutarde, page 26. Elles sont excellentes avec ou sans la trempette.
☺Préparer à l'avance et réfrigérer jusqu'au moment de la cuisson. Se congèlent bien.

Jambon en flocons, en conserve, égoutté	6½ oz	184 g
Porc haché	½ lb	225 g
Oignons verts, hachés	¼ tasse	60 mL
Châtaignes d'eau, hachées fin	½ tasse	125 mL
Chapelure fine	¼ tasse	60 mL
Gros œuf, battu à la fourchette	1	1
Eau	3 c. à soupe	50 mL
Poudre d'ail	¼ c. à thé	1 mL

Verser les 8 ingrédients dans un bol. Bien mélanger. Façonner des boules de 2,5 cm (1 po) et les disposer sur une plaque à pâtisserie non graissée munie de côtés. Cuire au four à 375° F (190° C) pendant 10 à 15 minutes jusqu'à ce que les boules soient cuites. On peut aussi les faire dorer à la poêle dans 30 mL (2 c. à soupe) d'huile de cuisson chaude. Donne environ 60 bouchées.

1 bouchée : 17 calories; 1 g de protéines; 0,9 g de matières grasses; 1 g de glucides; 49 mg de sodium

Photo ci-dessus.

Petits choux au crabe

Des choux dorés et croustillants.
☺ *L'idéal, c'est de les préparer le matin et de les cuire juste avant de servir.*

Fromage à la crème à faible teneur en matières grasses, ramolli	8 oz	250 g
Oignon, râpé	2 c. à soupe	30 mL
Chair de crabe, en conserve, égouttée, cartilage ôté	4,2 oz	120 g
Chapelure fine	2 c. à soupe	30 mL
Sel	¼ c. à thé	1 mL
Poudre d'ail	1/16 c. à thé	0,5 mL
Paquet d'enveloppes à wonton	1 lb	454 g
Huile de friture		

Écraser le fromage à la crème dans un bol. Y incorporer l'oignon, la chair de crabe, la chapelure, le sel et la poudre d'ail.

Dresser 5 mL (1 c. à thé) du mélange au centre de chaque enveloppe à wonton. Humecter le bord avec de l'eau. Replier les coins sur le milieu et presser pour les sceller. Couvrir avec un torchon humide jusqu'au moment de la cuisson.

Frire dans l'huile de cuisson chauffée à 375° F (190° C) environ 2 minutes, jusqu'à ce que les choux soient dorés. Égoutter sur un essuie-tout. Laisser refroidir. Réfrigérer sous couvert. Au moment de servir, disposer sur une plaque à pâtisserie non graissée. Réchauffer à 450° F (230° C) environ 4 minutes. Donne 54 choux.

1 chou : 52 calories; 1 g de protéines; 3,7 g de matières grasses; 3 g de glucides; 109 mg de sodium

Photo à la page 44.

Verdurettes

La recette est généreuse, mais ils disparaissent vite. On peut couper la recette de moitié.
☺ *Pour la congélation, façonner des boules.*

Brocoli surgelé, haché	2 × 10 oz	2 × 300 g
Eau bouillante		
Gros œufs	6	6
Flocons d'oignon	2 c. à soupe	30 mL
Persil en flocons	1 c. à thé	5 mL
Assaisonnement pour volaille	½ c. à thé	2 mL
Sel	½ c. à thé	2 mL
Poivre	¼ c. à thé	1 mL
Chapelure fine	2 tasses	500 mL
Parmesan, râpé	1 tasse	250 mL
Margarine dure (ou beurre), ramollie	½ tasse	125 mL
Lait	¼ tasse	60 mL

Attendrir le brocoli dans l'eau bouillante. Bien égoutter et hacher fin.

Battre les œufs dans un bol. Ajouter les 5 prochains ingrédients. Battre le tout.

Ajouter la chapelure, le fromage, la margarine et le lait au mélange d'œufs. Ajouter le brocoli. Bien mélanger. Laisser reposer 10 minutes pour que la pâte se travaille mieux. Façonner des boules avec 15 mL (1 c. à soupe) de pâte à la fois et les poser sur une plaque à pâtisserie graissée munie de côtés. Cuire au four à 350° F (175° C) pendant 15 minutes si les boules sont fraîches ou 20 minutes si elles sont surgelées. Donne 85 boules.

1 boule : 35 calories; 2 g de protéines; 2 g de matières grasses; 3 g de glucides; 79 mg de sodium

Photo à la page 47.

Quand c'est possible, faire des canapés ou des hors-d'œuvre qui peuvent être dégustés tout ronds. Les invités risquent alors moins de se salir et il n'est pas nécessaire de distribuer des assiettes.

---

1. Mousse de saumon, page 48
2. Brie caramélisé, page 49
3. Croustillants au fromage, page 49
4. Verdurettes, page 46
5. Rouleau au fromage, page 52

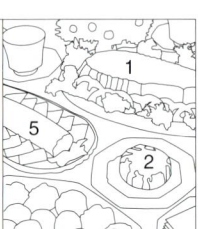

Mousse de saumon

La recette peut être réduite de moitié pour un petit groupe. Servir sur des craquelins ou dans des coupes grillées. ☺Doit être préparée à l'avance pour que la mousse prenne.

Sachets de gélatine non parfumée	2 × ¼ oz	2 × 7 g
Eau	1½ tasse	375 mL
Crème sure sans matières grasses	1 tasse	250 mL
Sauce à salade hypocalorique (ou mayonnaise)	1 tasse	250 mL
Aneth	½ c. à thé	2 mL
Poudre d'oignon	½ c. à thé	2 mL
Sel au céleri	½ c. à thé	2 mL
Saumon en conserve, égoutté, désossé, émietté (le saumon rouge donne le plus de couleur)	2 × 7½ oz	2 × 213 g
Concombre anglais, non pelé, haché fin	1 tasse	250 mL

Saupoudrer la gélatine sur l'eau dans une casserole. Laisser reposer pendant au moins 1 minute. Chauffer en remuant jusqu'à ce que la gélatine soit dissoute. Retirer du feu. Laisser refroidir.

Bien combiner les 5 prochains ingrédients dans un bol. Une fois la gélatine bien refroidie, mais avant qu'elle commence à épaissir, l'ajouter au mélange de crème sure. Mélanger. Réfrigérer, en remuant et en raclant les parois du bol de temps en temps, le temps que la préparation épaississe.

Incorporer le saumon et le concombre en pliant. Verser le tout dans un moule de 1,25 L (5 tasses). Réfrigérer jusqu'à ce que la mousse soit prise, puis démouler sur un plat de service. Donne 1,25 L (5 tasses) de mousse.

15 mL (1 c. à soupe) de mousse : 19 calories; 1 g de protéines; 1,3 g de matières grasses; 1 g de glucides; 54 mg de sodium

Photo à la page 47.

Après un certain temps, les planches à découper en bois commence à retenir les odeurs. Pour les désodoriser, les saupoudrer d'une généreuse quantité de sel, puis les frotter avec un chiffon humide avant de les rincer et de les sécher.

Hors-d'œuvre au crabe

Hors-d'œuvre au crabe

Un hors-d'œuvre simple et rapide. Rouges et blancs, ils sont fort jolis. ☺Préparer la sauce pour fruits de mer et la réfrigérer. Au moment de servir, disposer les craquelins dans un plat de service, à côté du fromage couvert. Il suffit alors d'un moment pour assembler le tout.

Sauce pour fruits de mer :		
Sauce chili	¾ tasse	175 mL
Relish de cornichons sucrés	3 c. à soupe	50 mL
Raifort commercial	½ c. à thé	2 mL
Sauce Worcestershire	½ c. à thé	2 mL
Poudre d'oignon	⅛ c. à thé	0,5 mL
Poudre d'ail	⅛ c. à thé	0,5 mL
Fromage à la crème, à la température de la pièce	8 oz	250 g
Chair de crabe, en conserve, égouttée, cartilage ôté	4,2 oz	120 g

Sauce pour fruits de mer : Combiner les 6 premiers ingrédients dans un bol. Donne 250 mL (1 tasse) de sauce.

Poser le fromage à la crème sur un plat de service. Le recouvrir de la chair de crabe. Arroser le tout de sauce.

15 mL (1 c. à soupe) du mélange de fromage et 5 mL (1 c. à thé) de sauce : 43 calories; 2 g de protéines; 3,5 g de matières grasses; 2 g de glucides; 123 mg de sodium

Photo ci-dessus.

Tartelettes aux crevettes

Ces hors-d'œuvre chauds sont toujours les premiers à disparaître. ☺Se congèlent bien. Réchauffer au four à 325° F (160° C) pendant 15 à 20 minutes si les hors-d'œuvre sont dégelés ou 30 à 40 minutes s'ils sont surgelés.

Pâte :		
Margarine dure (ou beurre), ramollie	½ tasse	125 mL
Fromage à la crème, ramolli	4 oz	125 g
Farine tout usage	1 tasse	250 mL
Garniture :		
Petites crevettes cuites (ou 1 boîte, 113 g, 4 oz, rincées et égouttées)	¾ tasse	175 mL
Gros œuf	1	1
Ciboulette hachée	1 c. à soupe	15 mL
Poudre d'oignon	¼ c. à thé	1 mL
Aneth	¼ c. à thé	1 mL
Sel	¼ c. à thé	1 mL
Poivre	1/16 c. à thé	0,5 mL
Lait	½ tasse	125 mL
Gruyère, râpé	1 tasse	250 mL

Pâte : Combiner la margarine, le fromage à la crème et la farine dans un bol jusqu'à ce que le mélange soit lisse. Diviser en 24 boules puis poser celles-ci dans les cavités non graissées d'un moule à petits muffins ou à tartelettes dont les cavités ont environ 3,8 cm (1½ po) de large au haut. Presser la pâte contre le fond et les bords du moule.

Garniture : Répartir les crevettes sur la pâte, dans le moule.

Verser les 8 derniers ingrédients dans le mélangeur. Combiner jusqu'à ce que le mélange soit lisse. Verser le tout sur les crevettes. Cuire au four à 350° F (175° C) pendant 20 à 25 minutes jusqu'à ce que la garniture soit prise. Donne 24 tartelettes.

1 tartelette : 103 calories; 4 g de protéines; 7,6 g de matières grasses; 5 g de glucides; 116 mg de sodium

Photo ci-dessous.

Tartelettes aux crevettes

Brie caramélisé

Une belle sauce foncée nappe le fromage blanc. Servir avec un cocktail et des craquelins aux fines herbes. ☺On peut préparer le caramel à l'avance puis le verser sur le brie chaud au moment de servir.

Sucre granulé	1 tasse	250 mL
Eau	½ tasse	125 mL
Roue de brie	4 oz	125 g

Étaler le sucre dans un poêle à frire chauffée à feu moyen. Remuer de temps en temps pendant qu'il fond. Faire chauffer jusqu'à ce que le sucre ait fondu et ait la couleur de caramel foncé. Retirer du feu.

Ajouter le ¼ de l'eau. Le sucre grésille alors très fort. Remuer. Ajouter le reste de l'eau. Remettre la poêle sur le feu, à feu moyen. Remuer jusqu'à ce que le caramel soit dissous et lisse. Laisser refroidir, puis le ranger dans un bocal, dans le garde-manger. Donne 150 mL (⅔ tasse) de caramel.

Au moment de servir, poser le fromage sur une grande assiette. Le chauffer au micro-ondes, à intensité maximale (100 %), pendant 20 à 30 secondes. Verser la ½ du caramel sur le fromage, en le laissant s'écouler sur le bord. Arroser de nouveau le fromage une fois qu'il est entamé ou conserver le reste du caramel pour une autre fois.

15 mL (1 c. à soupe) de brie avec 7 mL (½ c. à soupe) de caramel : 95 calories; 3 g de protéines; 4 g de matières grasses; 12 g de glucides; 91 mg de sodium

Photo à la page 47.

Croustillants au fromage

Ils sont jaunes et croquants et se préparent en un rien de temps. ☺Se congèlent bien.

Contenant de cheddar fort conditionné à froid (Imperial par exemple)	8 oz	250 g
Margarine dure (ou beurre), ramolli	1 tasse	250 mL
Farine tout usage	2 tasses	500 mL
Céréales de flocons de maïs, grossièrement écrasées	2 tasses	500 mL

Écraser le fromage avec la margarine dans un bol. Ajouter la farine. Mélanger.

Incorporer les céréales. Façonner des boules de 3 cm (1¼ po) et les disposer sur une plaque à pâtisserie non graissée. Écraser les boules avec une fourchette farinée. Cuire au four à 350° F (175° C) environ 15 minutes. Donne 24 croustillants.

1 croustillant : 186 calories; 4 g de protéines; 11,7 g de matières grasses; 16 g de glucides; 242 mg de sodium

Photo à la page 47.

Tour de fromage

En plus d'alimenter la conversation, ce joli ensemble fait aussi un cadeau d'hôtesse parfait. Servir avec un couteau à cocktail et un panier de craquelins. ☺Ranger dans un sac de plastique. Réfrigérer ou congeler. Ramener à la température de la pièce avant de servir.

Bas :
Fromage à la crème, ramolli	8 oz	250 g
Cheddar fort, râpé	1½ tasse	375 mL
Sauce Worcestershire	1 c. à thé	5 mL
Poudre d'oignon	¼ c. à thé	1 mL
Poivre de Cayenne	1/16 c. à thé	0,5 mL

Milieu :
Fromage à la crème, ramolli	8 oz	250 g
Gruyère, râpé	1½ tasse	375 mL
Poudre d'oignon	¼ c. à thé	1 mL

Haut :
Fromage à la crème, ramolli	8 oz	250 g
Fromage au porto (ou cheddar claret), râpé	1½ tasse	375 mL
Pacanes, hachées fin	1 tasse	250 mL

Bas : Combiner les 5 ingrédients dans un bol. Écraser et bien combiner le tout. Façonner un cercle de 14 cm (5½ po) sur une feuille de papier ciré. On peut réfrigérer le mélange quelques instants pour qu'il soit plus facile à travailler.

Milieu : Combiner les 3 ingrédients dans un autre bol. Écraser et bien combiner le tout. Façonner un cercle de 14 cm (5½ po) sur une feuille de papier ciré. Poser délicatement le milieu sur la couche du bas.

Haut : Écraser et bien combiner les fromages dans un autre bol. Façonner un cercle de 14 cm (5½ po) sur une feuille de papier ciré. Poser délicatement sur la couche du milieu.

Couvrir le dessus et le tour de pacanes. Donne environ 1,5 L (6 tasses).

15 mL (1 c. à soupe) : 55 calories; 2 g de protéines; 5,1 g de matières grasses; 1 g de glucides; 49 mg de sodium

Photo à la page 51.

Rouleaux au chili

Ces jolies roues sont remplies de garniture crémeuse. Les envelopper séparément et les sortir du réfrigérateur au besoin. ☺Peuvent être préparés un ou deux jours à l'avance.

Fromage à la crème, ramolli	12 oz	375 g
Sauce à salade hypocalorique (ou mayonnaise)	2 c. à soupe	30 mL
Piments verts hachés, en conserve, égouttés	4 oz	114 mL
Poudre d'oignon	¼ c. à thé	1 mL
Sel au céleri	¼ c. à thé	1 mL
Oignons verts, hachés fin	3 c. à soupe	50 mL
Tortillas à la farine de 20 cm (8 po)	6	6

Bien combiner les 6 premiers ingrédients dans un bol.

Étaler 75 mL (⅓ tasse) du mélange de fromage à la crème sur chaque tortilla. Enrouler bien serré, comme pour un gâteau roulé. Envelopper dans une pellicule plastique. Réfrigérer. Au moment de servir, couper en tranches de 12 mm (½ po) et disposer les tranches sur une grande assiette. Donne environ 72 tranches.

1 tranche : 29 calories; 1 g de protéines; 2 g de matières grasses; 2 g de glucides; 35 mg de sodium

Photo à la page 51.

Bâtonnets de fromage

Ils sont d'un beau jaune doré. Il est facile de les façonner. ☺Préparer une semaine à l'avance et ranger dans un contenant fermé ou congeler bien à l'avance.

Cheddar fort, râpé	1½ tasse	375 mL
Margarine dure (ou beurre), ramollie	½ tasse	125 mL
Eau	¼ tasse	60 mL
Origan entier déshydraté	½ c. à thé	2 mL
Sel	¼ c. à thé	1 mL
Poivre de Cayenne	⅛ c. à thé	0,5 mL
Farine tout usage	1½ tasse	375 mL

Verser les 6 premiers ingrédients dans un bol. Bien battre.

Incorporer peu à peu la farine. Abaisser la pâte sur une surface légèrement farinée à environ 6 mm (¼ po) d'épaisseur. La couper en bandes de 7,5 x 2 cm (3 x ¾ po) et disposer celles-ci sur une plaque à pâtisserie non graissée munie de côtés. Cuire au four à 400° F (205° C) pendant 12 à 15 minutes jusqu'à ce que les bâtonnets soient croustillants. Donne 48 bâtonnets.

1 bâtonnet : 48 calories; 1 g de protéines; 3,3 g de matières grasses; 3 g de glucides; 61 mg de sodium

Photo sur cette page.

Bâtonnets de fromage

À gauche : Rouleaux au chili, page 50   En bas, au centre : Tarte au fromage, ci-dessous   En haut, au centre : Tour de fromage, page 50   À droite : Boule de fromage et jambon, ci-dessous

Tarte au fromage

Un plat riche. Servir chaude comme tartinade avec des croustilles de maïs, des pointes de pain grillé ou des craquelins. La recette peut être réduite de moitié. ☺Couper et râper le fromage le matin. Réfrigérer sous couvert jusqu'au moment d'assembler.

Brique de préparation de fromage (Velveeta par exemple), coupée en morceaux	1 lb	454 g
Cheddar mi-fort, râpé	2 tasses	500 mL
Gros œufs	4	4
Fromage cottage en crème	1 tasse	250 mL
Farine tout usage	1 c. à soupe	15 mL
Sel à l'oignon	¼ c. à thé	1 mL

Répandre les cubes de fromage dans un plat graissé de 22 × 33 cm (9 × 13 po) ou un moule à quiche de 30 cm (12 po). Répandre le cheddar dessus.

Verser les 4 derniers ingrédients dans un petit bol. Bien battre le tout et verser sur le fromage. Cuire au four, à découvert, à 350° F (175° C) pendant 30 à 35 minutes. Donne environ 1,25 L (5 tasses).

15 mL (1 c. à soupe) : 35 calories; 2 g de protéines; 2,6 g de matières grasses; 1 g de glucides; 124 mg de sodium

Photo ci-dessus.

Boule de fromage et jambon

Cette jolie boule rose n'exige pas d'enrobage. À servir avec un assortiment de craquelins. ☺À préparer à l'avance. Se conserve un ou deux jours au réfrigérateur ou plus longtemps au congélateur.

Flocons de jambon, en conserve, égouttés et défaits	2 × 6½ oz	2 × 184 g
Fromage à la crème, ramolli	8 oz	250 g
Sauce à salade hypocalorique (ou mayonnaise)	1 c. à soupe	15 mL
Persil en flocons	2 c. à thé	10 mL
Ciboulette hachée	1 c. à soupe	15 mL
Moutarde en poudre	¼ c. à thé	1 mL
Poivre de Cayenne	¼ c. à thé	1 mL

Bien combiner les 7 ingrédients dans un bol. Façonner une boule. Donne environ 400 mL (1⅔ tasse).

15 mL (1 c. à soupe) : 81 calories; 4 g de protéines; 7,3 g de matières grasses; trace de glucides; 265 mg de sodium

Photo ci-dessus.

Gâteau au fromage bleu

Décorer avec de la crème sure. Servir avec un assortiment de craquelins et de pains ou coupé en pointes comme entrée. ☺Peut être préparé la veille et réfrigéré.

Chapelure fine	2 c. à soupe	30 mL
Parmesan, râpé	1 c. à soupe	15 mL
Tranches de bacon, coupées en dés	8	8
Oignon, haché fin	1 tasse	250 mL
Fromage à la crème, ramolli	3 × 8 oz	3 × 250 g
Bleu, émietté	4 oz	113 g
Gros œufs	4	4
Crème sure	½ tasse	125 mL
Sauce piquante aux piments	¼ c. à thé	1 mL

Combiner la chapelure et le parmesan dans un petit bol. Graisser le fond et les côtés d'un moule à charnière de 22 cm (9 po). Le couvrir du mélange de chapelure, en le secouant pour enlever l'excès.

Faire revenir le bacon dans une poêle à frire pendant 3 à 4 minutes. Ajouter l'oignon et poursuivre la cuisson jusqu'à ce que l'oignon soit mou et que le bacon soit cuit. Égoutter.

Battre le fromage à la crème, le bleu et 1 œuf dans un bol jusqu'à ce que le mélange soit lisse. Il doit rester des petits grains de bleu. Ajouter les autres œufs, 1 à 1, en battant juste assez pour les combiner. Ajouter la crème sure. Battre pour mélanger le tout. Incorporer la sauce aux piments et le mélange de bacon. Verser le tout dans le moule. Cuire au four à 325° F (160° C) pendant 1 à 1½ heure. En fin de cuisson, le centre tremble légèrement quand on secoue le moule. Passer un couteau affûté tout le tour du moule dès la sortie du four, pour que le gâteau s'abaisse également. Laisser refroidir Couvrir et réfrigérer 4 à 5 heures ou jusqu'au lendemain. Pour 20 personnes.

1 portion : 197 calories; 7 g de protéines; 17,9 g de matières grasses; 3 g de glucides; 255 mg de sodium

Photo ci-dessous.

Gâteau au fromage bleu

Rouleau au fromage

Il est jaune pâle et parsemé de blanc. Il s'étale facilement. ☺Préparer à l'avance et congeler. Rouler dans le persil juste avant de servir.

Édam (ou gouda), râpé	2 tasses	500 mL
Crème sure sans matières grasses	⅔ tasse	150 mL
Moutarde préparée	1 c. à thé	5 mL
Sauce Worcestershire	¼ c. à thé	1 mL
Persil en flocons (ou noix hachées), pour rouler (facultatif)		

Combiner les 4 premiers ingrédients dans un bol. Écraser le tout. Façonner le rouleau.

Répandre le persil sur une feuille de papier ciré. Rouler le rouleau de fromage dans le persil. Réfrigérer dans un sac de plastique. Donne un rouleau de 300 mL (1¼ tasse).

15 mL (1 c. à soupe) : 51 calories; 4 g de protéines; 3,8 g de matières grasses; 1 g de glucides; 140 mg de sodium

Photo à la page 47.

Pépites de fromage

De simples bandes brunes, jaunes et blanches. ☺Si on les prépare à l'avance, il faut les recouvrir d'un torchon humide, puis d'une feuille de pellicule plastique ou de papier d'aluminium pour qu'elles conservent leur fraîcheur jusqu'au moment de servir.

Minces tranches de pain de seigle foncé (ou pumpernickel)	4	4
Margarine dure (ou beurre), ramollie	2 c. à soupe	30 mL
Tranches de préparation de fromage fondu blanc	2	2
Tranche de préparation de fromage fondu orange	1	1

Tailler les tranches de pain de la taille des tranches de fromage. Beurrer 2 tranches sur 1 côté. Beurrer les 2 autres tranches des deux côtés. Assembler comme suit : 1 tranche de pain côté beurré vers le haut; 1 tranche de fromage blanc; 1 tranche de pain beurrée des deux côtés; 1 tranche de fromage orange; 1 tranche de pain beurrée des deux côtés; 1 tranche de fromage blanc; 1 tranche de pain côté beurré vers le bas. Envelopper dans une pellicule plastique. Réfrigérer. Couper en 16 carrés et enfoncer une pique dans chaque carré. Donne 16 pépites.

1 pépite : 54 calories; 2 g de protéines; 3,3 g de matières grasses; 4 g de glucides; 145 mg de sodium

Photo à la page 43.

Boissons

Dès que vous accueillez vos invités et que vous leur offrez un verre, vous les mettez à l'aise. Le choix des boissons peut dépendre de la raison de la rencontre, de la formalité de son caractère ou du temps qu'il fait. Après tout, une tasse de chocolat chaud onctueux après une partie de patinage risque d'être mieux accueillie qu'un verre de thé glacé bien frais. Les recettes de boissons qui suivent vous permettent de choisir ce qu'il convient le mieux de servir, selon l'occasion.

Ne vous contentez pas de l'habituel! En tant qu'hôte, vous avez la possibilité de proposer à vos invités quelque chose qui sort un peu de l'ordinaire, comme une succulente liqueur maison!

Thé glacé aux canneberges

Une boisson rafraîchissante, toujours à portée de main. Se conserve deux semaines au réfrigérateur.

Eau bouillante	4 tasses	1 L
Sachets de thé Orange Pekoe	4	4
Sucre granulé	½ tasse	125 mL
Cocktail de canneberges	2 tasses	500 mL
Jus d'orange	1 tasse	250 mL
Jus de citron	¼ tasse	60 mL

Verser l'eau bouillante sur les sachets de thé dans une casserole ou un pichet. Couvrir. Laisser infuser 5 minutes. Essorer les sachets et les retirer.

Ajouter le sucre et remuer jusqu'à ce qu'il soit dissous. Ajouter le cocktail de canneberges, le jus d'orange et le jus de citron. Réfrigérer. Donne environ 1,75 L (7 tasses) de thé glacé.

250 mL (1 tasse) de thé glacé : 122 calories; trace de protéines; 0,1 g de matières grasses; 31 g de glucides; 8 mg de sodium

Photo à la page 61.

Punch à la rhubarbe

D'un beau rouge rubis. On peut préparer le jus de rhubarbe n'importe quand et le congeler, puis le dégeler et ajouter les derniers ingrédients.

Rhubarbe, hachée fin	4 tasses	1 L
Eau bouillante	6 tasses	1,5 L
Jus d'orange	2 c. à soupe	30 mL
Jus de citron	2 c. à soupe	30 mL
Sucre granulé	1 tasse	250 mL
Eau	1 tasse	250 mL

Mettre la rhubarbe dans un grand bol et la couvrir d'eau bouillante. Couvrir. Laisser reposer jusqu'au lendemain. Passer à l'étamine et recueillir le jus dans un pichet. Dégager tout le jus. On devrait en obtenir environ 1,9 L (7¾ tasses).

Ajouter le jus d'orange et le jus de citron.

Combiner le sucre et la seconde quantité d'eau dans une casserole. Remuer. Porter à ébullition. Laisser refroidir et ajouter au jus de rhubarbe. Remuer. Goûter et rajouter du sucre au besoin. Servir frais. Donne environ 2,25 L (9 tasses) de punch.

250 mL (1 tasse) de punch : 99 calories; trace de protéines; trace de matières grasses; 26 g de glucides; 1 mg de sodium

Photo ci-dessous.

Punch au raisin, page 54

Punch à la rhubarbe, ci-dessus

Frappé aux canneberges

Une boisson rosée, qui se prépare vite et sans difficulté.
☺Combiner les trois premiers ingrédients et réfrigérer.
Conserver les garnitures toutes prêtes au réfrigérateur.
Ajouter le soda au gingembre juste avant de servir.

Concentré de jus d'orange surgelé	½ × 12½ oz	½ × 355 mL
Cocktail de canneberges	6 tasses	1,5 L
Jus d'ananas	19 oz	540 mL
Soda au gingembre	8 tasses	2 L
Canneberges, fraîches ou surgelées, pour décorer		
Glaçons		

Combiner le concentré de jus d'orange, le cocktail de canneberges et le jus d'ananas dans un bol à punch. Réfrigérer.

Juste avant de servir, ajouter le soda au gingembre et remuer un peu.

Déposer quelques canneberges à la surface. Servir sur glaçons. Donne 4 L (16 tasses) de punch.

250 mL (1 tasse) de punch : 143 calories; trace de protéines; 0,1 g de matières grasses; 36 g de glucides; 14 mg de sodium

Photo à la page 40.

Punch au café, ci-contre

Punch au café

D'une couleur riche, ce punch est légèrement parfumé au café et au chocolat. ☺On peut combiner les cinq premiers ingrédients à l'avance et les réfrigérer. Ajouter le yogourt glacé au moment de servir.

Café fort, froid	5 tasses	1,25 L
Sirop au chocolat pour sundae	1 tasse	250 mL
Lait	8 tasses	2 L
Sucre granulé	½ tasse	125 mL
Vanille	2 c. à thé	10 mL
Yogourt glacé à la vanille (ou crème glacée à la vanille)	2 tasses	500 mL

Combiner les 5 premiers ingrédients dans un bol à punch. Remuer jusqu'à ce que le sucre soit dissous.

Ajouter le yogourt glacé. Remuer un peu. Donne 4 L (16 tasses) de punch.

250 mL (1 tasse) de punch : 189 calories; 6 g de protéines; 5,5 g de matières grasses; 30 g de glucides; 100 mg de sodium

Photo sur cette page.

Punch au raisin

Une boisson lisse, d'un beau mauve pâle.
☺Préparer à l'avance et réfrigérer.

Jus de raisin blanc	4½ tasses	1,1 L
Jus de raisin mauve	½ tasse	125 mL
Soda au citron et à la lime	2 tasses	500 mL
Tranches de lime, pour décorer		

Combiner les jus de raisin dans un bol à punch ou un pichet. Ajouter le soda. Servir sur glaçons.

Décorer chaque verre avec une tranche de lime. Donne 1,75 L (7 tasses) de punch.

250 mL (1 tasse) de punch : 132 calories; 1 g de protéines; 0,1 g de matières grasses; 33 g de glucides; 13 mg de sodium

Photo à la page 53.

rappé, page 56   Mokas panachés, ci-dessous   Chocolat chaud à la menthe, ci-dessous

Mokas panachés

Un savoureux mélange de café et de chocolat. ☺Garder le mélange dans un récipient couvert pour régaler des invités.

Sucre granulé	½ tasse	125 mL
Vanille	1 c. à thé	5 mL
Lait écrémé en poudre	1 tasse	250 mL
Colorant à café en poudre	2 c. à soupe	30 mL
Cacao	¼ tasse	60 mL
Granules de café instantané, écrasées	¼ tasse	60 mL
Eau bouillante	1 tasse	250 mL
Garniture à dessert surgelée (dans un grand contenant), dégelée (facultative)		
Chocolat, râpé (facultatif)		

Combiner le sucre et la vanille dans un récipient fermé. Bien secouer pour les mêler.

Ajouter les 4 prochains ingrédients. Remuer.

Pour faire une tasse, mettre 50 mL (3 c. à soupe) du mélange sec dans une grande tasse. Ajouter l'eau bouillante. Remuer. Décorer avec de la garniture fouettée et du chocolat. Donne 500 mL (2 tasses) de mélange, soit assez pour 10 tasses.

1 tasse : 103 calories; 5 g de protéines; 0,7 g de matières grasses; 20 g de glucides; 71 mg de sodium

Photo ci-dessus.

Chocolat chaud à la menthe

Multiplier la recette par le nombre d'invités. Une boisson très simple, mais fameuse. ☺Toujours conserver du chocolat râpé au réfrigérateur.

Lait au chocolat, réchauffé	¾ tasse	175 mL
Schnapps à la menthe (ou 0,5 mL, ⅛ c. à thé, d'essence de menthe poivrée)	1 c. à soupe	15 mL
Garniture à dessert surgelée (dans un grand contenant), dégelée (ou crème fouettée)	2 c. à soupe	30 mL
Chocolat râpé, une pincée		
Menthe fraîche, pour décorer		

Réchauffer le lait dans une petite casserole jusqu'à ce qu'il soit très chaud, mais non bouillant. Ajouter le schnapps. Pour préparer plusieurs chocolats, se servir d'un poêlon moyen ou d'un bain-marie. Verser dans une tasse.

Décorer de garniture fouettée, de chocolat râpé et d'une feuille de menthe. Pour 1 personne.

1 tasse : 223 calories; 6 g de protéines; 6,3 g de matières grasses; 28 g de glucides; 120 mg de sodium

Photo ci-dessus.

Frappé

Une boisson lisse et rafraîchissante. ⊙Peut être préparée à l'avance et congelée. Il suffit ensuite de dégeler et de passer au mélangeur au moment de servir.

Café préparé, froid	1½ tasse	375 mL
Sirop au chocolat	¼ tasse	60 mL
Crème glacée à la vanille	1½ tasse	375 mL
Glaçons broyés	½ tasse	125 mL

Mettre les 4 ingrédients dans le mélangeur. Combiner jusqu'à ce que le mélange soit lisse. Donne 4 portions de 150 mL (⅔ tasse).

1 portion : 126 calories; 2 g de protéines; 4,9 g de matières grasses; 20 g de glucides; 93 mg de sodium

Photo à la page 55.

Liqueur de pommettes

Scintillante. ⊙À préparer au moins cinq semaines à l'avance. Conserver à la température de la pièce, dans une bouteille hermétique.

Pommettes sures, coupées en deux	4 pte	4 L
Sucre granulé	4 tasses	1 L
Vodka	26 oz	810 mL

Remplir aux ¾ de pommettes un contenant de 4 L (4 pte). Verser le sucre sur les pommettes. Ajouter la vodka, puis le reste des pommettes. Fermer le contenant. Laisser reposer sur le comptoir ou dans une armoire. Retourner le contenant et le redresser une fois par jour pendant 7 jours. Laisser reposer 1 mois. Passer la liqueur au travers de 4 épaisseurs d'étamine et jeter les pommettes. Donne 1,5 L (6 tasses) de liqueur.

30 mL (2 c. à soupe) de liqueur : 114 calories; trace de protéines; 0,1 g de matières grasses; 20 g de glucides; 1 mg de sodium

Photo ci-dessous.

Variante : On peut remplacer la vodka par du gin.

Liqueur d'abricots

Servir comme digestif ou sur de la crème glacée ou une crème anglaise, pour donner de la couleur et du goût. ⊙À préparer au moins deux mois à l'avance. Conserver à la température de la pièce, dans une bouteille hermétique.

Abricots séchés, coupés en quatre	1 lb	454 g
Vodka	4⅓ tasses	1,1 L
Sucre granulé	4 tasses	1 L

Combiner les 3 ingrédients dans un contenant en verre. Couvrir et laisser reposer 6 à 8 semaines. Secouer légèrement le contenant une fois par semaine. Passer la liqueur au travers d'une étamine double. Jeter les abricots. Donne 1,25 L (5 tasses) de liqueur.

30 mL (2 c. à soupe) de liqueur : 138 calories; trace de protéines; trace de matières grasses; 21 g de glucides; 1 mg de sodium

Photo à la page 57.

Liqueur de canneberges

Claire et rouge. Utiliser ce qui reste de canneberges pour faire des muffins. ⊙À préparer au moins six semaines à l'avance. Conserver à la température de la pièce, dans une bouteille hermétique.

Canneberges, fraîches ou surgelées, grossièrement hachées	4 tasses	1 L
Sucre granulé	3 tasses	750 mL
Gin	2 tasses	500 mL
Vanille	1 c. à thé	5 mL

Combiner les 4 ingrédients dans un bocal et fermer celui-ci. Laisser reposer à la température de la pièce pendant 6 semaines. Secouer le bocal une fois par semaine. week. Au bout de 6 semaines, passer la liqueur au travers de 4 couches d'étamine. Donne 825 mL (3⅓ tasses) de liqueur.

30 mL (2 c. à soupe) de liqueur : 131 calories; trace de protéines; trace de matières grasses; 24 g de glucides; 1 mg de sodium

Photo à la page 57.

Liqueur de framboises

D'un rouge vibrant. ⊙À préparer au moins trois semaines à l'avance. Conserver à la température de la pièce, dans une bouteille hermétique.

Framboises, fraîches ou surgelées, (non sucrées)	4 tasses	1 L
Sucre granulé	3¼ tasses	810 mL
Vodka	3⅓ tasses	825 mL

Verser les 3 ingrédients dans une bouteille de 2 L (2 pte). Boucher la bouteille. Laisser reposer sur le comptoir ou dans une armoire. Retourner la bouteille et la redresser une fois par jour pendant 3 semaines. Passer la liqueur au travers d'une étamine double. Donne 1,75 L (7 tasses) de liqueur.

30 mL (2 c. à soupe) de liqueur : 78 calories; trace de protéines; trace de matières grasses; 12 g de glucides; trace de sodium

Photo sur cette page.

Liqueur de framboises

Liqueur de pommettes

À gauche : Eau-de-vie de cerises, ci-dessous   Centre : Liqueur d'abricots, page 56   En bas, à droite : Liqueur à la menthe, ci-dessous   En haut, à droite : Liqueur aux canneberges, page 56

Eau-de-vie de cerises

D'un beau rouge foncé et transparent. ⏲À préparer au moins trois mois à l'avance. Conserver à la température de la pièce, dans une bouteille hermétique.

Cerises foncées, fraîches, mûres, (environ 1,5 L, 6 tasses)	2 lb	900 g
Sucre granulé	3 1/2 tasses	875 mL
Eau-de-vie	3 1/3 tasses	825 mL

Piquer les cerises avec une broche. Les verser dans un grand bocal avec le sucre. Arroser d'eau-de-vie. Boucher le bocal et entreposer dans un endroit sombre et frais. Remuer le bocal une fois par semaine pendant 2 ou 3 mois. Passer la liqueur au travers d'une étamine double. Jeter les cerises. Donne 1,6 L (6 1/2 tasses) d'eau-de-vie.

60 mL (1/4 tasse) d'eau-de-vie : 193 calories; trace de protéines; 0,2 g de matières grasses; 31 g de glucides; 1 mg de sodium

Photo ci-dessus.

Liqueur de cerises

Remplacer l'eau-de-vie par de la vodka ou du gin.

Liqueur à la menthe

Juste assez foncée et claire. ⏲À préparer au moins un mois à l'avance. Conserver à la température de la pièce, dans une bouteille hermétique.

Sucre granulé	1 1/2 tasse	375 mL
Eau	3/4 tasse	175 mL
Vodka	1 1/2 tasse	375 mL
Jus de lime	1 c. à soupe	15 mL
Vanille	1 1/2 c. à thé	7 mL
Essence de menthe poivrée	1/4 c. à thé	1 mL
Gouttes de colorant alimentaire vert	5	5

Combiner le sucre et l'eau dans une casserole. Porter à ébullition en remuant souvent. Laisser mijoter à découvert pendant 5 minutes. Laisser refroidir.

Ajouter les 5 derniers ingrédients. Remuer. Laisser reposer pendant 1 mois avant de servir. Donne 750 mL (3 tasses) de liqueur.

30 mL (2 c. à soupe) de liqueur : 82 calories; 0 g de protéines; 0 g de matières grasses; 13 g de glucides; trace de sodium

Photo ci-dessus.

Pains éclairs

Peu de choses sont aussi agréables que la dégustation d'une tranche tiède de pain fait maison—c'est un délice que vos invités apprécieront sûrement. Bien des gens pensent que la confection du pain maison est compliquée, c'est pourquoi les gens qui vous rendent visite seront d'autant plus flattés s'ils pensent que vous vous êtes donné tant de mal! En réalité, la préparation des pains et pains éclairs est simple et vous pouvez les congeler une fois qu'ils sont cuits, pour les ressortir du congélateur quand une occasion se présente. Que vous receviez pour le brunch, le souper ou simplement le café, un pain maison fait toujours beaucoup d'effet.

Muffins Bonjour

Ils sont parfaits le matin, avec une tasse de café.
☺*Combiner les ingrédients secs la veille au soir. Se congèlent bien.*

Gros œuf	1	1
Ananas broyé, en conserve, égoutté, réserver 100 mL (6 c. à soupe) de jus	14 oz	398 mL
Carotte, râpée	½ tasse	125 mL
Huile de cuisson	¼ tasse	60 mL
Jus réservé de l'ananas		
Farine tout usage	1½ tasse	375 mL
Flocons d'avoine à cuisson rapide (pas instantanés)	¾ tasse	175 mL
Cassonade, tassée	½ tasse	125 mL
Poudre à pâte	1 c. à soupe	15 mL
Bicarbonate de soude	1 c. à thé	5 mL
Cannelle moulue	1 c. à thé	5 mL
Sel	¼ c. à thé	1 mL
Raisins secs	⅓ tasse	75 mL

Combiner les 5 premiers ingrédients dans un bol moyen.

Combiner les 8 derniers ingrédients dans un grand bol. Remuer. Creuser un puits au centre. Verser le mélange de carottes dans le puits. Remuer juste assez pour humecter les ingrédients secs. Remplir presque complètement les cavités graissées d'une plaque à muffins. Cuire au four à 400° F (205° C) pendant 18 à 20 minutes, jusqu'à ce que les muffins soient bien dorés. Les muffins sont cuits lorsqu'un cure-dents en bois enfoncé au centre en ressort propre. Laisser reposer 5 minutes. Démouler et laisser refroidir sur une grille. Donne 12 muffins.

1 muffin : 175 calories; 3 g de protéines; 5 g de matières grasses; 30 g de glucides; 160 mg de sodium

Photo sur cette page.

Muffins à la rhubarbe

Ils sont dorés avec des brins rouges. La rhubarbe peut être fraîche ou surgelée. ☺*Se congèlent bien.*

Huile de cuisson	⅓ tasse	75 mL
Cassonade, tassée	1 tasse	250 mL
Gros œuf	1	1
Vanille	1¼ c. à thé	6 mL
Lait sur (15 mL, 1 c. à soupe, de jus de citron additionné de lait)	⅔ tasse	150 mL
Rhubarbe, coupée en cubes de 6 mm, ¼ po (voir remarque)	1⅓ tasse	325 mL
Noix de Grenoble, hachées	⅓ tasse	75 mL
Farine tout usage	1⅔ tasse	400 mL
Poudre à pâte	¾ c. à thé	4 mL
Bicarbonate de soude	¾ c. à thé	4 mL
Sel	¼ c. à thé	1 mL

Battre l'huile de cuisson avec la cassonade dans un bol. Incorporer l'œuf en battant. Ajouter la vanille et le lait sur. Mélanger.

Ajouter la rhubarbe et les noix. Remuer.

Combiner les 4 prochains ingrédients dans un autre bol. Ajouter le mélange en une fois au mélange liquide. Remuer juste assez pour humecter les ingrédients secs. Remplir presque complètement les cavités graissées d'une plaque à muffins. Cuire au four à 400° F (205° C) pendant 20 à 25 minutes jusqu'à ce qu'un cure-dents en bois enfoncé au centre des muffins en ressorte propre. Laisser reposer 5 minutes. Démouler et laisser refroidir sur une grille. Donne 1 douzaine de muffins.

1 muffin : 238 calories; 3 g de protéines; 9,6 g de matières grasses; 35 g de glucides; 171 mg de sodium

Remarque : Si la rhubarbe est surgelée, la laisser dégeler complètement et l'égoutter.

Photo à la page 59.

Muffins bonjour

Muffins à la rhubarbe, page 58   Muffins au gingembre, ci-dessous   Muffins au son, ci-dessous

Muffins au gingembre

Des muffins vite prêts. ☉La pâte peut être préparée trois semaines à l'avance et conservée au réfrigérateur. Se congèlent bien aussi.

Margarine dure (ou beurre), ramollie	1½ tasse	375 mL
Sucre granulé	1 tasse	250 mL
Gros œufs	4	4
Mélasse de fantaisie (ou de cuisine)	1½ tasse	375 mL
Babeurre, frais ou en poudre et reconstitué	1 tasse	250 mL
Vanille	1½ c. à thé	7 mL
Farine tout usage	5¼ tasses	1,3 L
Cannelle moulue	1½ c. à thé	7 mL
Gingembre moulu	1½ c. à thé	7 mL
Muscade moulue	½ c. à thé	2 mL
Clou de girofle moulu	¼ c. à thé	1 mL
Sel	¾ c. à thé	4 mL
Bicarbonate de soude	1 c. à soupe	15 mL
Raisins secs	1½ tasse	375 mL

Bien battre en crème la margarine et le sucre dans un grand bol. Incorporer les œufs, 1 à 1, en battant. Ajouter la mélasse. Battre pour combiner. Ajouter le babeurre et la vanille. Mélanger.

Combiner les 8 prochains ingrédients dans un autre bol. Ajouter le tout au mélange de mélasse. Remuer juste assez pour humecter les ingrédients secs. Conserver au réfrigérateur, dans un récipient hermétique, jusqu'à 3 semaines. Remplir presque complètement les cavités graissées d'une plaque à muffins. Cuire au four à 400° F (205° C) pendant 15 à 20 minutes, jusqu'à ce qu'un cure-dents en bois enfoncé au centre des muffins en ressorte propre. Laisser reposer 5 minutes. Démouler et laisser refroidir sur une grille. Donne 3 douzaines de muffins.

1 muffin : 233 calories; 3 g de protéines; 9 g de matières grasses; 36 g de glucides; 269 mg de sodium

Photo ci-dessus.

Muffins au son

Quand la pâte est déjà prête, le déjeuner, le brunch ou le café du matin sont simples. ☉Cuire selon les besoins ou cuire tous les muffins et les surgeler.

Céréales de son entier (pas des flocons)	6 tasses	1,5 L
Eau bouillante	2 tasses	500 mL
Margarine dure (ou beurre), ramollie	1 tasse	250 mL
Sucre granulé	2 tasses	500 mL
Cassonade, tassée	1 tasse	250 mL
Gros œufs	4	4
Babeurre, frais ou en poudre et reconstitué	4 tasses	1 L
Farine tout usage	5 tasses	1,25 L
Bicarbonate de soude	2 c. à soupe	30 mL
Sel	1 c. à thé	5 mL
Raisins secs (ou dattes hachées) facultatifs	2 tasses	500 mL

Combiner les céréales et l'eau bouillante dans un grand bol. Laisser reposer.

Battre en crème la margarine avec le sucre et la cassonade. Incorporer les œufs, 1 à 1, en battant. Ajouter le babeurre. Mélanger.

Combiner la farine avec le bicarbonate de soude et le sel dans un autre bol. Ajouter le tout à la pâte, puis ajouter les raisins secs. Remuer juste assez pour humecter les ingrédients secs. Conserver au réfrigérateur, dans un récipient hermétique, jusqu'à 6 semaines. Remplir presque complètement les cavités graissées d'une plaque à muffins. Cuire au four à 400° F (205° C) pendant 15 à 20 minutes, jusqu'à ce qu'un cure-dents en bois enfoncé au centre des muffins en ressorte propre. Laisser reposer 5 minutes. Démouler et laisser refroidir sur une grille. Donne environ 6 douzaines de muffins.

1 muffin : 129 calories; 3 g de protéines; 3,4 g de matières grasses; 24 g de glucides; 242 mg de sodium

Photo ci-dessus.

Pains éclairs

Mini-muffins aux courgettes

Moelleux et légers, ces muffins sont agréables au déjeuner ou au brunch. ☺Préparer à l'avance et congeler pour accueillir des invités qui viennent prendre un café.

Gros œufs	5	5
Huile de cuisson	¼ tasse	60 mL
Oignon, haché fin	1½ tasse	375 mL
Cheddar fort, râpé	¾ tasse	175 mL
Tranches de bacon, bien cuites et émiettées	4	4
Courgettes non pelées, râpées, tassées	2¾ tasses	675 mL
Farine tout usage	1 tasse	250 mL
Poudre à pâte	1½ c. à thé	7 mL
Sel	½ c. à thé	2 mL

Battre les œufs dans un bol. Ajouter les 5 prochains ingrédients. Bien combiner le tout.

Ajouter la farine, la poudre à pâte et le sel. Remplir presque complètement les cavités graissées d'une plaque à petits muffins. Cuire au four à 350° F (175° C) environ 30 minutes. Laisser reposer 5 minutes. Démouler et laisser refroidir sur une grille. Donne 3½ douzaines de mini-muffins.

1 mini-muffin : 48 calories; 2 g de protéines; 3 g de matières grasses; 3 g de glucides; 64 mg de sodium

Photo à la page 63.

Carrés aux courgettes

Ne pas ajouter le fromage à la pâte. Verser la pâte dans un moule graissé de 22 x 22 cm (9 x 9 po). Répandre le fromage sur la pâte. Cuire au four à 350° F (175° C) pendant 30 à 40 minutes.

Biscuits de pâte feuilletés

Délicieux avec la marmelade surgelée, page 73. ☺Préparer les ingrédients secs la veille au soir ou préparer les biscuits à l'avance et les congeler.

Farine tout usage	2 tasses	500 mL
Poudre à pâte	1 c. à soupe	15 mL
Bicarbonate de soude	¼ c. à thé	1 mL
Sel	½ c. à thé	2 mL
Margarine dure (ou beurre)	¼ tasse	60 mL
Yogourt nature	¾ tasse	175 mL
Lait	¼ tasse	60 mL

Verser les 5 premiers ingrédients dans un bol. Incorporer la margarine au couteau à pâtisserie jusqu'à obtenir un mélange grossier.

Ajouter le yogourt et le lait. Remuer jusqu'à obtenir une boule de pâte lisse. Pétrir 6 fois sur une surface légèrement farinée. Écraser ou abaisser la pâte à 2 cm (¾ po) d'épaisseur. La couper en ronds de 6,3 cm (2½ po) et disposer ceux-ci sur une plaque à pâtisserie non graissée. Cuire au four à 375° F (190° C) pendant 10 à 12 minutes. Donne 12 biscuits.

1 biscuit : 131 calories; 3 g de protéines; 4,6 g de matières grasses; 19 g de glucides; 208 mg de sodium

Photo à la page 61.

Il ne faut pas oublier de faire de la place dans le placard de l'entrée pour les manteaux des invités. Quand il est prévu d'empiler les manteaux dans une chambre, il ne faut pas oublier d'en faire le ménage. Disposer un petit bouquet de fleurs sur la commode ou la table de nuit.

Biscuits de pâte au jambon

Servir chauds, à la sortie du four! Ils sont farcis de brins de jambon. ☺Se congèlent bien.

Farine tout usage	2 tasses	500 mL
Poudre à pâte	1 c. à soupe	15 mL
Bicarbonate de soude	½ c. à thé	2 mL
Sel	½ c. à thé	2 mL
Margarine dure (ou beurre)	¼ tasse	60 mL
Flocons de jambon, en conserve, égouttés, liquide réservé	6½ oz	184 g
Liquide réservé additionné de lait	¾ tasse	175 mL

Combiner les 5 premiers ingrédients dans un bol jusqu'à obtenir un mélange grossier.

Ajouter le jambon. Remuer légèrement.

Ajouter le liquide réservé mêlé au lait au mélange de jambon. Remuer jusqu'à obtenir une boule de pâte lisse. Pétrir 6 à 8 fois sur une surface légèrement farinée. Écraser ou abaisser la pâte à 2 cm (¾ po) d'épaisseur. La couper en ronds de 5 cm (2 po) et disposer ceux-ci sur une plaque à pâtisserie non graissée. Cuire au four à 425° F (220° C) pendant 12 à 15 minutes. Donne 16 biscuits.

1 biscuit : 121 calories; 4 g de protéines; 5,5 g de matières grasses; 13 g de glucides; 329 mg de sodium

Photo à la page 61.

---

1. Thé glacé aux canneberges, page 53
2. Biscuits de pâte au jambon, page 60
3. Biscuits de pâte feuilletés, page 60
4. Pain de blé entier, page 63
5. Marmelade surgelée, page 73

Biscuits de pâte aux fines herbes

Le goût d'aneth est prononcé, mais l'oignon est suggéré. Des biscuits en « couches », selon la tradition. ☺Combiner les ingrédients secs le matin ou la veille au soir ou préparer à l'avance et congeler.

Farine tout usage	2 tasses	500 mL
Sucre granulé	2 c. à thé	10 mL
Poudre à pâte	1 c. à soupe	15 mL
Sel	½ c. à thé	2 mL
Persil en flocons	½ c. à thé	2 mL
Ciboulette hachée	1 c. à thé	5 mL
Aneth	½ c. à thé	2 mL
Huile de cuisson	3 c. à soupe	50 mL
Lait	⅔ tasse	150 mL

Verser les 7 premiers ingrédients dans un bol. Remuer. Creuser un puits au centre.

Y verser l'huile de cuisson et le lait. Remuer juste assez pour humecter les ingrédients secs. Pétrir 6 à 8 fois sur une surface légèrement farinée. Écraser ou abaisser la pâte à 2 cm (¾ po) d'épaisseur. La couper en ronds de 5 cm (2 po) et disposer ceux-ci sur une plaque à pâtisserie non graissée. Cuire au four à 400° F (205° C) environ 15 minutes. Donne 12 biscuits.

1 biscuit : 121 calories; 3 g de protéines; 3,8 g de matières grasses; 19 g de glucides; 125 mg de sodium

Photo à la page 63.

Biscuits de pâte au blé entier

Ils ressemblent plus à un craquelin croustillant qu'à un biscuit. Ils sont sucrés et ont nettement le goût de blé et d'avoine. ☺Se congèlent bien.

Farine de blé entier	1⅓ tasse	325 mL
Flocons d'avoine à cuisson rapide (pas instantanés)	⅓ tasse	75 mL
Cassonade, tassée	⅓ tasse	75 mL
Poudre à pâte	1 c. à thé	5 mL
Sel	½ c. à thé	2 mL
Margarine dure (ou beurre), ramolli	6 c. à soupe	100 mL
Lait	¼ tasse	60 mL

Combiner les 6 premiers ingrédients dans un bol. Incorporer la margarine au couteau à pâtisserie jusqu'à obtenir un mélange grossier.

Ajouter le lait. Bien mélanger. Rajouter un peu de lait, au besoin, si la pâte est trop sèche. Abaisser la pâte à 6 mm (¼ po) d'épaisseur sur une surface légèrement farinée. La couper en ronds de 7,5 cm (3 po) et disposer ceux-ci sur une plaque à pâtisserie graissée. Cuire au four à 350° F (175° C) pendant 20 à 25 minutes, jusqu'à ce que les biscuits soient légèrement dorés. Donne 12 biscuits.

1 biscuit : 102 calories; 2 g de protéines; 4,8 g de matières grasses; 14 g de glucides; 141 mg de sodium

Photo à la page 153.

Biscuits de pâte à l'orange et aux raisins

Délicieux avec le thé. ☺Combiner le zeste d'orange et les raisins secs le matin et couvrir pour que le zeste reste tendre ou préparer les biscuits à l'avance et congeler.

Farine tout usage	2 tasses	500 mL
Sucre granulé	2 c. à soupe	30 mL
Poudre à pâte	4 c. à thé	20 mL
Sel	½ c. à thé	2 mL
Margarine dure (ou beurre)	¼ tasse	60 mL
Zeste d'orange, râpé	1 c. à soupe	15 mL
Raisins secs	½ tasse	125 mL
Gros œuf, battu à la fourchette	1	1
Lait	½ tasse	125 mL

Verser les 5 premiers ingrédients dans un bol. Incorporer la margarine au couteau à pâtisserie jusqu'à obtenir un mélange grossier.

Ajouter le zeste et les raisins secs. Combiner.

Ajouter l'œuf et le lait. Remuer jusqu'à obtenir une boule de pâte lisse. Pétrir 6 fois sur une surface légèrement farinée. Écraser ou abaisser la pâte à 2 cm (¾ po) d'épaisseur. La couper en ronds de 5 cm (2 po) et disposer ceux-ci sur une plaque à pâtisserie non graissée. Cuire au four à 425° F (220° C) environ 12 minutes. Donne 16 biscuits.

1 biscuit : 120 calories; 3 g de protéines; 3,8 g de matières grasses; 19 g de glucides; 141 mg de sodium

Photo à la page 64.

Biscuits de pâte chauds

Ils sont légers. Servir avec le plat de résistance. ☺Se congèlent bien.

Farine tout usage	2 tasses	500 mL
Poudre à pâte	4 c. à thé	20 mL
Crème de tartre	½ c. à thé	2 mL
Sel	½ c. à thé	2 mL
Sucre granulé	2 c. à thé	10 mL
Margarine dure (ou beurre)	¼ tasse	60 mL
Lait	¾ tasse	175 mL
Lait, pour badigeonner (facultatif)	1 c. à soupe	15 mL

Verser les 6 premiers ingrédients dans un bol. Incorporer la margarine au couteau à pâtisserie jusqu'à obtenir un mélange grossier.

Ajouter la première quantité de lait. Remuer jusqu'à obtenir une boule de pâte lisse. Écraser ou abaisser la pâte à 2 cm (¾ po) d'épaisseur sur une surface légèrement farinée. La couper en ronds de 5 cm (2 po) et disposer ceux-ci sur une plaque à pâtisserie non graissée.

Badigeonner le dessus avec la seconde quantité de lait. Cuire au four à 450° F (230° C) pendant 12 à 15 minutes, jusqu'à ce que les biscuits soient gonflés et dorés. Donne 12 biscuits.

1 biscuit : 129 calories; 3 g de protéines; 4,5 g de matières grasses; 19 g de glucides; 191 mg de sodium

Photo à la page 125.

En haut : Pain aux pruneaux, page 64
Au milieu : Biscuits de pâte aux fines herbes, page 62
En bas : Mini-muffins aux courgettes, page 60

Pain de blé entier

Ce pain ne contient pas de levure et se prépare vite. ☺Se congèle bien.

Farine de blé entier	2 tasses	500 mL
Farine tout usage	1 tasse	250 mL
Sucre granulé	⅓ tasse	75 mL
Bicarbonate de soude	1 c. à thé	5 mL
Sel	1 c. à thé	5 mL
Babeurre, frais ou en poudre et reconstitué	2 tasses	500 mL

Verser les 5 premiers ingrédients dans un bol. Mélanger.

Ajouter le babeurre. Remuer juste assez pour humecter les ingrédients secs. Verser le tout dans un moule à pain graissé de 22 x 12,5 x 7,5 cm (9 x 5 x 3 po). Cuire au four à 375° F (190° C) pendant 55 à 65 minutes, jusqu'à ce qu'un cure-dents inséré au centre ressorte sec. Laisser reposer 2 à 3 minutes. Démouler et laisser refroidir sur une grille. Couper en 16 tranches.

1 tranche : 114 calories; 4 g de protéines; 0,7 g de matières grasses; 24 g de glucides; 290 mg de sodium

Photo à la page 61.

Pain aux bleuets

Plein de délicieux bleuets.
☺Préparer à l'avance, avec le glaçage, et congeler.

Margarine dure (ou beurre), ramolli	½ tasse	125 mL
Sucre granulé	1 tasse	250 mL
Gros œufs	2	2
Babeurre, frais ou en poudre et reconstitué	⅔ tasse	150 mL
Zeste d'un citron moyen, râpé		
Farine tout usage	2 tasses	500 mL
Poudre à pâte	2 c. à thé	10 mL
Sel	½ c. à thé	2 mL
Bleuets, frais ou surgelés	1½ tasse	375 mL
Farine tout usage	1 c. à soupe	15 mL
Glaçage :		
Jus de citron	3 c. à soupe	50 mL
Sucre granulé	¼ tasse	60 mL

Bien battre en crème la margarine et le sucre. Incorporer les œufs, 1 à 1, en battant. Ajouter le babeurre et le zeste. Mélanger.

Verser la première quantité de farine, la poudre à pâte et le sel dans un autre bol. Bien combiner le tout et l'ajouter à la pâte. Remuer juste assez pour humecter les ingrédients secs.

Combiner les bleuets avec la seconde quantité de farine dans un autre bol. Ajouter le tout à la pâte et remuer légèrement et rapidement. Verser le tout dans un moule à pain graissé de 22 x 12,5 x 7,5 cm (9 x 5 x 3 po). Cuire au four à 350° F (175° C) environ 1½ heure, jusqu'à ce qu'un cure-dents inséré au centre ressorte sec.

Glaçage : Chauffer en remuant le jus de citron et la seconde quantité de sucre dans une petite casserole jusqu'à ce que le sucre soit dissous. Arroser le pain chaud de glaçage avant de le démouler. Laisser refroidir 10 minutes. Démouler et laisser refroidir sur une grille. Envelopper pour la conservation. Couper en 18 tranches.

1 tranche : 192 calories; 3 g de protéines; 6,3 g de matières grasses; 32 g de glucides; 159 mg de sodium

Photo ci-dessous.

Pain aux bleuets

Biscuits de pâte à l'orange et aux raisins, page 62   Pain à la Hovis, page 65   Pain au chocolat et à l'orange, page 65

Pain aux pruneaux

Légèrement parfumé aux épices, ce pain est à la fois ferme et moelleux. ☺Se congèle bien.

Margarine dure (ou beurre), ramolli	½ tasse	125 mL
Sucre granulé	1 tasse	250 mL
Gros œufs	2	2
Purée de pruneaux (aliment pour bébés)	½ tasse	125 mL
Farine tout usage	1½ tasse	375 mL
Bicarbonate de soude	1 c. à thé	5 mL
Sel	½ c. à thé	2 mL
Cannelle moulue	½ c. à thé	2 mL
Muscade moulue	¼ c. à thé	1 mL
Clou de girofle moulu	¼ c. à thé	1 mL
Pruneaux secs dénoyautés, hachés fin	1 tasse	250 mL
Pacanes, hachées (ou noix de Grenoble)	½ tasse	125 mL

Battre en crème la margarine et le sucre dans un bol. Incorporer les œufs, 1 à 1, en battant. Ajouter la purée de pruneaux et battre jusqu'à obtenir un mélange lisse.

Combiner les 6 prochains ingrédients dans un autre bol. Ajouter le tout à la pâte. Remuer juste assez pour humecter les ingrédients secs.

Incorporer les pruneaux et les pacanes. Verser le tout dans un moule à pain graissé de 22 x 12,5 x 7,5 cm (9 x 5 x 3 po). Cuire au four à 350° F (175° C) environ 1 heure, jusqu'à ce qu'un cure-dents inséré au centre ressorte sec. Laisser reposer 10 minutes. Démouler et laisser refroidir sur une grille. Couper en 18 tranches.

1 tranche : 190 calories; 2 g de protéines; 8,5 g de matières grasses; 27 g de glucides; 224 mg de sodium

Photo à la page 63.

Pain aux pommes et aux cerises

Un exquis mélange de cerises et de noix, légèrement parfumé aux amandes. ☺Préparer les noix et les cerises le matin. Se congèle bien.

Margarine dure (ou beurre)	½ tasse	125 mL
Sucre granulé	¾ tasse	175 mL
Gros œufs	2	2
Essence d'amande	½ c. à thé	2 mL
Compote de pommes	1 tasse	250 mL
Jus réservé des cerises au marasquin	2 c. à soupe	30 mL
Farine tout usage	2 tasses	500 mL
Poudre à pâte	2 c. à thé	10 mL
Bicarbonate de soude	½ c. à thé	2 mL
Sel	½ c. à thé	2 mL
Noix de Grenoble, hachées	½ tasse	125 mL
Cerises au marasquin, hachées, séchées avec un essuie-tout, jus réservé	¾ tasse	175 mL

Battre en crème la margarine et le sucre dans un bol moyen. Incorporer les œufs, 1 à 1, en battant. Incorporer l'essence d'amande.

Ajouter la compote et le jus des cerises. Remuer.

Combiner la farine avec la poudre à pâte, le bicarbonate de soude et le sel dans un autre bol. Ajouter le tout au premier mélange. Remuer juste assez pour humecter les ingrédients secs.

Incorporer les noix et les cerises. Verser le tout dans un moule à pain graissé de 22 x 12,5 x 7,5 cm (9 x 5 x 3 po). Cuire au four à 350° F (175° C) environ 55 minutes, jusqu'à ce qu'un cure-dents inséré au centre ressorte sec. Laisser reposer 20 minutes. Démouler et laisser refroidir sur une grille. Couper en 18 tranches.

1 tranche : 181 calories; 3 g de protéines; 8,4 g de matières grasses; 24 g de glucides; 187 mg de sodium

Photo à la page 68.

Pain au beurre d'arachides

Un très léger parfum de beurre d'arachides. ☺Se congèle bien.

Gros œuf	1	1
Sucre granulé	½ tasse	125 mL
Beurre d'arachides crémeux	½ tasse	125 mL
Lait	1¼ tasse	300 mL
Farine tout usage	2 tasses	500 mL
Poudre à pâte	4 c. à thé	20 mL
Sel	1 c. à thé	5 mL

Battre l'œuf dans un bol. Ajouter le sucre et le beurre d'arachides. Battre. Incorporer lentement le lait.

Dans un autre bol, combiner la farine avec la poudre à pâte et le sel. Ajouter le tout au mélange de beurre d'arachides. Remuer juste assez pour humecter les ingrédients secs. Verser le tout dans un moule à pain graissé de 22 x 12,5 x 7,5 cm (9 x 5 x 3 po), en repoussant bien la pâte dans les coins. Cuire au four à 350° F (175° C) environ 1 heure, jusqu'à ce qu'un cure-dents inséré au centre ressorte sec. Laisser reposer 10 minutes. Démouler et laisser refroidir sur une grille. Couper en 18 tranches.

1 tranche : 133 calories; 4 g de protéines; 4,4 g de matières grasses; 20 g de glucides; 203 mg de sodium

Photo sur cette page.

Pain à la Hovis

Un pain lourd, qui ne contient pas de gras ajouté. ☺Combiner les ingrédients secs tôt dans la journée ou préparer le pain à l'avance et le congeler.

Farine de blé entier (ou farine Graham)	2 tasses	500 mL
Farine tout usage	½ tasse	125 mL
Germe de blé	½ tasse	125 mL
Cassonade, tassée	2 c. à soupe	30 mL
Bicarbonate de soude	½ c. à thé	2 mL
Poudre à pâte	¼ c. à thé	1 mL
Sel	½ c. à thé	2 mL
Lait	1¾ tasse	425 mL

Verser les 7 premiers ingrédients dans un bol. Combiner.

Ajouter le lait. Mélanger. Verser le tout dans un moule à pain graissé en verre de 20 x 10 x 7,5 cm (8 x 4 x 3 po). Cuire au four à 350° F (175° C) environ 1½ heure. Couper en 18 tranches.

1 tranche : 84 calories; 4 g de protéines; 0,9 g de matières grasses; 16 g de glucides; 127 mg de sodium

Photo à la page 64.

Pain au chocolat et à l'orange

Un pain brun doré bien fourni en brisures de chocolat. Il n'est pas trop sucré. ☺Préparer le pain à l'avance, sans le glacer, et le congeler. Glacer avant de servir.

Gros œuf	1	1
Huile de cuisson	⅓ tasse	75 mL
Sucre granulé	⅔ tasse	150 mL
Jus d'orange	1 tasse	250 mL
Zeste d'une orange moyenne, râpé		
Farine tout usage	2 tasses	500 mL
Poudre à pâte	1 c. à soupe	15 mL
Sel	½ c. à thé	2 mL
Brisures de chocolat mi-sucré	⅔ tasse	150 mL
Glaçage à l'orange :		
Sucre à glacer	1 tasse	250 mL
Jus d'orange	2 c. à soupe	30 mL

Bien battre l'œuf avec l'huile de cuisson et le sucre dans un bol. Ajouter le jus et le zeste d'orange. Mélanger.

Tamiser la farine, la poudre à pâte et le sel sur la pâte. Remuer juste assez pour humecter les ingrédients secs.

Ajouter les brisures de chocolat. Remuer. Verser le tout dans un moule à pain graissé de 22 x 12,5 x 7,5 cm (9 x 5 x 3 po). Cuire au four à 350° F (175° C) environ 1 heure, jusqu'à ce qu'un cure-dents inséré au centre ressorte sec. Laisser reposer 15 minutes. Démouler et laisser refroidir sur une grille.

Glaçage à l'orange : Combiner le sucre à glacer avec le jus d'orange, en rajoutant plus ou moins de jus pour obtenir la consistance voulue. Arroser le pain de glaçage. Couper en 18 tranches.

1 tranche : 194 calories; 2 g de protéines; 7,1 g de matières grasses; 32 g de glucides; 83 mg de sodium

Photo à la page 64.

Pain au beurre d'arachides

Pains collants au caramel

Pains collants au caramel

Ils gardent bien leur forme et sont délicieux.
☺*Préparer la pâte tard le soir car elle doit lever pendant sept heures ou préparer en milieu de matinée pour le soir. Se congèlent bien.*

Pâte à petits pains surgelée	20	20
Pouding au caramel écossais en poudre (pas instantané), format 6 portions (en prélever environ 125 mL, 7½ c. à soupe)	½	½
Cassonade, tassée	¾ tasse	175 mL
Cannelle moulue	1 c. à thé	5 mL
Pacanes hachées	¾ tasse	175 mL
Margarine dure (ou beurre), fondu	½ tasse	125 mL

Disposer la pâte surgelée dans un moule à savarin graissé de 2,7 L (12 tasses).

Combiner le pouding en poudre, la cassonade, la cannelle et les pacanes dans un bol. Répandre le tout sur la pâte.

Arroser de margarine fondue. Couvrir le moule de papier d'aluminium. Laisser reposer sur le comptoir jusqu'au lendemain, soit environ 8 heures. Cuire au four à 350° F (175° C) pendant 25 à 30 minutes. Laisser reposer 5 minutes. Démouler sur une assiette. Donne 20 petits pains.

1 petit pain : 274 calories; 5 g de protéines; 10,9 g de matières grasses; 40 g de glucides; 343 mg de sodium

Photo ci-dessus.

Pains collants à la cannelle

Ils regorgent de sirop collant. Servir avec des serviettes en papier.
☺*Préparer la pâte la veille au soir et cuire les pains le matin pour qu'ils soient tièdes au déjeuner ou cuire les pains et les congeler.*

Pâte à petits pains surgelée	20	20
Cassonade, tassée	1 tasse	250 mL
Cannelle moulue	1 c. à soupe	15 mL
Pouding à la vanille en poudre (pas instantané), format 6 portions (en prélever environ 125 mL, 7½ c. à soupe)	½	½
Raisins secs	½ tasse	125 mL
Pacanes, hachées (ou noix de Grenoble)	⅓ tasse	75 mL
Margarine dure (ou beurre)	⅓ tasse	75 mL
Sirop de maïs doré	2 c. à soupe	30 mL

Disposer la pâte surgelée dans un moule à savarin graissé de 2,7 L (12 tasses).

Combiner la cassonade, avec la cannelle, le pouding en poudre, les raisins secs et les pacanes. Répandre le mélange sur la pâte.

Réchauffer la margarine avec le sirop de maïs dans une petite casserole, en remuant jusqu'à ce qu'ils aient fondu. Arroser la pâte du mélange. Recouvrir le moule avec un torchon humide. Laisser reposer sur le comptoir 7 à 8 heures ou jusqu'au lendemain, jusqu'à ce que la pâte ait doublé de volume. Cuire au four à 350° F (175° C) environ 25 minutes. Laisser reposer 5 minutes. Démouler sur une assiette. Donne 20 petits pains.

1 petit pain : 274 calories; 5 g de protéines; 7,5 g de matières grasses; 48 g de glucides; 329 mg de sodium

Photo ci-dessous.

Pains collants à la cannelle

Petits pains aux bleuets

Un pain à la cannelle qui contient des bleuets à la place des raisins secs. Une alternative délicieuse.
☺ Prévoir deux heures et demie pour préparer les pains afin de les servir à la sortie du four. Se congèlent bien.

Sucre granulé	2 c. à thé	10 mL
Eau tiède	1 tasse	250 mL
Sachet de levure sèche active (ou à peine 30 mL, 2 c. à soupe)	2 x ¼ oz	2 x 8 g
Gros œufs	2	2
Huile de cuisson	⅓ tasse	75 mL
Sucre granulé	½ tasse	125 mL
Lait tiède	1 tasse	250 mL
Farine tout usage	2 tasses	500 mL
Farine tout usage, environ	4½ tasses	1,1 L
Garniture :		
Margarine dure (ou beurre), ramolli	½ tasse	125 mL
Cassonade, tassée	¾ tasse	175 mL
Cannelle moulue	2½ c. à thé	12 mL
Bleuets (ou amélanches)	3 tasses	750 mL
Glaçage :		
Sucre à glacer	1½ tasse	375 mL
Margarine dure (ou beurre), ramolli	¼ tasse	60 mL
Lait ou eau	3 c. à soupe	50 mL
Vanille	½ c. à thé	2 mL

Délayer la première quantité de sucre dans l'eau tiède, dans un grand bol. Saupoudrer la levure sur l'eau. Laisser reposer 10 minutes. Remuer pour dissoudre la levure.

Incorporer les œufs, l'huile de cuisson, la seconde quantité de sucre, le lait et la première quantité de farine. Bien battre le tout.

Incorporer la seconde quantité de farine jusqu'à ce que la pâte se détache des parois du bol. Poser la pâte sur une surface légèrement farinée. Pétrir 8 à 10 minutes, jusqu'à ce que la pâte soit lisse et élastique. La poser dans un bol graissé et la retourner une fois pour graisser le dessus. Couvrir avec un torchon. Laisser reposer dans le four, avec la lumière allumée et la porte fermée, pendant environ 1 heure, jusqu'à ce que la pâte ait doublé de volume. La diviser également en 3. Abaisser chaque morceau de pâte en un rectangle de 22 x 30 cm (9 x 12 po) et de 6 mm (¼ po) d'épaisseur.

Garniture : Étaler sur chaque rectangle de pâte le ⅓ de la margarine, le ⅓ de la cassonade, le ⅓ de la cannelle et le ⅓ des bleuets. Enrouler la pâte bien serrée, depuis le bord le plus large. Couper chaque rouleau de pâte en 9 tranches égales. Poser les tranches à plat dans des moules graissés de 22 x 22 cm (9 x 9 po). Couvrir avec un torchon. Laisser reposer dans le four, avec la lumière allumée et la porte fermée, pendant environ 1 heure, jusqu'à ce que la pâte ait doublé de volume. Cuire au four à 375° F (190° C) environ 20 minutes. Démouler sur une grille.

Glaçage : Battre les 4 ingrédients dans un bol, en rajoutant du sucre à glacer ou du lait pour obtenir un glaçage liquide. Arroser les petits pains de glaçage. Donne 27 petits pains.

1 petit pain : 278 calories; 5 g de protéines; 9,2 g de matières grasses; 45 g de glucides; 78 mg de sodium

Photo ci-dessous.

Variante : On peut remplacer 250 mL (1 tasse) de bleuets par autant de framboises dans un des moules.

Petits pains aux bleuets

Déjeuners et brunches

Y a-t-il de façon plus agréable de commencer la journée qu'en partageant le déjeuner avec des amis ou des proches? Parfois, on dirait que chacun a des habitudes matinales différentes, et la tâche de l'hôte peut sembler un peu compliquée. Toutefois, les recettes que contient cette section sont très variées, justement pour que vous puissiez satisfaire tout le monde. Tâchez de commencer la préparation de ces plats à l'avance; vous serez alors en mesure d'assembler un délicieux repas en quelques instants.

Sandwich de Denver

Un sandwich de Denver cuit au four—il n'y a pas plus pratique! La texture est semblable à un soufflé. ☺Hacher le jambon, l'oignon et le poivron vert le matin ou même la veille au soir.

Préparation à pâte à biscuits	2 tasses	500 mL
Lait	½ tasse	125 mL
Gros blancs d'œufs, à la température de la pièce	3	3
Gros œuf	1	1
Gros jaunes d'œufs	3	3
Fromage à la crème, ramolli	4 oz	125 g
Cheddar mi-fort, râpé	1 tasse	250 mL
Jambon cuit, haché	½ tasse	125 mL
Oignon, haché fin	⅓ tasse	75 mL
Poivron vert, haché	¼ tasse	60 mL
Moutarde préparée	1 c. à soupe	15 mL
Raifort commercial	1 c. à thé	5 mL

Combiner la préparation à pâte et le lait jusqu'à obtenir une boule de pâte. Enfoncer la pâte dans un moule non graissé de 20 x 20 cm (8 x 8 po).

Monter les blancs d'œufs en neige ferme. Mettre de côté.

Battre l'œuf avec les jaunes d'œufs et le fromage à la crème jusqu'à ce que le mélange soit lisse. Incorporer les 6 derniers ingrédients. Incorporer les blancs d'œufs en pliant. Verser le mélange sur la pâte, dans le moule. Cuire au four à 350° F (175° C) pendant 35 à 40 minutes, jusqu'à ce qu'un couteau inséré au centre ressorte sec. Couper en 6 morceaux.

1 morceau : 433 calories; 17 g de protéines; 24,6 g de matières grasses; 35 g de glucides; 1 023 mg de sodium

Photo à la page 68.

Quiche française à l'oignon

Cette quiche appétissante disparaîtra rapidement. ☺Préparer l'abaisse la veille. Réfrigérer. Préparer la garniture le matin et réfrigérer. La remuer avant de la verser dans l'abaisse. Cuire et servir. On peut aussi cuire la quiche, la surgeler et la réchauffer.

Oignons frits, en conserve	2¾ oz	79 g
Cheddar fort, râpé	½ tasse	125 mL
Abaisse non cuite de 22 cm (9 po)	1	1
Gros œufs	4	4
Sel assaisonné	½ c. à thé	2 mL
Poivre de Cayenne	1/16 c. à thé	0,5 mL
Sauce Worcestershire	1 c. à thé	5 mL
Lait	1¼ tasse	300 mL
Cheddar fort, râpé	½ tasse	125 mL

Réserver 125 mL (½ tasse) d'oignons. Étaler le reste ainsi que la première quantité de fromage dans l'abaisse.

Battre les œufs dans un bol. Ajouter le sel assaisonné, le Cayenne, la sauce Worcestershire et le lait. Battre. Verser le tout dans l'abaisse.

Répandre la seconde quantité de fromage et les oignons réservés sur le dessus. Cuire sur la grille inférieure du four à 350° F (175° C) environ 35 minutes, jusqu'à ce qu'un couteau inséré au centre de la quiche ressorte sec. Pour 6 personnes.

1 portion : 350 calories; 13 g de protéines; 23,2 g de matières grasses; 22 g de glucides; 573 mg de sodium

Photo à la page 69.

Chili grillé

Un plat si simple. ☺Assembler sur une plaque à pâtisserie et réfrigérer jusqu'à deux heures. Griller au four au moment de servir.

Pains à hamburger, fendus et grillés (beurrés, au goût)	4	4
Chili con carne (maison ou une boîte de 398 mL, 14 oz), réchauffé	2 tasses	500 mL
Fromage cottage en crème	1 tasse	250 mL
Cheddar mi-fort ou fort, râpé	1 tasse	250 mL

Poser les moitiés de pains sur une plaque à pâtisserie.

Étaler le chili chaud sur les pains. Répartir le fromage cottage sur les pains. Garnir de fromage. Griller au four environ 3 minutes, jusqu'à ce que le fromage bouillonne et commence à brunir. Pour 4 personnes.

1 portion : 488 calories; 29 g de protéines; 23,2 g de matières grasses; 40 g de glucides; 1 255 mg de sodium; une excellente source de fibres

Photo à la page 68.

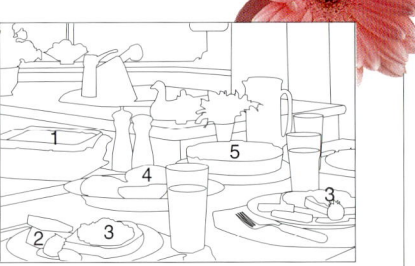

1. Sandwich de Denver, page 70
2. Pain aux pommes et aux cerises, page 64
3. Œufs sur pain grillé, page 73
4. Chili grillé, page 70
5. Quiche française à l'oignon page 70

Pain de fromage et de saucisse

Une merveille pour les invités. Le servir le jour de Noël ou le lendemain ou n'importe quel jour de l'année, au déjeuner. Un plaisir pour la cuisinière. ☺Ce plat est presque entièrement apprêté la veille au soir.

Tranches de pain, croûte enlevée	8	8
Cheddar mi-fort, râpé	2 tasses	500 mL
Petites saucisses, dorées et coupées en 4 ou 5 morceaux chacune	1½ lb	680 g
Gros œufs	4	4
Lait	2¼ tasses	560 mL
Moutarde en poudre	½ c. à thé	2 mL
Sel à l'oignon	¼ c. à thé	1 mL
Poivre	⅛ c. à thé	0,5 mL
Crème de champignons condensée	10 oz	284 mL
Lait	½ tasse	125 mL
Margarine dure (ou beurre)	2 c. à soupe	30 mL
Chapelure fine	¼ tasse	60 mL

Garnir de pain un moule graissé de 22 × 33 cm (9 × 13 po), en recoupant le pain au besoin.

Répandre le fromage sur le pain, puis les saucisses.

Bien battre les œufs. Ajouter la première quantité de lait, la moutarde, le sel d'oignon et le poivre. Mélanger. Verser le tout dans le moule. Réfrigérer jusqu'au lendemain.

Environ 1¾ heure avant de servir, combiner la soupe avec la seconde quantité de lait. Verser dans le moule.

Faire fondre la margarine. Y incorporer la chapelure et répandre le tout sur le mélange de soupe. Cuire au four, à découvert, à 350° F (175° C) environ 1½ heure. Donne 8 grosses portions.

1 portion : 501 calories; 22 g de protéines; 34,7 g de matières grasses; 24 g de glucides; 1 121 mg de sodium

Photo sur cette page.

En haut (sur l'assiette) : Pain de fromage et de saucisse, ci-contre
En bas (sur l'assiette) : Surprise de macaroni et fromage, ci-dessous

Surprise de macaroni et fromage

Avec des œufs et de la soupe, ce plat est parfait pour des invités. ☺Il est vite prêt. On l'apprête dans un seul bol avant de le cuire dans un plat.

Crème de champignons condensée	2 × 10 oz	2 × 284 mL
Lait	2 tasses	500 mL
Coudes, non cuits	2 tasses	500 mL
Cheddar fort, râpé	1 tasse	250 mL
Œufs durs, hachés	3	3
Flocons d'oignon	1 c. à soupe	15 mL

Combiner la soupe et le lait dans un grand bol.

Incorporer les 4 derniers ingrédients. Verser le tout dans un moule non graissé de 22 × 33 cm (9 × 13 po). Cuire au four à 350° F (175° C) environ 1¼ heure, jusqu'à ce que les coudes soient tendres. Pour 6 personnes.

1 portion : 399 calories; 17 g de protéines; 18,4 g de matières grasses; 41 g de glucides; 1 014 mg de sodium

Photo ci-dessus.

Avant de recevoir, parcourir la maison en se mettant à la place d'un invité. Accrocher son manteau, se servir un verre, grignoter, se servir de la salle de bain. Y a-t-il des endroits où les gens risquent de s'agglutiner ou qui sont difficiles à négocier? Si c'est le cas, disposer les boissons et la nourriture à des endroits stratégiques pour faciliter la circulation.

Déjeuners et brunches

Omelette au four

C'est presque un soufflé. La méthode la plus simple et pratique de faire une omelette. ☺Frire le bacon et l'oignon la veille.

Tranches de bacon, coupées en morceaux de 12 mm (½ po)	1 lb	454 g
Oignon haché	¾ tasse	175 mL
Gros œufs	12	12
Lait	1 tasse	250 mL
Sauce Worcestershire	¼ c. à thé	1 mL
Sel	½ c. à thé	2 mL
Poivre	⅛ c. à thé	0,5 mL
Gruyère, râpé	2 tasses	500 mL

Faire frire le bacon et l'oignon dans une poêle à frire à revêtement anti-adhésif jusqu'à ce que le bacon soit cuit et que l'oignon soit mou. Bien égoutter.

Battre les œufs dans un bol. Ajouter le lait, la sauce Worcestershire, le sel et le poivre. Bien combiner le tout.

Incorporer le fromage et le mélange de bacon. Verser le tout dans une cocotte graissée de 2 L (2 pte). Cuire au four à 350° F (175° C) environ 50 minutes, jusqu'à ce que l'omelette soit prise. Pour 8 personnes.

1 portion : 330 calories; 24 g de protéines; 23,5 g de matières grasses; 5 g de glucides; 609 mg de sodium

Photo à la page 73.

Œufs au bacon et fromage

Il est facile de doubler la recette ou de la réduire de moitié. ☺Cuire le bacon et râper le fromage la veille.

Croûtons	4 tasses	1 L
Cheddar fort, râpé	1 tasse	250 mL
Oignon, haché fin	½ tasse	125 mL
Tranches de bacon, bien cuites et émiettées	12	12
Gros œufs	10	10
Lait	3½ tasses	875 mL
Moutarde préparée	2 c. à thé	10 mL
Sauce Worcestershire	1 c. à thé	5 mL
Sel	¼ c. à thé	1 mL
Poivre	⅛ c. à thé	0,5 mL

Étaler les croûtons dans un moule graissé de 22 x 33 cm (9 x 13 po). Ajouter le fromage, l'oignon et le bacon en couches successives.

Battre les œufs dans un bol jusqu'à ce qu'ils moussent. Ajouter les 5 derniers ingrédients. Battre pour combiner. Verser lentement sur le bacon. Cuire au four à 325° F (160° C) environ 1 heure, jusqu'à ce que le plat soit pris. Pour 10 personnes.

1 portion : 272 calories; 17 g de protéines; 14,5 g de matières grasses; 18 g de glucides; 512 mg de sodium

Photo à la page 73.

Œufs et bacon au four

Ce déjeuner préparé dans un plat permet de gagner du temps le matin. ☺Aucun ingrédient à hacher. Acheter le bacon déjà tranché.

Tranches de bacon canadien, dégraissées	10	10
Gros œufs	6	6
Lait	2 tasses	500 mL
Farine tout usage	2 tasses	500 mL
Poudre à pâte	1 c. à soupe	15 mL
Sel	1 c. à thé	5 mL
Poivre	¼ c. à thé	1 mL

Couvrir le fond d'un moule graissé de 22 x 33 cm (9 x 13 po) avec les tranches de bacon.

Battre les œufs dans un bol. Incorporer le lait.

Ajouter la farine, la poudre à pâte, le sel et le poivre. Remuer. Verser le tout sur le bacon. Cuire au four à 425° F (220° C) environ 35 minutes, jusqu'à ce que le plat soit doré et croûté. Pour 6 personnes.

1 portion : 346 calories; 23 g de protéines; 9,6 g de matières grasses; 40 g de glucides; 1 167 mg de sodium

Photo à la page 73.

Déjeuner au four

Servir avec du sirop à crêpes. ☺Cuire les saucisses et les trancher la veille. Couvrir et réfrigérer. Finir l'assemblage du plat le matin et cuire.

Saucisses de porc (en chapelet)	9	9
Préparation pour crêpes	1 tasse	250 mL
Gros œuf	1	1
Huile de cuisson	1 c. à soupe	15 mL
Lait	1 tasse	250 mL

Piquer les saucisses à plusieurs reprises. Les griller au four ou à la poêle jusqu'à ce qu'elles soient cuites. Bien égoutter et couper en rondelles de 6 mm (¼ po).

Verser la préparation pour crêpes, l'œuf, l'huile de cuisson et le lait dans un bol. Combiner jusqu'à ce que le mélange soit lisse. Verser le tout dans un moule graissé de 22 x 22 cm (9 x 9 po). Répandre les saucisses sur le dessus. Cuire au four à 450° F (230° C) environ 20 minutes, jusqu'à ce qu'un cure-dents inséré au centre du plat ressorte sec. Pour 4 personnes.

1 portion : 849 calories; 44 g de protéines; 58,7 g de matières grasses; 34 g de glucides; 3 049 mg de sodium

Photo à la page 73.

Œufs au bacon et fromage, page 72   Déjeuner au four, page 72   Omelette au four, page 72   Œufs et bacon au four, page 72

Œufs sur pain grillé

Un joli plat jaune, avec des brins verts et bruns.
La préparation prend 20 minutes. On peut aussi préparer le plat la veille et le réfrigérer. Se réchauffe bien.

Crème de champignons condensée	10 oz	284 mL
Farine tout usage	⅓ tasse	75 mL
Lait	⅔ tasse	150 mL
Cheddar fort, râpé	1 tasse	250 mL
Moutarde préparée	2 c. à thé	10 mL
Sel	¼ c. à thé	1 mL
Poivre	1/16 c. à thé	0,5 mL
Flocons d'oignon	1 c. à soupe	15 mL
Persil en flocons	½ c. à thé	2 mL
Œufs durs, tranchés ou hachés	8	8
Tranches de bacon, bien cuites et émiettées	4	4
Tranches de pain, grillées et beurrées (au goût)	8	8

Combiner la soupe et la farine dans une casserole.

Ajouter les 7 prochains ingrédients. Porter à ébullition en remuant.

Incorporer les œufs et le bacon. Réchauffer. Donne 500 mL (2 tasses) de sauce.

Verser environ 50 mL (3 c. à soupe) de sauce sur chaque tranche de pain. Pour 4 personnes.

1 portion : 455 calories; 26 g de protéines; 30 g de matières grasses; 19 g de glucides; 1 383 mg de sodium

Photo aux pages 68 et 69.

Marmelade surgelée

Elle est dorée. La préparation est simple avec un robot culinaire. Se congèle dans des petits contenants de plastique ou des pots d'aliments pour bébés pour l'offrir en cadeau. Si les invités en raffolent, leur en offrir à emporter avec eux.

Courgettes, pelées et râpées	8 tasses	2 L
Oranges moyennes, non pelées, broyées ou hachées fin au mélangeur	6	6
Citrons moyens, non pelés, broyés ou hachés fin au mélangeur	2	2
Ananas broyé, en conserve, non égoutté	19 oz	540 mL
Sucre granulé	6 tasses	1,5 L
Gélatine parfumée à l'orange (en poudre)	2 × 3 oz	2 × 85 g
Gélatine parfumée au citron (en poudre)	1 × 3 oz	1 × 85 g

Combiner les 5 premiers ingrédients dans un faitout. Porter à ébullition en remuant souvent. Laisser bouillir 15 minutes.

Ajouter la gélatine à l'orange et au citron. Remuer pour la dissoudre. Laisser refroidir. Verser dans les récipients. Couvrir. Congeler. Donne 4 L (16 tasses) de marmelade.

30 mL (2 c. à soupe) de marmelade : 51 calories; trace de protéines; 0,1 g de matières grasses; 13 g de glucides; 6 mg de sodium

Photo à la page 61.

Sandwiches garnis au poulet

On peut doubler les proportions de la garniture et utiliser un pain français au lieu des pains à hamburgers quand on attend plus de monde. Envelopper dans du papier d'aluminium et cuire 30 minutes. ☼On peut préparer les sandwiches le matin et les cuire juste avant de servir.

Flocons de poulet, en conserve, non égouttés	2 × 6½ oz	2 × 184 g
Cheddar fort, râpé	½ tasse	125 mL
Céleri, haché fin	⅔ tasse	150 mL
Sauce à salade hypocalorique (ou mayonnaise)	3 c. à soupe	50 mL
Relish de cornichons sucrés	2 c. à soupe	30 mL
Vinaigre blanc	1 c. à thé	5 mL
Aneth	¼ c. à thé	1 mL
Poivre	⅛ c. à thé	0,5 mL
Pains à hamburger, fendus	8	8

Verser le poulet non égoutté dans un bol. Ajouter les 7 prochains ingrédients. Bien combiner le tout.

Enlever environ 6 mm (¼ po) de la mie des pains pour laisser une épaisseur d'environ 12 mm (½ po) sur la croûte. Répartir la garniture dans les pains, en l'étalant pour les remplir, puis les refermer. Envelopper les pains dans du papier d'aluminium ou les poser directement dans un plat à rôtir couvert. Chauffer au four à 400° F (205° C) environ 10 minutes. Donne 8 sandwiches.

1 sandwich : 295 calories; 13 g de protéines; 15,1 g de matières grasses; 26 g de glucides; 970 mg de sodium

Photo ci-dessous.

Sandwiches garnis au thon

Remplacer le poulet par deux boîtes de thon de 184 g (6½ oz), égoutté.

Biscuits de pâte garnis

Ces pains jolis et appétissants sont à essayer avec un café. ☼On peut aussi les cuire à l'avance et les congeler.

Garniture :		
Margarine dure (ou beurre)	1 c. à soupe	15 mL
Oignon haché	½ tasse	125 mL
Petits pois cuits	1 tasse	250 mL
Cheddar mi-fort ou fort, râpé	1 tasse	250 mL
Thon émietté, en conserve, égoutté,	2 × 6,5 oz	2 × 184 g
Sauce à salade (ou mayonnaise)	⅓ tasse	75 mL
Pâte à biscuits :		
Farine tout usage	2 tasses	500 mL
Sucre granulé	2 c. à thé	10 mL
Poudre à pâte	2 c. à thé	10 mL
Sel	1 c. à thé	5 mL
Margarine dure (ou beurre)	6 c. à soupe	100 mL
Lait	⅔ tasse	150 mL

Garniture : Faire fondre la margarine dans une poêle à frire. Ajouter l'oignon et le faire revenir jusqu'à ce qu'il soit tendre. Retirer du feu.

Ajouter les petits pois, le fromage, le thon et la sauce à salade. Remuer. Mettre de côté.

Pâte à biscuits : Verser les 5 prochains ingrédients dans un bol. Incorporer la margarine au couteau à pâtisserie jusqu'à obtenir un mélange grossier.

Ajouter le lait. Remuer jusqu'à obtenir une boule de pâte lisse. La poser sur une surface légèrement farinée et la pétrir environ 8 fois. Abaisser la pâte à en un rectangle de 30 × 38 cm (12 × 15 po) sur une plaque à pâtisserie non graissée. Dresser le mélange de thon au centre, sur la longueur, sur environ 10 cm (4 po) de largeur. Inciser la pâte de part et d'autre de la garniture, à 2,5 cm (1 po) de celle-ci et en séparant les incisions de 2,5 cm (1 po), jusqu'au bord. Ramener chaque bande de pâte sur la garniture en les faisant se chevaucher vers le bas et en pinçant les bouts pour les retenir. Cuire au four à 425° F (220° C) environ 20 minutes, jusqu'à ce que le plat soit doré. Couper en 10 tranches.

1 tranche : 319 calories; 18 g de protéines; 15 g de matières grasses; 27 g de glucides; 650 mg de sodium

Photo sur cette page.

Biscuits de pâte garnis — Sandwiches garnis au poulet

Gâteaux

On pense souvent aux gâteaux dans le contexte d'un anniversaire de naissance ou de mariage, ou pour des noces, mais le fait est qu'ils excitent tout le monde. Il n'est pas nécessaire d'attendre une occasion pour préparer ce genre de dessert, qui convient aussi pour un brunch, un dîner, un souper ou une rencontre tardive.

Pour être plus pratiques, tous les gâteaux dont la recette est donnée ici peuvent être préparés à l'avance et congelés. Ayez toujours un gâteau de prêt au cas où des gens arrivent chez vous à l'improviste ou pour en amener un, en guise de cadeau fait à la maison, chez des amis. Après tout, tous aiment le goût sucré d'un gâteau succulent.

Gâteau au chocolat

Un délice foncé. ☺Cuire le gâteau à l'avance et le congeler. Glacer le gâteau dégelé avant de le servir.

Sucre granulé	1 tasse	250 mL
Cacao	½ tasse	125 mL
Eau	¼ tasse	60 mL
Gros œufs	3	3
Crème sure	1 tasse	250 mL
Vanille	1 c. à thé	5 mL
Farine tout usage	1½ tasse	375 mL
Bicarbonate de soude	1 c. à thé	5 mL
Sel	¼ c. à thé	1 mL

Glaçage sept-minutes, page 82
Copeaux de chocolat, pour décorer

Combiner le sucre, le cacao et l'eau dans un petit bol. Remuer juste assez pour humecter les ingrédients secs.

Battre les œufs dans un bol moyen jusqu'à ce qu'ils moussent. Ajouter la crème sure et la vanille. Mélanger. Ajouter le mélange de cacao peu à peu, en battant.

Ajouter la farine, le bicarbonate de soude et le sel. Battre à basse vitesse pour humecter les ingrédients secs. Étaler la pâte dans 2 moules ronds graissés de 20 cm (8 po). Cuire au four à 350° F (175° C) environ 30 minutes, jusqu'à ce qu'un cure-dents inséré au centre du gâteau ressorte sec. Laisser refroidir

Remplir et glacer le gâteau avec le glaçage sept-minutes. Décorer avec des copeaux de chocolat. Couper en 16 parts.

1 part (avec le glaçage) : 215 calories; 4 g de protéines; 3,4 g de matières grasses; 44 g de glucides; 161 mg de sodium

Photo sur la couverture.

Gâteau aux pistaches

Le gâteau et le glaçage sont vert pâle. La texture rappelle un gâteau éponge. ☺Préparer à l'avance et congeler—glaçage et gâteau!

Mélange à gâteau blanc double	1	1
Pouding à la pistache instantané en poudre, format 4 portions	1	1
Gros œufs	4	4
Huile de cuisson	½ tasse	125 mL
Club soda	1 tasse	250 mL
Glaçage à la pistache :		
Sachet de garniture à dessert, non préparée	1	1
Lait	½ tasse	125 mL
Pouding à la pistache instantané enpoudre, format 4 portions	1	1
Lait	½ tasse	125 mL

Combiner les 5 premiers ingrédients dans un bol. Battre jusqu'à ce que le mélange soit lisse. Verser le tout dans un moule à cheminée graissé de 25 cm (10 po). Cuire au four à 350° F (175° C) environ 50 minutes, jusqu'à ce qu'un cure-dents inséré au centre du gâteau ressorte sec. Laisser reposer 15 minutes. Démouler et laisser refroidir complètement sur une grille, avant de préparer le glaçage.

Glaçage à la pistache : Battre la garniture à dessert et la première quantité de lait dans un bol jusqu'à ce que le tout soit ferme.

Ajouter le pouding en poudre et la seconde quantité de lait. Battre jusqu'à ce que le glaçage soit lisse, puis l'étaler rapidement sur le dessus et les côtés du gâteau parce qu'il durcit vite. Couper en 16 parts.

1 part (avec le glaçage) : 278 calories; 3 g de protéines; 13,1 g de matières grasses; 38 g de glucides; 176 mg de sodium

Photo ci-dessous.

Gâteau aux pistaches

Gâteau au lait chaud au chocolat

Une texture légère. ☺En conservant ce gâteau non glacé au congélateur, on peut préparer rapidement un gâteau forêt-noire, simplement en le couvrant de garniture fouettée et de garniture de tarte aux cerises ou en combinant celles-ci avec le gâteau coupé en morceaux, dans un bol.

Gros œufs	2	2
Sucre granulé	1 tasse	250 mL
Vanille	1 c. à thé	5 mL
Farine tout usage	¾ tasse	175 mL
Poudre à pâte	1 c. à thé	5 mL
Sel	¼ c. à thé	1 mL
Cacao	¼ tasse	60 mL
Lait	½ tasse	125 mL
Margarine dure (ou beurre)	1 c. à soupe	15 mL

Battre les œufs avec le sucre et la vanille dans un bol pendant 5 minutes.

Tamiser la farine avec la poudre à pâte, le sel et le cacao et incorporer le tout au premier mélange, en remuant.

Porter le lait et la margarine à ébullition dans une casserole. Incorporer à la pâte en remuant. Verser le tout dans un moule graissé 22 × 22 cm (9 × 9 po). Cuire au four à 350° F (175° C) pendant 25 à 30 minutes, jusqu'à ce qu'un cure-dents inséré au centre du gâteau ressorte sec. Couper en 12 parts.

1 part : 129 calories; 3 g de protéines; 2,2 g de matières grasses; 26 g de glucides; 86 mg de sodium

Photo à la page 77.

L'hiver, lorsque le réfrigérateur ou le congélateur est plein, on peut entreposer les aliments à l'extérieur, dans une glacière ou un carton.

À gauche : Gâteau délice, ci-dessous

Gâteau délice

Pour ceux qui ont le bec très sucré. ☺Conserver au congélateur. Dégeler et servir sur-le-champ ou réfrigérer jusqu'au lendemain.

Mélange à gâteau au chocolat double	1	1
Lait condensé sucré (voir remarque)	11 oz	300 mL
Sirop au caramel pour sundae	1 tasse	250 mL
Garniture à dessert surgelée (en gros contenant), dégelée	2 tasses	500 mL
Chocolat mi-sucré (ou sucré), râpé fin	3 c. à soupe	50 mL

Préparer le gâteau en suivant le mode d'emploi. Verser la pâte dans un moule graissé de 22 × 33 cm (9 × 13 po). Cuire selon le mode d'emploi. Laisser refroidir. Faire des trous peu profonds dans le gâteau avec le manche d'une cuillère en bois.

Arroser de lait condensé et étaler celui-ci avec une spatule en caoutchouc, en en mettant dans les trous.

Étaler la sauce au caramel sur le gâteau, puis recouvrir de garniture fouettée. Décorer avec le chocolat. Couper en 18 parts.

1 part : 245 calories; 3 g de protéines; 7,4 g de matières grasses; 43 g de glucides; 169 mg de sodium

Remarque : On peut utiliser une boîte de lait condensé sucré de 398 mL (14 oz).

Photo ci-dessus.

En haut, au centre : Gâteau au nectar doux, ci-dessous   En bas, au centre : Gâteau au lait chaud au chocolat, page 76   À droite : Gâteau au sherry, ci-dessous

Gâteau au nectar doux

Parfumé à l'orange avec un brin d'abricot. Il sent merveilleusement bon. ⏱ Préparer le gâteau à l'avance et congeler. Le glacer juste avant de servir.

Mélange à gâteau à l'orange double	1	1
Huile de cuisson	½ tasse	125 mL
Gros œufs	4	4
Pouding à la vanille instantané en poudre, format 4 portions	1	1
Nectar d'abricots	1 tasse	250 mL
Glaçage au nectar doux :		
Sucre à glacer	½ tasse	125 mL
Nectar d'abricots	1 c. à soupe	15 mL

Battre les 5 premiers ingrédients ensemble dans un bol jusqu'à ce que le mélange soit lisse. Verser le tout dans un moule à savarin graissé et fariné de 2,7 L (12 tasses). Cuire au four à 350° F (175° C) environ 50 minutes, jusqu'à ce qu'un cure-dents inséré au centre du gâteau ressorte sec. Laisser reposer 15 minutes. Démouler et laisser refroidir sur une grille.

Glaçage au nectar doux : Bien combiner le sucre à glacer et le nectar, en rajoutant l'un ou l'autre au besoin pour obtenir un glaçage à peine liquide. En arroser le gâteau, en laissant le glaçage couler sur les côtés. Couper en 16 parts.

1 part (avec le glaçage) : 256 calories; 3 g de protéines; 12,1 g de matières grasses; 35 g de glucides; 151 mg de sodium

Photo ci-dessus.

Gâteau au sherry

Ce gâteau n'a pas besoin d'un glaçage. ⏱ Se congèle bien.

Mélange à gâteau doré double	1	1
Pouding à la vanille instantané en poudre, format 4 portions	1	1
Gros œufs	4	4
Huile de cuisson	½ tasse	125 mL
Sherry (ou sherry sans alcool)	1 tasse	250 mL
Cannelle moulue	1 c. à soupe	15 mL
Sucre granulé	1 c. à soupe	15 mL

Verser les 5 premiers ingrédients dans un bol. Battre à basse vitesse pour humecter les ingrédients sec. Battre environ 2 minutes à vitesse moyenne, jusqu'à ce que le mélange soit lisse.

Combiner la cannelle et le sucre dans un petit bol. Bien graisser un moule à savarin de 2,7 L (12 tasses). Le couvrir du mélange de cannelle. Verser la pâte dans le moule. Cuire au four à 350° F (175° C) environ 45 minutes, jusqu'à ce qu'un cure-dents inséré au centre du gâteau ressorte sec. Laisser reposer 15 minutes. Démouler et laisser refroidir sur une grille. Couper en 16 parts.

1 part : 246 calories; 3 g de protéines; 12,1 g de matières grasses; 30 g de glucides; 151 mg de sodium

Photo ci-dessus.

Gâteau à l'ananas

Ce gâteau est parsemé de petits morceaux d'ananas. Le contraste entre le gâteau foncé et le glaçage crémeux est joli. ☺Préparer le gâteau à l'avance et le congeler. Le glacer lorsqu'il est dégelé.

Farine tout usage	2 tasses	500 mL
Sucre granulé	2 tasses	500 mL
Gros œufs	2	2
Bicarbonate de soude	1 c. à thé	5 mL
Jus réservé de l'ananas broyé		
Pacanes, hachées (ou noix de Grenoble)	1 tasse	250 mL
Ananas broyé, en conserve, égoutté, jus réservé	19 oz	540 mL
Glaçage à la vanille :		
Fromage à la crème, ramolli	8 oz	250 g
Margarine dure (ou beurre)	½ tasse	125 mL
Sucre à glacer	2 tasses	500 mL
Vanille	1 c. à thé	5 mL

Verser les 5 premiers ingrédients dans un bol moyen. Battre jusqu'à ce que le mélange soit lisse.

Ajouter les pacanes et l'ananas. Remuer. Verser la pâte dans un moule graissé de 22 × 33 cm (9 × 13 po). Cuire au four à 350° F (175° C) environ 40 minutes, jusqu'à ce qu'un cure-dents inséré au centre du gâteau ressorte sec. Laisser refroidir.

Glaçage à la vanille : Battre les 4 ingrédients dans un bol jusqu'à ce que le mélange soit lisse. Glacer le gâteau. Couper en 18 parts.

1 part (avec le glaçage) : 363 calories ; 4 g de protéines ; 15,2 g de matières grasses ; 55 g de glucides ; 183 mg de sodium

Photo à la page 79.

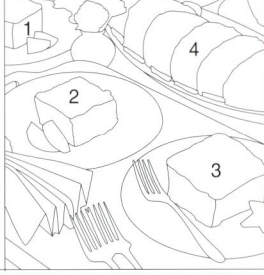

1. Gâteau aux épices et aux noix, page 81
2. Gâteau aux pommes épicé, page 80
3. Gâteau à l'ananas, page 78
4. Roulé des anges, page 81

Gâteau au chocolat simple

Un gâteau moelleux et solide, légèrement chocolaté.
☺Se congèle bien.

Margarine dure (ou beurre)	1 tasse	250 mL
Eau	1 tasse	250 mL
Cacao	2 c. à soupe	30 mL
Gros œufs	2	2
Vanille	1 c. à thé	5 mL
Bicarbonate de soude	1 c. à thé	5 mL
Lait	½ tasse	125 mL
Vinaigre blanc	1½ c. à thé	7 mL
Farine tout usage	2 tasses	500 mL
Sucre granulé	2 tasses	500 mL
Sel	½ c. à thé	2 mL

Couper la margarine en gros morceaux et la mettre dans une casserole moyenne. Ajouter l'eau et le cacao. Porter à ébullition en remuant souvent. Retirer du feu.

Battre les œufs dans un bol moyen jusqu'à ce qu'ils moussent. Ajouter la vanille et le bicarbonate de soude. Mélanger.

Combiner le lait et le vinaigre dans une petite tasse. Laisser reposer 5 minutes. Ajouter au mélange d'œufs. Mélanger. Ajouter le mélange de margarine et battre à basse vitesse.

Ajouter la farine, le sucre et le sel. Battre à basse vitesse pour combiner le tout. La pâte est liquide. Verser le tout dans 2 moules ronds graissés de 20 cm (8 po). Cuire au four à 350° F (175° C) environ 20 minutes, jusqu'à ce qu'un cure-dents inséré au centre du gâteau ressorte sec. Laisser refroidir. Garnir et glacer avec le glaçage au chocolat rapide, page 82, ou le glaçage au caramel, page 81. Couper en 16 parts.

1 part, sans glaçage : 285 calories; 3 g de protéines; 13,2 g de matières grasses; 40 g de glucides; 326 mg de sodium

Photo ci-dessous.

Variante : On peut aussi faire un gâteau rectangulaire en versant la pâte dans un moule graissé de 22 x 33 cm (9 x 13 po). Cuire au four 350° F (175° C) environ 30 minutes.

Gâteau au chocolat simple, ci-dessus, avec le glaçage au chocolat rapide, page 82

Gâteau aux pommes épicé

Un gâteau moelleux, parfait, subtilement épicé.
☺Sans le glaçage, il se congèle bien. Étaler la garniture sur le gâteau dégelé et le griller au four.

Margarine dure (ou beurre), ramollie	½ tasse	125 mL
Sucre granulé	1¼ tasse	275 mL
Gros œufs	2	2
Compote de pommes, en conserve (environ)	14 oz	398 mL
Farine tout usage	2½ tasses	575 mL
Bicarbonate de soude	1½ c. à thé	7 mL
Poudre à pâte	¼ c. à thé	1 mL
Cannelle moulue	1½ c. à thé	7 mL
Clou de girofle moulu	½ c. à thé	2 mL
Sel	½ c. à thé	2 mL
Raisins secs	1 tasse	250 mL
Garniture pralinée :		
Margarine dure (ou beurre)	6 c. à soupe	100 mL
Cassonade, tassée	⅔ tasse	150 mL
Lait	2 c. à soupe	30 mL
Pacanes, hachées	½ tasse	125 mL
Noix de coco, râpée moyen	½ tasse	125 mL

Battre en crème la margarine et le sucre dans un bol. Incorporer les œufs, 1 à 1, en battant. Ajouter la compote et battre.

Ajouter les 6 prochains ingrédients. Battre jusqu'à ce que le mélange soit lisse.

Incorporer les raisins secs. Verser le tout dans un moule graissé de 22 x 33 cm (9 x 13 po). Cuire au four à 350° F (175° C) pendant 30 à 35 minutes, jusqu'à ce qu'un cure-dents inséré au centre du gâteau ressorte sec.

Garniture pralinée : Combiner les 5 ingrédients dans une casserole. Chauffer en remuant pour dissoudre la cassonade. Étaler la garniture sur le gâteau et griller au four à jusqu'à ce qu'elle commence à bouillonner. Couper en 16 parts.

1 part (avec la garniture) : 357 calories; 4 g de protéines; 15,1 g de matières grasses; 54 g de glucides; 341 mg de sodium

Photo à la page 79.

Gâteau aux épices et aux noix

Le bon goût du biscuit, dans un gâteau.
☺Il vaut mieux le congeler sans le glaçage.

Margarine dure (ou beurre), ramollie	½ tasse	125 mL
Cassonade, tassée	1 tasse	250 mL
Gros œufs	2	2
Vanille	1 c. à thé	5 mL
Dattes, hachées	1½ tasse	375 mL
Pacanes, hachées (ou noix de Grenoble)	1 tasse	250 mL
Farine tout usage	1½ tasse	375 mL
Poudre à pâte	2 c. à thé	10 mL
Cannelle moulue	1 c. à thé	5 mL
Sel	½ c. à thé	2 mL
Lait	1 tasse	250 mL
Glaçage au caramel :		
Margarine dure (ou beurre)	3 c. à soupe	50 mL
Lait	¼ tasse	60 mL
Cassonade, tassée	½ tasse	125 mL
Sucre à glacer	1½ tasse	375 mL

Battre en crème la margarine et la cassonade. Incorporer les œufs, 1 à 1, jusqu'à ce que le tout soit bien mélangé. Incorporer la vanille, les dattes et les pacanes.

Combiner la farine, la poudre à pâte, la cannelle et le sel dans un grand bol.

Ajouter le lait au mélange de beurre, en alternant avec le mélange de farine, en commençant et en terminant avec la farine. Étaler la pâte dans un moule graissé de 22 × 22 cm (9 × 9 po). Cuire au four à 350° F (175° C) pendant 35 à 40 minutes, jusqu'à ce qu'un cure-dents inséré au centre du gâteau ressorte sec.

Glaçage au caramel : Combiner les 3 premiers ingrédients dans une casserole. Porter à ébullition en remuant. Laisser bouillir 2 minutes. Laisser refroidir.

Incorporer le sucre à glacer en battant jusqu'à ce que le mélange soit lisse, en rajoutant du lait ou du sucre à glacer, au besoin, pour obtenir la consistance voulue. Donne environ 325 mL (1⅓ tasse) de glaçage. Étaler le glaçage sur le gâteau refroidi. Couper en 12 parts.

1 part (avec le glaçage) : 467 calories; 5 g de protéines; 18,6 g de matières grasses; 74 g de glucides; 270 mg de sodium; une bonne source de fibres

Photo à la page 78.

Servir des tranches de gâteau non glacé sur un lit de sauce au chocolat ou aux framboises, dans des assiettes à dessert. Décorer avec des copeaux de chocolat blanc pour habiller le tout.

Roulé des anges

Le gâteau parfait pour une réunion pour une future mariée ou maman ou une fête d'adieu. ☺Les gâteaux sans garniture peuvent être préparés à l'avance, enroulés dans des torchons et surgelés. Il suffit ensuite de les dégeler sur le comptoir, de préparer la garniture, et de les enrouler de nouveau. On peut les glacer avec de la crème fouettée.

Préparation pour gâteau des anges	1	1
Garniture :		
Fraises tranchées, surgelées dans du sirop, ou framboises, égoutter et réserver le sirop	2 × 15 oz	2 × 425 g
Fécule de maïs	2 c. à soupe	30 mL
Sachet de garniture à dessert, ou fouetter 500 mL (2 tasses) de crème fouettée	2	2
Lait	1 tasse	250 mL
Vanille	1 c. à thé	5 mL

Couvrir le fond de 2 moules de 28 × 43 cm (11 × 17 po) avec du papier ciré. Préparer le gâteau selon le mode d'emploi. Verser la pâte dans les moules. Cuire au four à 375° F (190° C) pendant 10 à 12 minutes. Laisser refroidir complètement dans les moules. Saupoudrer 2 torchons de sucre à glacer. Démouler les gâteaux sur les torchons. Enlever le papier ciré, puis enrouler les gâteaux dans les torchons, en commençant du côté étroit.

Garniture : Combiner le sirop des fruits et la fécule de maïs dans une casserole. Chauffer en remuant jusqu'à ce que la préparation bouille et épaississe. Laisser refroidir complètement. Ajouter les fruits et remuer.

Battre la garniture avec le lait et la vanille en suivant le mode d'emploi sur le sachet. Dérouler les gâteaux. Répartir le mélange de fruits sur les gâteaux, puis la garniture fouettée. Enrouler les gâteaux, depuis le côté étroit, sans les torchons. Donne 2 gâteaux remplis non glacés. Couper chaque rouleau en 10 tranches.

1 tranche : 160 calories; 3 g de protéines; 1,9 g de matières grasses; 34 g de glucides; 56 mg de sodium

Photo à la page 79.

Gâteau rapide

La pâte est ferme, mais le gâteau est moelleux.
☺Congeler sans le glaçage. Glacer le gâteau dégelé.

Margarine dure (ou beurre)	1 tasse	250 mL
Sucre granulé	2 tasses	500 mL
Gros œufs	5	5
Farine tout usage	2 tasses	500 mL
Vanille	1 c. à thé	5 mL
Sel	1 c. à thé	5 mL
Glaçage :		
Sucre à glacer	1 tasse	250 mL
Eau	1 c. à soupe	15 mL
Vanille	¼ c. à thé	1 mL

Battre en crème la margarine et le sucre dans un bol. Incorporer les œufs, 1 à 1, en battant. Incorporer la farine, la vanille et le sel. Verser la pâte dans un moule à savarin graissé de 2,7 L (12 tasses). Égaliser la pâte. Cuire au four à 325° F (160° C) environ 1 heure, jusqu'à ce qu'un cure-dents inséré au centre du gâteau ressorte sec. Laisser reposer 20 minutes avant de démouler. Laisser refroidir.

Glaçage : Combiner le sucre à glacer, l'eau et la vanille. Rajouter de l'eau ou du sucre à glacer pour obtenir un glaçage à peine liquide. Donne 150 mL (⅔ tasse) de glaçage. Étaler le glaçage sur le dessus du gâteau refroidi, en le laissant couler un peu sur les bords. Couper en 16 parts.

1 part (avec le glaçage) : 324 calories; 4 g de protéines; 14 g de matières grasses; 47 g de glucides; 333 mg de sodium

Photo ci-dessous.

Glaçage au chocolat rapide

Donne un glaçage mou, un peu caramélisé.
À essayer avec le gâteau au chocolat simple, page 80.
☺Une recette rapide, à base d'ingrédients communs.

Sucre granulé	1 tasse	250 mL
Margarine dure (ou beurre)	¼ tasse	60 mL
Cacao	2 c. à soupe	30 mL
Sirop de maïs	2 c. à soupe	30 mL
Lait	⅓ tasse	75 mL

Verser les 5 ingrédients dans une petite casserole. Porter à ébullition en remuant. Laisser bouillir 1 minute. Retirer du feu. Verser dans un petit bol. Battre à haute vitesse jusqu'à ce que le glaçage ait tout juste refroidi. Le bol doit encore être tiède. Pour vérifier si le glaçage est assez épais, le repousser vers le bord du bol : il devrait presque y adhérer. Glacer immédiatement un gâteau ou des carrés, pendant que le glaçage est encore mou. Donne 250 mL (1 tasse) de glaçage.

15 mL (1 c. à soupe) de glaçage : 86 calories; trace de protéines; 3,1 g de matières grasses; 15 g de glucides; 39 mg de sodium

Photo à la page 80.

Glaçage sept-minutes

Pour le gâteau au chocolat, page 75.
☺On peut préparer le glaçage à l'avance et le congeler.

Sucre granulé	1½ tasse	375 mL
Eau	⅓ tasse	75 mL
Gros blancs d'œufs, à la température de la pièce	2	2
Sel, petite pincée		

Combiner les 4 ingrédients dans un bain-marie. Bien battre. Poser sur un bain d'eau bouillante. Battre à haute vitesse, sans arrêt, pendant 7 minutes jusqu'à obtenir des pics mous quand on relève les fouets. Donne 1 L (4 tasses) de glaçage, assez pour garnir et glacer un gâteau double.

6 c. à soupe (100 mL) de glaçage : 112 calories; 1 g de protéines; 0 g de matières grasses; 28 g de glucides; 10 mg de sodium

Photo sur la couverture.

Glaçage rose

Ajouter ½ sachet (environ 50 mL, 3 c. à soupe) de gélatine parfumée à la framboise (en poudre) aux 4 autres ingrédients.

Gâteau rapide

Noix enrobées

Un plat de noix enrobées judicieusement placé à proximité du canapé ou sur la table à café constitue une invitation pour les invités à se servir. Et vous pouvez être sûr que si vous laissez ces petits gâteries à portée de main, vos invités se laisseront tenter assez facilement.

Joignant l'utile à l'agréable, ces délicates confections peuvent être préparées à l'avance, congelées et ressorties en un tour de main, quand des invités se présentent à votre porte. Ceux-ci penseront que vous vous êtes donné bien du mal pour les recevoir!

Noix caramélisées

Bien foncées, elles ont un goût prononcé de caramel. ☺Préparer à l'avance et conserver un mois dans un récipient hermétique ou plus longtemps au congélateur.

Sucre granulé	1 tasse	250 mL
Eau	½ tasse	125 mL
Noix, au choix	2 tasses	500 mL

Faire fondre le sucre dans un poêlon et le chauffer jusqu'à ce qu'il soit caramélisé.

Ajouter l'eau, en faisant bien attention aux grésillements. Remuer sans arrêt jusqu'à ce que le caramel fonde et se mêle à l'eau. Le sucre pourrait faire des grumeaux, mais il suffit de continuer de remuer à chaud jusqu'à ce que le mélange soit lisse.

Ajouter les noix et remuer pour les enrober. Étaler le tout sur une plaque à pâtisserie graissée munie de côtés. Cuire au four à 300° F (150° C) environ 30 minutes. Laisser refroidir. Donne 500 mL (2 tasses) de noix.

60 mL (¼ tasse) de noix : 251 calories; 3 g de protéines; 14,8 g de matières grasses; 29 g de glucides; 3 mg de sodium

Photo sur cette page.

Noix enrobées de sucre

Un merveilleux cadeau. ☺Préparer à l'avance et congeler ou ranger dans un contenant hermétique.

Mélange de moitiés de pacanes, de moitiés de noix de Grenoble, ou amandes entières blanchies	4 tasses	1 L
Gros blancs d'œufs, à la température de la pièce	2	2
Sucre granulé	1 tasse	250 mL
Sel	1/16 c. à thé	0,5 mL
Margarine dure (ou beurre), fondue	2 c. à soupe	30 mL

Éparpiller les noix sur une plaque à pâtisserie non graissée. Les faire griller au four à 350° F (175° C) environ 12 minutes, en remuant toutes les 5 minutes. Laisser refroidir. Baisser le four à 325° F (160° C).

Battre les blancs d'œufs dans un bol jusqu'à obtenir des pics mous. Incorporer le sucre et le sel graduellement, en battant, jusqu'à obtenir une mousse ferme. Incorporer les noix refroidies en pliant.

Graisser une plaque à pâtisserie munie de côtés. Étaler le mélange de noix sur la plaque. Griller au four environ 30 minutes, en remuant toutes les 8 à 10 minutes. Donne environ 1,4 L (5½ tasses) de noix.

60 mL (¼ tasse) de noix : 177 calories; 2 g de protéines; 14,4 g de matières grasses; 13 g de glucides; 23 mg de sodium

Photo ci-dessous.

En bas, à gauche : Noix caramélisées

En haut, à droite : Noix enrobées de sucre

Maïs soufflé au caramel

Mélange de céréales à grignoter

Maïs soufflé au caramel

*On est souvent appelé à en faire et il disparaît vite!
☺Se prépare bien à l'avance. Peut être congelé, mais dégeler à découvert pour que le maïs reste croustillant.*

Maïs soufflé (utiliser environ 150 mL, ⅔ tasse, de maïs)	6 pte	6 L
Margarine dure (ou beurre)	1 tasse	250 mL
Cassonade, tassée	1½ tasse	375 mL
Sirop de maïs blanc	½ tasse	125 mL
Bicarbonate de soude	1 c. à thé	5 mL

Préparer le maïs soufflé et le mettre dans un grand plat à rôtir graissé.

Faire fondre la margarine dans une grande casserole. Ajouter la cassonade et le sirop. Porter à ébullition en remuant de temps en temps. Laisser bouillir sans remuer pendant 3 minutes.

Incorporer rapidement le bicarbonate de soude, puis immédiatement verser le tout sur le maïs soufflé. Bien remuer pour l'enrober. Cuire au four, à découvert, à 250° F (120° C) pendant 45 minutes, en remuant toutes les 15 minutes. Une fois la préparation suffisamment refroidie, la casser en morceaux et ranger dans un contenant hermétique. Donne 6 L (24 tasses) de maïs au caramel.

250 mL (1 tasse) de maïs soufflé : 190 calories; 1 g de protéines; 8,7 g de matières grasses; 28 g de glucides; 162 mg de sodium

Photo sur cette page.

Mélange de céréales à grignoter

*Parfait pour toutes les occasions.
☺Se prépare en dix minutes, mais il faut faire vite. Se congèle bien.*

Petits bretzels	1 tasse	250 mL
Céréales de carrés de riz (Crispix par exemple)	6 tasses	1,5 L
Arachides salées (ou moitiés de pacanes)	1 tasse	250 mL
Cassonade, tassée	¾ tasse	175 mL
Margarine dure (ou beurre)	⅓ tasse	75 mL
Miel liquide	¼ tasse	60 mL
Vanille	1 c. à thé	5 mL

Verser les 3 premiers ingrédients dans un grand plat à rôtir graissé ou un autre grand plat pour la cuisson au four.

Combiner la cassonade, la margarine et le miel dans une casserole. Chauffer en remuant jusqu'à ce que le sucre soit dissous et que la préparation commence à bouillir. Laisser bouillir doucement, sans remuer, pendant 5 minutes. Retirer du feu.

Incorporer la vanille. Verser le mélange sur les céréales et les noix. Bien remuer pour les enrober. Cuire au four à 250° F (120° C) pendant 1 heure, en remuant bien toutes les 15 minutes. Dès la sortie du four, verser le mélange sur une plaque à pâtisserie graissée. Laisser refroidir en remuant de temps en temps. Donne 2 L (8 tasses) de mélange.

125 mL (½ tasse) de mélange : 208 calories; 4 g de protéines; 9,1 g de matières grasses; 30 g de glucides; 283 mg de sodium

Photo ci-dessus.

Pacanes grillées

*Elles disparaissent vite. ☺À préparer en tout temps.
La préparation ne prend que sept minutes. Se congèle bien.*

Margarine dure (ou beurre)	2 c. à soupe	30 mL
Sel	½ c. à thé	2 mL
Moitiés de pacanes	3 tasses	750 mL

Faire fondre la margarine dans une casserole moyenne. Incorporer le sel. Ajouter les pacanes. Bien remuer. Étaler le tout sur une plaque à pâtisserie non graissée munie de côtés. Faire légèrement griller au four, à 350° F (175° C), pendant 10 à 15 minutes. Laisser refroidir. Donne 750 mL (3 tasses) de pacanes.

60 mL (¼ tasse) de pacanes : 202 calories; 2 g de protéines; 20,7 g de matières grasses; 5 g de glucides; 131 mg de sodium

Photo à la page 85.

Grignotises glacées

Elles sont jolies et luisantes. À préparer quand on a le temps. Se congèlent bien.

Céréales de carrés de riz (Crispix par exemple)	5 tasses	1,25 L
Céréales de carrés de blé entier (Shreddies par exemple)	3 tasses	750 mL
Petits bretzels	3 tasses	750 mL
Moitiés de pacanes	2 tasses	500 mL
Margarine dure (ou beurre)	⅔ tasse	150 mL
Miel liquide	½ tasse	125 mL
Essence d'érable	½ c. à thé	2 mL

Mettre les 4 premiers ingrédients dans un grand bol ou un plat à rôtir.

Faire fondre la margarine dans une casserole. Y incorporer le miel et l'essence d'amandes. Chauffer en remuant pour les combiner. Verser le tout sur les céréales. Bien remuer pour les enrober. Étaler sur une plaque à pâtisserie non graissée munie de côtés ou dans un grand plat à rôtir. Cuire au four à 350° F (175° C), en remuant toutes les 4 minutes. La cuisson prend 12 à 15 minutes. Étaler sur le comptoir ou sur des plaques pour laisser refroidir. Ranger dans un contenant hermétique. Donne 3 L (12 tasses) de grignotises.

125 mL (½ tasse) de grignotises : 209 calories; 3 g de protéines; 12,3 g de matières grasses; 24 g de glucides; 278 mg de sodium

Photo ci-dessous.

Arachides au sucre

Elles sont si délicieuses qu'il faut les cacher dans le congélateur tant que les invités ne sont pas arrivés.

Sucre granulé	2 tasses	500 mL
Eau	1 tasse	250 mL
Arachides (non salées, pour préserver le goût)	4 tasses	1 L

Mettre les 3 ingrédients dans une grande casserole. Porter à ébullition en remuant souvent avec une cuillère en bois. Laisser bouillir à feu moyen, en remuant sans arrêt, environ 10 minutes jusqu'à ce que la préparation cristallise. Retirer immédiatement du feu et étaler rapidement en une couche sur une plaque à pâtisserie non graissée munie de côtés. Cuire au four à 300° F (150° C) pendant 15 minutes. Remuer ou secouer la plaque. Poursuivre la cuisson 15 minutes. Dégager les arachides avec le dos d'une spatule. Laisser refroidir. Ranger dans un contenant hermétique. Donne 2 L (8 tasses).

60 mL (¼ tasse) d'arachides : 158 calories; 4 g de protéines; 9,3 g de matières grasses; 17 g de glucides; 1 mg de sodium

Photo ci-dessous.

En haut, à gauche :
Grignotises glacées, ci-dessus

En bas, à gauche :
Pacanes grillées, page 84

À droite :
Arachides au sucre, ci-dessus

Noix enrobées

Biscuits

Nous en remplissons des bocaux, nous les distribuons aux enfants pour les gâter et nous les offrons en cadeau à des amis et des proches et pourtant, nous n'avons pas l'habitude de les servir à des adultes. Les biscuits plaisent aux petits et aux grands enfants et nul ne peut résister à leur délicieux parfum sucré.

Lorsque vous préparez un plateau de desserts que vous circulerez parmi les invités ou que vous organisez un buffet de desserts, n'oubliez d'inclure un assortiment de ces délicieux petits gâteaux. Gardez-en aussi au congélateur pour des invités imprévus... ils seront épatés.

Biscuits aux épices mous

Un biscuit à la cuillère épicé et mou. On trempe les raisins secs dans l'eau bouillante pour en faire sortir le goût et pour les gonfler. ☺Se congèlent.

Eau	½ tasse	125 mL
Raisins secs	1 tasse	250 mL
Margarine dure (ou beurre), ramollie	½ tasse	125 mL
Sucre granulé	1 tasse	250 mL
Gros œuf	1	1
Vanille	1 c. à thé	5 mL
Farine tout usage	2 tasses	500 mL
Bicarbonate de soude	¾ c. à thé	4 mL
Poudre à pâte	½ c. à thé	2 mL
Cannelle moulue	¾ c. à thé	4 mL
Muscade moulue	¼ c. à thé	1 mL
Piment de la Jamaïque, moulu	¼ c. à thé	1 mL
Sel	1/16 c. à thé	0,5 mL
Noix de Grenoble, hachées	½ tasse	125 mL

Verser l'eau et les raisins secs dans une petite casserole. Porter à ébullition. Retirer du feu. Laisser reposer 5 minutes.

Battre en crème la margarine et le sucre dans un bol. Incorporer l'œuf et la vanille en battant. Ajouter les raisins secs non égouttés. Remuer.

Incorporer les 8 derniers ingrédients. Dresser la pâte à la cuillère à soupe sur une plaque à pâtisserie non graissée. Cuire au four à 375° F (190° C) pendant 10 à 15 minutes, jusqu'à ce que les biscuits soient mous. Donne 4 douzaines de biscuits.

1 biscuit : 76 calories; 1 g de protéines; 3,1 g de matières grasses; 11 g de glucides; 51 mg de sodium

Photo ci-dessous.

Biscuits réfrigérés aux noix, page 87

Biscuits aux épices mous, ci-dessus

Biscuits au caramel bouillis

Une bonne recette pour les enfants.
☺Pas de cuisson au four. Se congèlent.

Margarine dure (ou beurre)	½ tasse	125 mL
Lait écrémé évaporé (une petite boîte)	⅔ tasse	150 mL
Sucre granulé	1½ tasse	375 mL
Brisures de caramel écossais	1 tasse	250 mL
Flocons d'avoine à cuisson rapide (pas instantanés)	3½ tasses	875 mL
Noix de coco, râpée moyen	½ tasse	125 mL

Mettre la margarine, le lait évaporé et le sucre dans une casserole. Porter à ébullition en remuant. Laisser bouillir 1 minute en remuant sans arrêt. Retirer du feu.

Ajouter les brisures de caramel et remuer jusqu'à ce qu'elles aient fondu.

Ajouter les flocons d'avoine et la noix de coco. Bien remuer. Laisser refroidir 5 à 10 minutes. Dresser la pâte à la cuillère à soupe sur du papier ciré. Réfrigérer jusqu'à ce que les biscuits soient fermes. Ranger dans un récipient hermétique. Donne environ 3 douzaines de biscuits.

1 biscuit : 128 calories; 2 g de protéines; 4,3 g de matières grasses; 21 g de glucides; 43 mg de sodium

Photo sur cette page.

En bas, à gauche :
Biscuits réfrigérés aux amandes

En haut, à droite :
Biscuits au caramel bouillis

Biscuits réfrigérés aux amandes

Les grand-mères parlent plutôt de « biscuits glacière ».
☺La pâte se conserve une semaine au réfrigérateur ou peut être congelée, de même que les biscuits.

Margarine dure (ou beurre)	1 tasse	250 mL
Cassonade, tassée	¾ tasse	175 mL
Essence d'amande	½ c. à thé	2 mL
Farine tout usage	2 tasses	500 mL
Cannelle moulue	¾ c. à thé	4 mL
Muscade moulue	¼ c. à thé	1 mL
Crème sure	¼ tasse	60 mL
Bicarbonate de soude	¼ c. à thé	1 mL
Amandes tranchées	½ tasse	125 mL

Battre en crème la margarine, la cassonade et l'essence d'amande dans un bol.

Incorporer la farine, la cannelle et la muscade.

Combiner la crème sure avec le bicarbonate de soude. Ajouter au premier mélange et remuer.

Incorporer les amandes. Façonner 2 rouleaux de 5 cm (2 po) de diamètre. Les envelopper dans du papier ciré. Réfrigérer 6 à 8 heures ou jusqu'au lendemain. Couper la pâte en tranches de ⅛ po (3 mm) d'épaisseur et les disposer sur une plaque à pâtisserie non graissée. Cuire au four à 325° F (160° C) environ 10 minutes. Donne environ 6 douzaines de biscuits.

1 biscuit : 53 calories; 1 g de protéines; 3,3 g de matières grasses; 5 g de glucides; 38 mg de sodium

Photo sur cette page.

Biscuits réfrigérés aux noix

Des biscuits « glacière » épicés. *☺Préparer la pâte et la réfrigérer jusqu'à une semaine. La trancher et cuire au besoin. On peut aussi congeler la pâte.*

Margarine dure (ou beurre), ramollie	1 tasse	250 mL
Cassonade, tassée	1 tasse	250 mL
Sucre granulé	1 tasse	250 mL
Gros œufs	2	2
Vanille	1¼ c. à thé	6 mL
Farine tout usage	3½ tasses	875 mL
Cannelle moulue	2 c. à thé	10 mL
Muscade moulue	1 c. à thé	5 mL
Bicarbonate de soude	1 c. à thé	5 mL
Pacanes, hachées fin (ou noix de Grenoble)	1½ tasse	375 mL

Battre en crème la margarine avec le sucre et la cassonade dans un bol. Incorporer les œufs, 1 à 1, en battant. Incorporer la vanille.

Verser les 5 derniers ingrédients dans un autre bol. Bien remuer. Ajouter le tout à la pâte. Bien mélanger. Façonner 3 rouleaux d'environ 5 cm (2 po) de diamètre. Les envelopper dans du papier ciré. Réfrigérer jusqu'au lendemain. Couper la pâte en tranches fines et les poser sur une plaque à pâtisserie non graissée. Cuire au four à 375° F (190° C) pendant 10 à 12 minutes. Donne environ 76 biscuits.

1 biscuit : 86 calories; 1 g de protéines; 4,4 g de matières grasses; 11 g de glucides; 51 mg de sodium

Photo à la page 86.

Bouchées aux brisures de chocolat

*Un biscuit à la cuillère mou et moelleux. ☺Se congèlent.
Dégeler sous couvert pour éviter que les biscuits ne sèchent.*

Margarine dure (ou beurre), ramollie	1 tasse	250 mL
Cassonade, tassée	1 tasse	250 mL
Gros œufs	2	2
Vanille	1 c. à thé	5 mL
Farine tout usage	2¼ tasses	560 mL
Bicarbonate de soude	1 c. à thé	5 mL
Pouding à la vanille instantané en poudre, format 4 portions	1	1
Brisures de chocolat mi-sucré	2 tasses	500 mL
Noix de Grenoble, hachées (facultatives)	¾ tasse	175 mL

Battre en crème la margarine et la cassonade dans un bol. Incorporer les œufs, 1 à 1, en battant. Ajouter la vanille. Mélanger.

Ajouter la farine, le bicarbonate de soude et le pouding en poudre. Mélanger.

Ajouter les brisures de chocolat et les noix. Incorporer à la pâte. Dresser la pâte à la cuillère à thé sur une plaque à pâtisserie non graissée. Cuire au four à 350° F (175° C) pendant 10 à 12 minutes. Ne pas cuire trop longtemps. Ranger dans un récipient hermétique. Donne 5 douzaines de biscuits.

1 biscuit : 101 calories; 1 g de protéines; 5,6 g de matières grasses; 13 g de glucides; 70 mg de sodium

Photo ci-dessous.

Bouchées aux brisures de chocolat

Marguerites jaunes

Des biscuits au chocolat avec un joli centre jaune. ☺Peuvent être préparés à l'avance et surgelés. Remplir selon les besoins.

Gros œufs	2	2
Sucre granulé	1 tasse	250 mL
Margarine dure (ou beurre), fondue	½ tasse	125 mL
Vanille	½ c. à thé	2 mL
Farine tout usage	2¼ tasses	560 mL
Cacao	6 c. à soupe	100 mL
Crème de tartre	1 c. à thé	5 mL
Bicarbonate de soude	½ c. à thé	2 mL
Sel	¼ c. à thé	1 mL
Garniture :		
Margarine dure (ou beurre), ramollie	¼ tasse	60 mL
Sucre à glacer	1¼ tasse	300 mL
Lait écrémé évaporé	2 c. à soupe	30 mL
Vanille	¼ c. à thé	1 mL
Essence d'amande	⅛ c. à thé	0,5 mL
Sel	1/16 c. à thé	0,5 mL
Colorant alimentaire jaune, au goût		

Bien battre les 4 premiers ingrédients dans un bol.

Ajouter la farine, le cacao, la crème de tartre, le bicarbonate de soude et le sel. Remuer pour humecter les ingrédients. Façonner des boules de 3,8 cm (1½ po) et les poser sur une plaque à pâtisserie graissée. Les écraser avec le fond d'un verre. Cuire au four à 375° F (190° C) environ 10 minutes. Laisser refroidir

Garniture : Battre les 7 ingrédients ensemble, en rajoutant du sucre à glacer ou du lait pour obtenir un mélange qui s'étale et assez de colorant alimentaire pour faire un beau jaune. Étaler la garniture sur les biscuits puis les réunir en sandwiches. Donne 250 mL (1 tasse) de garniture. Donne environ 20 biscuits doubles ou 40 biscuits simples.

1 biscuit double : 203 calories; 3 g de protéines; 8,1 g de matières grasses; 31 g de glucides; 190 mg de sodium

Photo à la page 89.

Marguerites jaunes, page 88

Bandes pâtissières, ci-dessous

Bandes pâtissières

Ces délicieux biscuits sont meilleurs frais parce qu'ils perdent rapidement leur goût de beurre. ☺Les préparer le matin car la préparation prend environ une heure ainsi que la cuisson.

Bandes :		
Margarine dure (ou beurre), ramollie	½ tasse	125 mL
Farine tout usage	1 tasse	250 mL
Eau	2 c. à soupe	30 mL
Garniture :		
Margarine dure (ou beurre)	½ tasse	125 mL
Eau	1 tasse	250 mL
Essence d'amande	1 c. à thé	5 mL
Farine tout usage	1 tasse	250 mL
Gros œufs	3	3
Glaçage :		
Sucre à glacer	1½ tasse	375 mL
Margarine dure (ou beurre), ramollie	2 c. à soupe	30 mL
Vanille	1 c. à thé	5 mL
Eau tiède	1 à 2 c. à soupe	15 à 30 mL
Pacanes, hachées fin (ou noix de Grenoble), facultatives		

Bandes : Incorporer la margarine à la farine au couteau à pâtisserie, dans un bol moyen, jusqu'à obtenir un mélange grossier.

Ajouter l'eau. Remuer pour former une boule de pâte. Réfrigérer 10 minutes. Diviser la pâte en 2, puis diviser chaque moitié en 3, pour faire 6 morceaux de pâte. Abaisser chaque morceau en une bande de 7,5 x 30 cm (3 x 12 po) sur 2 plaques à pâtisserie non graissées. Espacer les bandes d'environ 7,5 cm (3 po).

Garniture : Mettre la margarine, l'eau et l'essence d'amande dans une casserole. Porter à ébullition.

Ajouter la farine d'un seul coup. Remuer rapidement jusqu'à ce que la pâte se détache des parois de la casserole et forme une boule. Retirer du feu.

Incorporer les œufs, 1 à 1, en battant jusqu'à ce que le mélange soit lisse. Diviser le mélange en 6, puis l'étaler sur les bandes de pâte. Cuire au four à 350° F (175° C) environ 60 minutes, jusqu'à ce que la pâte soit sèche et croustillante. Laisser refroidir.

Glaçage : Combiner les 4 ingrédients dans un bol, en rajoutant du sucre à glacer ou de l'eau pour obtenir un glaçage qui s'étale. En arroser les bandes.

Répandre les pacanes sur le dessus. Couper chaque bande en 10 morceaux sur la largeur. Donne 60 petites bandes.

1 bande : 65 calories; 1 g de protéines; 4 g de matières grasses; 7 g de glucides; 46 mg de sodium

Photo ci-dessus.

Desserts

Tout comme la dernière note d'un opéra ou la dernière réplique d'un film, un dessert spectaculaire pour clouer le repas peut laisser une profonde impression sur vos invités.

Et en fait, il est moins difficile ou laborieux que vous ne le pensez peut-être de préparer une alléchante création dont tous parleront pendant longtemps. En réalité certains desserts parmi les plus élaborés et ravissants sont très simples à préparer. Un copeau de chocolat stratégiquement placé, un morceau de fruit frais ou un feston de garniture fouettée peut instantanément donner une présentation magnifique que vos invités ne sont pas près d'oublier!

Gâteau au fromage classique

Un délice avec la sauce aux cerises, page 96.
☺*Cuire à l'avance puis le conserver au congélateur en attendant de le servir à des visiteurs.*

Fond :
Margarine dure (ou beurre)	6 c. à soupe	100 mL
Chapelure de biscuits Graham	1½ tasse	375 mL
Sucre granulé	1 c. à soupe	15 mL

Garniture :
Fromage cottage en crème, lissé au mélangeur	2½ tasses	625 mL
Sucre granulé	1 tasse	250 mL
Farine tout usage	¼ tasse	60 mL
Fromage à la crème à faible teneur en matières grasses, ramolli	4 oz	125 g
Gros œufs	2	2
Lait écrémé évaporé	½ tasse	125 mL
Lait	¼ tasse	60 mL
Jus de citron	1½ c. à soupe	25 mL
Vanille	1 c. à thé	5 mL

Fond : Faire fondre la margarine dans une casserole. Incorporer la chapelure et le sucre. Presser le mélange dans le fond d'un moule à charnière non graissé de 22 cm (9 po). Cuire au four à 350° F (175°) environ 10 minutes.

Garniture : Réduire le fromage cottage en purée dans le mélangeur. Verser dans un bol. Ajouter le sucre et la farine. Bien combiner le tout.

Incorporer le fromage à la crème en battant, puis les œufs, 1 à 1, toujours en battant. Ajouter le lait et le lait évaporé, le jus de citron et la vanille. Mélanger. Verser le tout dans le moule. Cuire au four à 350° F (175° C) environ 60 à 70 minutes, jusqu'à ce que le gâteau soit pris sur le bord. Le centre remue légèrement quand on secoue le moule. Passer un couteau tout le tour du moule pour que le gâteau s'affaisse également. Réfrigérer complètement. Pour 16 personnes.

1 part : 205 calories; 8 g de protéines; 7,8 g de matières grasses; 26 g de glucides; 374 mg de sodium

Photo sur cette page.

Gâteau au fromage classique, ci-dessus, avec la sauce aux cerises, page 96

Gâteau à la bostonnaise

Préparer le gâteau et la crème anglaise à l'avance. ☺Assembler et glacer le jour même. Conserver au frais.

Gâteau :		
Margarine dure (ou beurre), ramollie	½ tasse	125 mL
Sucre granulé	1 tasse	250 mL
Gros œufs	2	2
Vanille	1 c. à thé	5 mL
Farine tout usage	1¾ tasse	425 mL
Poudre à pâte	2 c. à thé	10 mL
Sel	¼ c. à thé	1 mL
Lait	¾ tasse	175 mL
Garniture :		
Sucre granulé	¼ tasse	60 mL
Farine tout usage	1 c. à soupe	15 mL
Fécule de maïs	1 c. à soupe	15 mL
Lait	1 tasse	250 mL
Gros œuf	1	1
Vanille	½ c. à thé	2 mL
Glaçage :		
Sucre à glacer	1¼ tasse	300 mL
Cacao	2½ c. à soupe	37 mL
Margarine dure (ou beurre), fondue	1 c. à soupe	15 mL
Lait	2½ c. à soupe	37 mL

Gâteau : Bien battre en crème la margarine et le sucre dans un bol. Ajouter les œufs, 1 à 1, en battant bien à chaque fois. Ajouter la vanille. Incorporer.

Combiner la farine avec la poudre à pâte et le sel dans un autre bol.

Ajouter le mélange de farine au premier mélange, en 3 fois, en alternant avec le lait et en commençant et en terminant avec le mélange de farine. Répartir la pâte dans 2 moules à gâteau ronds graissés de 20 cm (8 po). Cuire au four à 350° F (175° C) environ 25 minutes, jusqu'à ce qu'un cure-dents inséré au centre du gâteau ressorte sec. Laisser refroidir.

Garniture : Combiner le sucre, la farine et la fécule de maïs dans une casserole. Incorporer graduellement le lait au fouet. Chauffer jusqu'à ce que la préparation bouille et épaississe légèrement. Retirer du feu.

Incorporer l'œuf et la vanille en battant. Remettre sur le feu. Chauffer à feu doux pendant 1 minute, jusqu'à ce que la préparation épaississe. Laisser refroidir.

Glaçage : Battre les 4 ingrédients ensemble, en rajoutant du lait ou du sucre à glacer au besoin pour faire un glaçage à peine liquide.

Poser 1 gâteau sur une assiette. Le couvrir de garniture, puis poser le second gâteau dessus. Arroser de glaçage et le laisser s'écouler sur le bord. Réfrigérer pendant au moins 1 heure avant de servir. Couper en 12 parts.

1 part : 330 calories; 5 g de protéines; 11 g de matières grasses; 54 g de glucides; 202 mg de sodium

Photo à la page 93.

Dessert aux craquelins

Un dessert impressionnant, qui a le goût et l'apparence d'une pâtisserie française. Des petites parts conviennent très bien. ☺Ce dessert doit reposer au moins 24 heures. Il est encore délicieux au bout de trois jours.

Pouding à la vanille instantané en poudre, format 4 portions	2	2
Lait	4 tasses	1 L
Craquelins non salés, environ	84	84
Garniture à dessert surgelée (en gros contenant), dégelée	4 tasses	1 L
Sauce aux fruits :		
Fraises fraîches, tranchées (ou bleuets ou amélanches), voir remarque	2 tasses	500 mL
Eau	1 tasse	250 mL
Sucre granulé	½ tasse	125 mL
Fécule de maïs	2 c. à soupe	30 mL

Battre le pouding en poudre et le lait dans un bol jusqu'à ce que le mélange soit lisse.

Couvrir de craquelins le fond d'un moule non graissé de 22 x 33 cm (9 x 13 po). Étaler le ⅓ du mélange de pouding sur les craquelins, puis le ⅓ de la garniture fouettée. Refaire les mêmes couches à deux reprises. Réfrigérer au moins 24 heures.

Sauce aux fruits : Combiner les 4 ingrédients dans une casserole. Chauffer en remuant jusqu'à ce que la sauce bouille et épaississe. Laisser refroidir. Arroser de sauce les portions individuelles. Couper en 24 morceaux.

1 morceau : 163 calories; 3 g de protéines; 5,3 g de matières grasses; 27 g de glucides; 170 mg de sodium

Photo à la page 92 et 93.

Remarque : On peut utiliser des fruits surgelés, dégelés, en proportions égales.

1. Gâteau à la bostonnaise, page 91
2. Dessert aux craquelins, page 91
3. Meringue aux noisettes, page 94
4. Meringue forêt-noire, page 94
5. Pavlova à plat, page 95

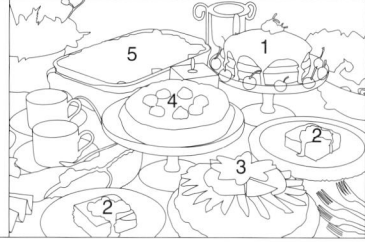

Meringue aux noisettes

Un dessert élégant, semblable à une tourte. ☺Les meringues peuvent être préparées des jours à l'avance. Assembler au moment de servir.

Gros blancs d'œufs, à la température de la pièce	3	3
Crème de tartre	¼ c. à thé	1 mL
Sucre granulé	¾ tasse	175 mL
Noisettes tranchées grillées, hachés fin	¾ tasse	175 mL
Garniture :		
Sachets de garniture à dessert, préparée selon le mode d'emploi	2	2
Mangue, pelée et tranchée	1	1
Papaye, pelée et tranchée	1	1
Fraises fraîches, tranchées	1 tasse	250 mL
Sucre granulé (facultatif)	2 c. à soupe	30 mL

Poser un moule à gâteau rond de 20 cm (8 po) sur une feuille de papier d'aluminium. En tracer le tour pour faire un cercle. Tracer un second cercle à côté du premier. Graisser les ronds.

Battre les blancs d'œufs avec la crème de tartre dans un bol jusqu'à obtenir des pics mous. Ajouter la première quantité de sucre peu à peu, sans cesser de battre, jusqu'à obtenir une neige ferme.

Incorporer les noisettes en pliant. Répartir le mélange sur les ronds et étaler. Cuire au four à 275° F (140° C) pendant 1 heure. Éteindre le four. Laisser la meringue sécher dans le four pendant 2 heures. Laisser refroidir complètement avant d'enlever le papier d'aluminium. Poser 1 meringue à plat sur une assiette.

Garniture : Étaler la ½ de la garniture à dessert sur la meringue posée sur l'assiette. Disposer la ½ des tranches de mangue sur le pourtour, puis la ½ des tranches de papaye à l'intérieur, près des mangues. Remplir le centre avec la ½ des fraises. Répandre 15 mL (1 c. à soupe) de sucre sur les fruits. Poser la seconde meringue sur les fruits. Y étaler le reste de la garniture fouettée, puis répéter l'arrangement de fruits et saupoudrer de sucre. Couper en 12 pointes.

1 pointe : 169 calories; 3 g de protéines; 7,7 g de matières grasses; 24 g de glucides; 31 mg de sodium

Photo à la page 93.

Meringue forêt-noire

Un joli dessert facile à assembler. ☺Les meringues peuvent être faites des jours à l'avance. Préparer la garniture quelques heures avant de servir.

Gros blancs d'œufs, à la température de la pièce	2	2
Crème de tartre	⅛ c. à thé	0,5 mL
Sucre granulé	½ tasse	125 mL
Sucre à glacer	¾ tasse	175 mL
Cacao	1½ c. à soupe	25 mL
Margarine dure (ou beurre), ramollie	1½ c. à soupe	25 mL
Café préparé (ou eau)	2½ c. à thé	12 mL
Vanille	¼ c. à thé	1 mL
Garniture à tarte aux cerises	½ × 19 oz	½ × 540 mL
Garniture à dessert surgelée (en gros contenant), dégelée	½ tasse	125 mL

Battre les blancs d'œufs et la crème de tartre dans un bol jusqu'à obtenir des pics mous. Incorporer graduellement le sucre, en battant jusqu'à ce que le mélange soit très ferme et lustré. Poser une feuille de papier d'aluminium sur une plaque à pâtisserie. Y poser un moule à gâteau rond de 20 cm (8 po). Tracer le moule sur le papier, puis graisser le rond. Étaler les blancs d'œufs battus en neige sur le cercle, en remontant le bord. Cuire au four à 275° F (140° C) pendant 1 heure. Éteindre le four. Laisser la meringue sécher dans le four pendant 2 heures. Laisser refroidir complètement avant d'enlever le papier d'aluminium. Poser la meringue à plat sur une assiette.

Bien battre les 5 prochains ingrédients ensemble dans un petit bol. Rajouter du sucre à glacer ou du café pour obtenir la consistance voulue pour travailler à la douille ou pour que la garniture garde sa forme. Avec une douille ou une cuillère, garnir le tour de la meringue de ce mélange, pour former un bord.

Dresser la garniture aux cerises au centre. L'étaler jusqu'au bord.

Décorer les cerises avec des festons de garniture fouettée. Couper en 8 parts.

1 part : 182 calories; 1 g de protéines; 3,9 g de matières grasses; 37 g de glucides; 50 mg de sodium

Photo aux pages 92 et 93.

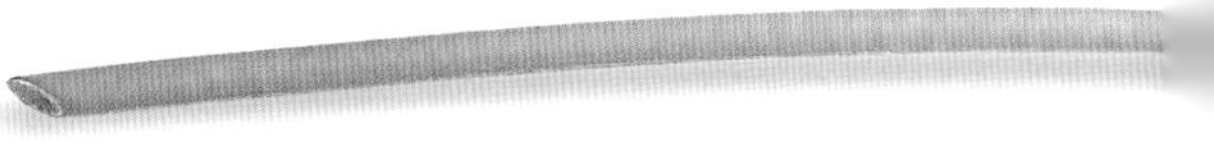

Pavlova à plat

Belle comme une image. Le nom se prononce comme il s'écrit. ☺Elle se tranche encore mieux quand elle repose depuis un jour. La meringue peut être faite deux jours à l'avance, puis garnie la veille ou le matin de la rencontre.

Gros blancs d'œufs, à la température de la pièce	6	6
Vanille	1 c. à thé	5 mL
Crème de tartre	½ c. à thé	2 mL
Sucre granulé	1½ tasse	375 mL
Garniture :		
Fromage à la crème à faible teneur en matières grasses, ramolli	8 oz	250 g
Sucre granulé	1 tasse	250 mL
Sachets de garniture à dessert, préparée selon le mode d'emploi	2	2
Guimauves miniatures	2 tasses	500 mL
Décoration :		
Garniture à tarte aux cerises	19 oz	540 mL
Fraises fraîches, tranchées	2 tasses	500 mL
Jus de citron	1 c. à thé	5 mL

Battre les blancs d'œufs, la vanille et la crème de tartre dans un bol jusqu'à ce qu'ils moussent.

Incorporer graduellement le sucre en battant. Battre jusqu'à obtenir une neige ferme. Étaler le tout dans un moule graissé de 22 x 33 cm (9 x 13 po). Cuire au four à 275° F (140° C) pendant 1 heure. Éteindre le four. Laisser la meringue sécher dans le four pendant 6 heures ou jusqu'au lendemain.

Garniture : Bien battre le fromage à la crème et le sucre dans un bol. Ajouter la garniture à dessert. Battre pour combiner le tout, puis incorporer les guimauves. Étaler le tout sur la meringue. Couvrir. Laisser reposer dans le réfrigérateur pendant 5 heures ou jusqu'au lendemain.

Décoration : Combiner la garniture à tarte, les fraises et le jus de citron dans un bol. Étaler sur la garniture. Couper en 15 morceaux.

1 morceau : 282 calories; 4 g de protéines; 5,2 g de matières grasses; 57 g de glucides; 206 mg de sodium

Photo à la page 92.

Dessert à la rhubarbe

Dessert à la rhubarbe

Un joli dessert rouge, pas trop sucré, couronné d'une garniture crémeuse. ☺Cuire et servir le lendemain.

Fond :		
Margarine dure (ou beurre), fondue	½ tasse	125 mL
Farine tout usage	1 tasse	250 mL
Sucre granulé	2 c. à soupe	30 mL
Garniture :		
Rhubarbe, tranchée (préférablement rouge)	4 tasses	1 L
Sucre granulé	1 tasse	250 mL
Jus d'orange	⅓ tasse	75 mL
Sachet de gélatine non parfumée	1 x ¼ oz	1 x 7 g
Eau	¼ tasse	60 mL
Décoration :		
Garniture à dessert surgelée (en gros contenant), dégelée	2 tasses	500 mL

Fond : Faire fondre la margarine dans une casserole. Ajouter la farine et le sucre. Bien mélanger. Presser le tout dans un moule non graissé de 22 x 22 cm (9 x 9 po). Cuire au four à 350° F (175° C) pendant 12 à 15 minutes, jusqu'à ce que le fond soit légèrement doré.

Garniture : Combiner la rhubarbe, le sucre et le jus d'orange dans une casserole. Laisser mijoter environ 10 minutes, jusqu'à ce que la rhubarbe soit tendre. Retirer du feu.

Saupoudrer la gélatine sur l'eau dans un petit récipient. Laisser reposer 1 minute. Incorporer au mélange chaud et remuer jusqu'à ce que la gélatine soit dissoute. Laisser refroidir. Verser dans le moule. Réfrigérer jusqu'au lendemain ou jusqu'à ce que la garniture soit prise.

Décoration : Étaler la garniture fouettée sur le dessert. Couper en 12 morceaux.

1 morceau : 239 calories; 2 g de protéines; 11 g de matières grasses; 34 g de glucides; 93 mg de sodium

Photo ci-dessus.

Crème caramel

Crème anglaise et caramel : un régal.
☺*Peut être préparée la veille ou le matin.*

Caramel :		
Sucre granulé	1 tasse	250 mL
Eau chaude	¼ tasse	60 mL
Crème anglaise :		
Gros œufs	4	4
Farine tout usage	1 c. à soupe	15 mL
Sucre granulé	⅓ tasse	75 mL
Lait	2½ tasses	625 mL
Vanille	1½ c. à thé	7 mL
Sel	¼ c. à thé	1 mL
Eau chaude		

Caramel : Chauffer le sucre dans un poêlon jusqu'à ce qu'il fonde et soit bien doré. Retirer du feu.

Ajouter l'eau chaude très lentement. Le sucre grésille furieusement. Remuer jusqu'à ce que l'eau et le sucre soient combinés en les réchauffant au besoin. Verser dans un plat rond non graissé d'environ 20 cm (8 po) de diamètre. Laisser reposer 1 minute pour que le caramel épaississe légèrement. Incliner le plat pour couvrir le fond complètement ainsi que le bord à au moins 3,8 cm (1½ po) de hauteur.

Crème anglaise : Battre légèrement les œufs dans un bol. Ajouter la farine. Battre à basse vitesse pour les combiner. Ajouter le sucre, le lait, la vanille et le sel. Mélanger. Verser doucement dans le plat et poser celui-ci dans un plat à rôtir. Verser 2,5 cm (1 po) d'eau chaude dans le plat à rôtir. Cuire au four à 350° F (175° C) environ 50 à 60 minutes, jusqu'à ce qu'un couteau enfoncé à mi-chemin entre le centre et le bord ressorte propre. Poser le plat sur une grille. Laisser refroidir à la température de la pièce pendant 1 heure. Réfrigérer 4 heures ou jusqu'au lendemain. Passer un couteau tout le tour du plat et démouler sur une assiette. Pour 8 personnes.

1 portion : 212 calories; 6 g de protéines; 3,4 g de matières grasses; 40 g de glucides; 157 mg de sodium

Photo à la page 100.

Pour nettoyer des fleurs en soie, les mettre dans un grand sac de papier et ajouter 250 mL (1 tasse) de sel. Secouer vigoureusement. Sortir les fleurs du sacs et les secouer pour enlever ce qui reste de sel.

Sauce aux cerises

À verser sur du gâteau tranché, de la crème glacée ou des bananes. Particulièrement bonne avec le gâteau au fromage classique, page 90. Convient même sur du jambon.
☺*La sauce se réchauffe très bien. La préparer à l'avance.*

Cerises dénoyautées, fraîches ou surgelées, coupées en quatre	1 tasse	250 mL
Eau	1 tasse	250 mL
Sucre granulé	1 tasse	250 mL
Essence d'amande	½ c. à thé	2 mL
Fécule de maïs	2 c. à thé	10 mL
Eau	1 c. à soupe	15 mL

Chauffer les 4 premiers ingrédients dans une casserole environ 7 minutes, en remuant souvent, jusqu'à ce que les cerises soient cuites.

Délayer la fécule de maïs dans la seconde quantité d'eau dans une petite tasse. Ajouter aux cerises chaudes et remuer jusqu'à ce que la sauce bouille et épaississe. Donne 325 mL (1⅓ tasse) de sauce.

75 mL (⅓ tasse) de sauce : 236 calories; trace de protéines; 0,4 g de matières grasses; 60 g de glucides; 1 mg de sodium

Photo à la page 90.

Dessert réfrigéré, page 97

Dessert réfrigéré

Un léger goût de noix et de chocolat. ⏱Se tranche mieux au bout d'une journée. Préparer la veille et réfrigérer jusqu'au moment de servir.

Fond :		
Margarine dure (ou beurre)	½ tasse	125 mL
Farine tout usage	1 tasse	250 mL
Sucre granulé	2 c. à soupe	30 mL
Noix de Grenoble, hachées fin (ou pacanes)	½ tasse	125 mL
Milieu :		
Fromage à la crème à faible teneur en matières grasses, ramolli	8 oz	250 g
Sucre à glacer	1 tasse	250 mL
Sachet de garniture à dessert, préparée selon le mode d'emploi	1	1
Dessus :		
Pouding à la vanille instantané en poudre, format 6 portions	1	1
Pouding au chocolat instantané en poudre, format 6 portions	1	1
Lait	4½ tasses	1,1 L
Décoration :		
Sachets de garniture à dessert, préparée selon le mode d'emploi	2	2

Fond : Faire fondre la margarine dans une casserole. Incorporer la farine, le sucre et les noix. Presser dans un moule non graissé de 22 × 33 cm (9 × 13 po). Cuire au four à 325° F (160° C) pendant 15 minutes jusqu'à ce que le fond soit doré. Laisser refroidir.

Milieu : Battre le fromage à la crème et le sucre à glacer dans un bol jusqu'à ce que le mélange soit lisse.

Incorporer la garniture à dessert en pliant. Étaler sur le fond refroidi.

Dessus : Verser les deux poudings en poudre dans un bol. Ajouter le lait. Battre jusqu'à ce que le mélange soit lisse. Verser sur la couche du milieu. Égaliser le dessus.

Décoration : Couvrir le dessus de garniture à dessert, en travaillant à la cuillère ou à la douille. Réfrigérer. Couper en 18 morceaux.

1 morceau : 293 calories; 5 g de protéines; 13,7 g de matières grasses; 39 g de glucides; 414 mg de sodium

Photo à la page 96.

Bananes en sauce

Bananes en sauce

Une sauce soyeuse. ⏱Préparer la sauce à l'avance et la réchauffer juste avant de servir.

Sauce sucrée au chocolat :		
Brisures de chocolat au lait	1 tasse	250 mL
Cassonade, tassée	½ tasse	125 mL
Margarine dure (ou beurre)	2 c. à soupe	30 mL
Lait	¼ tasse	60 mL
Sirop de maïs	2 c. à soupe	30 mL
Vanille	½ c. à thé	2 mL
Bananes	4	4
Boules de crème glacée à la vanille	6	6

Sauce sucrée au chocolat : Combiner les 6 premiers ingrédients dans un poêlon moyen. Chauffer à feu moyen, en remuant, jusqu'à ce que le chocolat ait fondu et que le sucre soit dissous. Porter à ébullition. Retirer du feu. Rajouter du lait si la sauce est trop épaisse. Donne 250 mL (1 tasse) sauce.

Trancher les bananes et les répartir dans 6 coupes à sorbet. Poser 1 boule de crème glacée sur les bananes, dans chacune des 6 coupes. Arroser de sauce. Pour 6 personnes.

1 portion : 501 calories; 6 g de protéines; 21,6 g de matières grasses; 76 g de glucides; 148 mg de sodium

Photo ci-dessus.

Sauce au fudge

Remplacer les brisures de chocolat au lait par des brisures de chocolat mi-sucré. La sauce a alors un goût de fudge et est très différente.

Dessert au citron

Il faut prévenir la famille de ne pas toucher à ce dessert tout prêt dans le réfrigérateur. ☺Peut être préparé deux jours à l'avance.

Fond :		
Farine tout usage	1½ tasse	375 mL
Margarine dure (ou beurre), ramollie	¾ tasse	175 mL
Cassonade, tassée	¼ tasse	60 mL
Milieu :		
Fromage à la crème, ramolli	8 oz	250 g
Sucre à glacer	1 tasse	250 mL
Garniture à dessert surgelée (en gros contenant), dégelée	1 tasse	250 mL
Dessus :		
Pouding au citron instantané en poudre, format 4 portions	2	2
Lait	3 tasses	750 mL
Jus de citron	1 c. à thé	5 mL
Décoration :		
Garniture à dessert surgelée (en gros contenant), dégelée	2 tasses	500 mL
Noix de Grenoble, hachées fin	3 c. à soupe	50 mL

Fond : Combiner la farine avec la margarine et la cassonade dans un bol jusqu'à obtenir un mélange grossier. Presser dans un moule non graissé 22 × 33 cm (9 × 13 po). Cuire au four à 350° F (175° C) pendant 10 minutes jusqu'à ce que le fond soit doré. Laisser refroidir.

Milieu : Battre le fromage à la crème et le sucre à glacer dans un bol jusqu'à ce que le mélange soit lisse.

Incorporer la garniture fouettée en pliant. Étaler le tout sur le fond, dans le moule.

Dessus : Verser le pouding en poudre dans un bol. Ajouter le lait et le jus de citron. Battre jusqu'à ce que le mélange soit lisse. Verser sur le milieu. Réfrigérer.

Décoration : Étaler la garniture fouettée sur la couche au citron. Garnir de noix. Réfrigérer. Couper en 18 morceaux.

1 morceau : 314 calories; 4 g de protéines; 17,8 g de matières grasses; 36 g de glucides; 198 mg de sodium

Photo à la page 101.

Lorsque les invités arrivent, faire les présentations. Si un sujet est susceptible de lier les invités, l'aborder, puis s'excuser poliment pour aller accueillir d'autres invités ou préparer un dernier hors-d'œuvre.

Dessert spécial

Le fond est croquant. ☺Un dessert pratique qui se prépare à l'avance et se conserve au frais.

Fond :		
Margarine dure (ou beurre)	½ tasse	125 mL
Chapelure de gaufrettes à la vanille	2 tasses	500 mL
Milieu :		
Margarine dure (ou beurre) ramollie	½ tasse	125 mL
Fromage à la crème à faible teneur en matières grasses	8 oz	250 g
Sucre à glacer	1½ tasse	375 mL
Dessus :		
Ananas broyé, en conserve, bien égoutté	14 oz	398 mL
Fraises tranchées, surgelées dans un sirop épais, bien égouttées	15 oz	425 g
Décoration :		
Garniture à dessert surgelée (en gros contenant), dégelée	4 tasses	1 L
Amandes tranchées, grillées	½ tasse	125 mL

Fond : Faire fondre la margarine dans une casserole. Incorporer la chapelure. Presser dans un moule non graissé de 22 × 33 cm (9 × 13 po). Cuire au four à 350° F (175° C) pendant 8 à 10 minutes. Laisser refroidir.

Milieu : Bien battre en crème la margarine, le fromage à la crème et le sucre à glacer dans un bol. Étaler le tout sur le fond.

Dessus : Mêler l'ananas et les fraises dans un bol. Répandre sur la couche du milieu.

Décoration : Étaler la garniture fouettée sur le dessus. Décorer avec les amandes. Réfrigérer. Couper en 18 morceaux.

1 morceau : 311 calories; 3 g de protéines; 20,6 g de matières grasses; 31 g de glucides; 289 mg de sodium

Photo aux pages 100 et 101.

Dessert aux amandes

Un joli dessert, pas trop sucré, même sans la troisième couche. On peut le préparer à l'avance et le congeler sans la troisième couche.

Fond :
Farine tout usage	1½ tasse	375 mL
Sucre granulé	¼ tasse	60 mL
Margarine dure (ou beurre), ramollie	½ tasse	125 mL
Jaune d'un gros œuf	1	1

Garniture :
Pâte d'amande, ramollie	8 oz	225 g
Farine de riz	½ tasse	125 mL
Gros œufs	2	2
Blanc d'un gros œuf	1	1
Essence d'amande	½ c. à thé	2 mL
Sel	¼ c. à thé	1 mL

Décoration :
Sucre à glacer	1 tasse	250 mL
Lait	2 c. à soupe	30 mL
Amandes tranchées, grillées	½ tasse	125 mL

Fond : Combiner la farine avec le sucre et la margarine jusqu'à obtenir un mélange grossier.

Ajouter le jaune d'œuf. Mélanger. Presser le mélange contre le fond et à 12 mm (½ po) de haut contre le bord d'un moule à charnière non graissé de 25 cm (10 po).

Garniture : Combiner les 6 ingrédients dans le mélangeur. Mélanger jusqu'à ce que le mélange soit lisse. Verser dans le moule. Cuire au four à 325° F (160° C) pendant 45 à 50 minutes, jusqu'à ce que le dessus soit doré.

Décoration : Battre le sucre à glacer et le lait dans un petit bol jusqu'à ce que le mélange soit lisse. Étaler sur le dessert pendant qu'il est tiède.

Répandre les amandes sur le dessus. Laisser refroidir. Couper en 12 pointes.

1 pointe : 343 calories; 7 g de protéines; 16,9 g de matières grasses; 42 g de glucides; 172 mg de sodium; une bonne source de fibres alimentaires

Photo sur cette page.

Dessert aux amandes

Dessert à la citrouille

Presque une tarte à la citrouille, mais sans croûte. À base d'une préparation, ce dessert est très simple et ne prend que 20 minutes à préparer, ce qui peut être fait la veille. Servir froid ou réchauffé.

Gros œufs	4	4
Sucre granulé	1¼ tasse	300 mL
Citrouille, en conserve	2 × 14 oz	2 × 398 mL
Cannelle moulue	1½ c. à thé	7 mL
Gingembre moulu	1 c. à thé	5 mL
Muscade moulue	½ c. à thé	2 mL
Clou de girofle moulu	½ c. à thé	2 mL
Sel	1 c. à thé	5 mL
Lait évaporé	1½ tasse	375 mL

Garniture :
Mélange à gâteau doré double	1	1
Margarine dure (ou beurre)	½ tasse	125 mL
Crème glacée (ou crème fouettée), facultative		

Battre les œufs à haute vitesse dans un bol moyen jusqu'à ce qu'ils moussent. Incorporer le sucre en battant.

Ajouter les 6 prochains ingrédients. Battre jusqu'à ce que le tout soit mélangé.

Ajouter le lait évaporé. Battre à basse vitesse pour combiner. Verser la pâte dans un moule graissé de 22 × 33 cm (9 × 13 po).

Garniture : Mettre les 2 prochains ingrédients dans un bol, puis incorporer la margarine au couteau à pâtisserie jusqu'à obtenir un mélange grossier. Répandre sur le mélange de citrouille. Cuire au four à 350° F (175° C) pendant 1½ heure, jusqu'à ce qu'un couteau enfoncé près du centre ressorte presque propre.

Servir chaud avec de la crème glacée ou froid avec de la crème fouettée. Pour 18 personnes.

1 portion : 266 calories; 5 g de protéines; 10 g de matières grasses; 41 g de glucides; 360 mg de sodium

Photo à la page 100.

Bagatelle à l'orange

On peut mettre plus de marmelade, au goût. ☉Définitivement à préparer à l'avance. Le gâteau peut être congelé longtemps.

Jus d'orange	2 tasses	500 mL
Zeste d'orange, râpé	1 c. à soupe	15 mL
Lait	1½ tasse	375 mL
Vanille	¼ c. à thé	1 mL
Sucre granulé	¾ tasse	175 mL
Fécule de maïs	2½ c. à soupe	37 mL
Sel	½ c. à thé	2 mL
Gros œufs, battus à la fourchette	2	2
Mélange à gâteau doré double	1	1
Marmelade d'oranges (ou confiture de fruits rouges)	½ tasse	125 mL
Garniture à dessert surgelée (en gros contenant), dégelée	2 tasses	500 mL
Cerises au marasquin (ou tranches d'orange), pour décorer		

Porter à ébullition les 4 premiers ingrédients dans une casserole.

Combiner le sucre, fécule de maïs et le sel dans un bol. Incorporer les œufs. Bien mélanger. Incorporer le tout au mélange en ébullition et remuer jusqu'à ce que la préparation bouille de nouveau et épaississe. Laisser refroidir. Donne 1 L (4 tasses) de sauce.

Préparer le gâteau en suivant le mode d'emploi. Cuire au four dans un moule graissé de 22 × 33 cm (9 × 13 po). Laisser refroidir. Couper en tranches de 2,5 cm (1 po).

Étaler la marmelade sur les tranches de gâteau, puis les couper en cubes. Mettre le ⅓ des cubes dans une grande coupe sur pied. Arroser avec le ⅓ de la sauce. Refaire la même chose encore 2 fois. Réfrigérer.

Étaler la garniture fouettée sur le dessus. Décorer avec les cerises. Pour 18 personnes.

1 portion : 231 calories; 3 g de protéines; 6,3 g de matières grasses; 42 g de glucides; 200 mg de sodium

Photo à la page 100.

---

1. Dessert à la citrouille, page 99
2. Dessert spécial, page 98
3. Dessert au citron, page 98
4. Crème caramel, page 96
5. Bagatelle à l'orange, page 101

Dessert des anges au citron

Se tranche aisément. ☺*Peut être préparé la veille.*

Lait condensé sucré (voir remarque)	11 oz	300 mL
Jus de citron	²/₃ tasse	150 mL
Sachet de garniture à dessert, préparée selon le mode d'emploi	1	1
Gros gâteau des anges cuit, en bouchées	1	1
Cerises au marasquin	12	12

Combiner le lait condensé et le jus de citron dans un bol moyen. En réserver le ¼.

Réserver le ¼ de la garniture à dessert. Incorporer le reste de la garniture au mélange de lait, en pliant.

Ajouter le gâteau. Combiner le tout en pliant, puis étaler le mélange dans un moule non graissé de 22 x 22 cm (9 x 9 po). Étaler le mélange de lait réservé sur le dessus, puis la garniture fouettée. Réfrigérer.

Décorer chaque portion d'une cerise. Couper en 12 morceaux.

1 morceau : 239 calories; 6 g de protéines; 4,3 g de matières grasses; 46 g de glucides; 157 mg de sodium

Photo ci-dessous.

Remarque : On peut utiliser une boîte de 398 mL (14 oz) sans modifier la recette.

Dessert au kahlua

Très riche, onctueux et fameux. ☺*Réfrigérer jusqu'au lendemain ou congeler.*

Fond :		
Margarine dure (ou beurre)	¼ tasse	60 mL
Chapelure de biscuits Graham	1 tasse	250 mL
Cacao	2 c. à soupe	30 mL
Sucre granulé	2 c. à soupe	30 mL
Garniture :		
Grosses guimauves	32	32
Lait	½ tasse	125 mL
Kahlua	6 c. à soupe	100 mL
Garniture à dessert surgelée, (en gros contenant), dégelée	2 tasses	500 mL

Fond : Faire fondre la margarine dans une casserole. Incorporer la chapelure, le cacao et le sucre. Réserver 50 mL (3 c. à soupe) du mélange et presser le reste dans un moule non graissé de 20 x 20 cm (8 x 8 po).

Garniture : Combiner les guimauves et le lait dans une grande casserole. Chauffer, en remuant souvent, jusqu'à ce que les guimauves soient fondues et que le mélange soit lisse. Laisser refroidir.

Ajouter le kahlua au mélange refroidi. Verser sur le fond, dans le moule. Réfrigérer jusqu'à ce que la préparation soit prise.

Étaler la garniture fouettée sur le dessert, puis répandre la chapelure réservée sur le dessus. Couvrir. Congeler. Pour 12 personnes.

1 portion : 218 calories; 2 g de protéines; 8,6 g de matières grasses; 32 g de glucides; 139 mg de sodium

Photo ci-dessous.

En haut, à gauche : Dessert des anges au citron, ci-dessus   En bas, à gauche : Dessert au kahlua, ci-dessus   Au centre, à droite : Délice frais aux fruits, page 103

Dumplings aux brisures

Une sauce aux brisures de chocolat bien riche.
☺ *On peut préparer la sauce à l'avance et la réchauffer au moment de servir les dumplings.*

Sauce :		
Cassonade, tassée	½ tasse	125 mL
Sucre granulé	½ tasse	125 mL
Cacao	2 c. à soupe	30 mL
Farine tout usage	2 c. à soupe	30 mL
Margarine dure (ou beurre)	1 c. à soupe	15 mL
Vanille	1 c. à thé	5 mL
Sel	¼ c. à thé	1 mL
Eau	1¾ tasse	425 mL
Dumplings :		
Farine tout usage	1 tasse	250 mL
Sucre granulé	3 c. à soupe	50 mL
Poudre à pâte	1½ c. à thé	7 mL
Sel	½ c. à thé	2 mL
Brisures de chocolat mi-sucré	½ tasse	125 mL
Lait	½ tasse	125 mL
Huile de cuisson	2 c. à soupe	30 mL

Sauce : Mettre les 4 premiers ingrédients dans une casserole. Bien mélanger.

Ajouter la margarine, la vanille, le sel et l'eau. Porter à ébullition en remuant souvent. Verser dans une cocotte non graissée de 3 L (3 pte).

Dumplings : Combiner les 5 premiers ingrédients dans un bol moyen.

Ajouter le lait et l'huile de cuisson. Remuer jusqu'à obtenir une pâte molle. Dresser la pâte à la cuillère à soupe sur la sauce, dans la cocotte. Donne environ 12 dumplings. Cuire au four, à découvert, à 350° F (175° C) environ 30 minutes, jusqu'à ce qu'un cure-dents inséré au centre d'un dumpling ressorte sec. Pour 8 personnes.

1 portion : 303 calories; 3 g de protéines; 9,4 g de matières grasses; 54 g de glucides; 289 mg de sodium

Photo sur cette page.

Dumplings aux brisures

Délice frais aux fruits

Un dessert élégant, au goût léger et subtilement sucré.
☺ *Peut être préparé la veille ou congelé.*

Fond :		
Margarine dure (ou beurre)	6 c. à soupe	100 mL
Chapelure de biscuit Graham	1½ tasse	375 mL
Cassonade, tassée	1 c. à soupe	15 mL
Garniture :		
Jus réservé de la salade de fruits	½ tasse	125 mL
Guimauves miniatures	10 oz	250 g
Crème sure à faible teneur en matière grasses	1 tasse	250 mL
Salade de fruits en conserve, égouttée, jus réservé	2 × 14 oz	2 × 398 mL
Cerises au marasquin, pour décorer	18	18

Fond : Faire fondre la margarine dans une casserole. Incorporer la chapelure et la cassonade. Réserver 30 mL (2 c. à soupe) du mélange et presser le reste dans un moule à charnière non graissé de 22 cm (9 po). Cuire au four à 350° F (175° C) pendant 10 minutes. Laisser refroidir.

Garniture : Chauffer le jus dans une casserole. Ajouter les guimauves. Remuer souvent pendant que les guimauves fondent. Laisser refroidir à la température de la pièce.

Incorporer la crème sure et la salade de fruits. Réfrigérer. Remuer et racler souvent les parois de la casserole, jusqu'à ce que la préparation commence à épaissir. Verser dans le fond préparé. Répandre la chapelure réservée sur le dessus.

Décorer avec les cerises. Réfrigérer. Couper en 12 pointes.

1 pointe : 228 calories; 3 g de protéines; 8,6 g de matières grasses; 38 g de glucides; 195 mg de sodium

Photo à la page 102.

Poissons et fruits de mer

Quand vous prévoyez recevoir des invités pour le souper, songez à leur présenter un de ces fabuleux plats de poisson ou de fruits de mer. Le goût rafraîchissant et exotique de la mer s'impose dans des mets impressionnants comme le coulibiac ou la casserole de crevettes. Ces plats élégants, et simples à préparer, conviennent pour toutes les occasions.

Saumon entier

Une sauce brune avec des brins d'oignon. La recette est facile.
☺ *La sauce peut être préparée à l'avance et réchauffée avant de servir.*

Saumon entier, prêt à cuire, tête et queue enlevés	4 lb	1,8 kg
Eau, pour couvrir		
Sel assaisonné	1 c. à thé	5 mL
Fécule de maïs	1 c. à soupe	15 mL
Eau	1 tasse	250 mL
Oignons verts, hachés	¾ tasse	175 mL
Sauce soja	¼ tasse	60 mL
Cassonade, tassée	2 c. à soupe	30 mL
Gingembre moulu	½ c. à thé	2 mL

Pocher le saumon dans la première quantité d'eau additionnée du sel assaisonné pendant environ 20 minutes, jusqu'à ce qu'il s'effeuille à la fourchette. Égoutter. Enlever délicatement la peau juste avant de servir.

Délayer la fécule de maïs dans la seconde quantité d'eau, dans une petite casserole. Chauffer en remuant jusqu'à ce que le liquide bouille et épaississe.

Ajouter les oignons verts, la sauce soja, la cassonade et le gingembre. Remuer. Réchauffer. Arroser le saumon de sauce ou la servir séparément. Donne 375 mL (1½ tasse) de sauce. Pour 8 personnes.

1 portion : 139 calories; 17 g de protéines; 5,3 g de matières grasses; 6 g de glucides; 774 mg de sodium

Photo à la page 105.

Saumon froid

Une méthode fantastique pour cuire à l'avance un saumon entier.
☺ *Préparer le saumon à l'avance, l'envelopper et le réfrigérer jusqu'à 24 heures.*

Saumon entier vidé (1,8 à 2,3 kg, 4 à 5 lb), tête et queue enlevés au goût	1	1
Brins de persil (ou 2 mL, ½ c. à thé, de persil en flocons)	2	2
Feuille de laurier	1	1
Vin blanc	½ tasse	125 mL
Sel	1 c. à thé	5 mL
Poivre noir en grains	3	3
Eau froide, pour couvrir		

Garnitures :
Tranches de concombre, crevettes, quartiers de citron, bâtonnets de crabe, persil, laitue, sauce à salade (ou mayonnaise), lanières de saumon fumé

Poser le saumon sur une grille dans un poissonnière ou un grand plat à rôtir. Si la grille n'a pas de poignées, passer une étamine sous le saumon et la laisser pendre par-dessus le bord du plat à rôtir pour pouvoir l'utiliser pour sortir le saumon de l'eau et le poser sur une autre grille pour qu'il refroidisse.

Ajouter le persil, le laurier, le vin, le sel et le poivre en grains. Tout juste couvrir le saumon d'eau. Couvrir. Poser la poissonnière ou le plat à rôtir sur 2 ronds. Porter à petite ébullition. Laisser bouillir 2 minutes. La température du saumon, prise avec un thermomètre à viande, devrait être 140° F (60° C). Si la cuisinière est électrique, éteindre les éléments et laisser la poissonnière reposer sur ceux-ci pendant 1 heure. Si la cuisinière est au gaz, régler la chaleur au plus bas et laisser cuire 15 minutes. Éteindre les brûleurs et laisser reposer 45 minutes. Sortir la grille de la poissonnière. Bien égoutter le saumon. En enlever la peau et le poser sur un grand plat long. Laisser refroidir complètement.

Garnitures : Décorer le saumon au goût. Pour environ 20 personnes.

1 portion : 49 calories; 6 g de protéines; 2,1 g de matières grasses; trace de glucides; 157 mg de sodium

Photo à la page 105.

Parce que le poisson et les fruits de mer se perdent très vite, il font toujours les acheter aussi frais que possible. Commander ces produits à l'avance et les ramasser dans les 24 heures précédant la rencontre. Ne pas congeler. Réfrigérer dans un bol ou un sac, sur des glaçons ou de la glace broyée.

À gauche : Coulibiac, ci-dessous
Au milieu : Saumon entier, page 104
À droite : Saumon froid, page 104

Coulibiac

Ce plat prend du temps à préparer, mais est amusant et simple. Le résultat est spectaculaire.
☺ *Préparer la recette jusqu'au stade de la cuisson et réfrigérer jusqu'à une heure avant l'arrivée des invités. Enfourner au moment voulu.*

Pâte feuilletée surgelée, dégelée à la température de la pièce pendant 20 minutes	14¼ oz	397 g
Filet de saumon (queue, environ 680 g, 1½ lb), poché, égoutté et refroidi	1	1
Garniture :		
Margarine dure (ou beurre)	1 c. à soupe	15 mL
Oignon haché	1½ tasse	375 mL
Champignons frais, tranchés	2 tasses	500 mL
Riz blanc, cuit	1½ tasse	375 mL
Crème sure sans matières grasses	1 tasse	250 mL
Aneth	1 c. à thé	5 mL
Ciboulette hachée	2 c. à thé	10 mL
Sel, une pincée		
Poivre, une pincée		
Œufs durs, grossièrement hachés	3	3
Œuf battu :		
Gros œuf	1	1
Eau	1 c. à soupe	15 mL

Abaisser 1 feuille de pâte feuilletée en une forme qui reprend celle du saumon, mais qui mesure 10 cm (4 po) de plus de long et 5 cm (2 po) de plus de large que le filet. Travailler sur une plaque à pâtisserie légèrement farinée munie de côtés.

Garniture : Faire fondre la margarine dans une poêle à frire. Ajouter l'oignon et les champignons. Faire sauter environ 5 minutes jusqu'à ce qu'ils soient mous et qu'il ne reste plus de liquide. Laisser refroidir.

Combiner le riz, la crème sure, l'aneth et la ciboulette dans un bol. Ajouter au mélange d'oignon refroidi. Étaler la ½ du mélange de riz sur la pâte abaissée, en arrêtant à 2,5 cm (1 po) du bord.

Poser le saumon sur le mélange. Ramener le riz sous le filet au besoin. Saler et poivrer.

Répandre les œufs durs sur le filet. Le couvrir avec le reste du mélange de riz. Humecter le bord de la pâte. Abaisser une autre feuille de pâte et la poser sur le filet. Couper la pâte pour qu'elle ait la même forme que la première feuille de pâte. Pincer le bord de la pâte avec une fourchette pour le sceller. Se servir des rechutes de pâte pour former une tête et des nageoires.

Œuf battu : Battre l'œuf et l'eau dans un petit bol. Badigeonner la pâte du mélange. Inciser la pâte avec des ciseaux pour que la vapeur puisse s'échapper. Cuire au four à 425° F (220° C) environ 10 minutes avant de poursuivre la cuisson à 350° F (175° C) pendant environ 20 minutes, jusqu'à ce que la pâte soit dorée. Servir chaud. Pour 6 à 8 personnes.

$^1/_6$ de la recette : 640 calories; 35 g de protéines; 33,9 g de matières grasses; 49 g de glucides; 538 mg de sodium

Photo ci-dessus.

Surprise au thon

La surprise, c'est qu'on pense manger un sandwich.
⊙ À préparer la veille au soir.

Tranches de pain blanc à sandwich, pour couvrir, croûte enlevée	6 à 8	6 à 8
Flocons de thon, en conserve, égouttés	2 × 6½ oz	2 × 184 g
Sauce à salade hypocalorique (ou mayonnaise)	¼ tasse	60 mL
Relish de cornichons sucrés	2 c. à soupe	30 mL
Jus de citron	1 c. à soupe	15 mL
Moutarde préparée	1 c. à soupe	15 mL
Cheddar mi-fort ou fort, râpé	1 tasse	250 mL
Sel assaisonné	¼ c. à thé	1 mL
Tranches de pain blanc à sandwich, pour couvrir, croûte enlevée	6 à 8	6 à 8
Gros œufs	8	8
Lait	3 tasses	750 mL
Sel	¾ c. à thé	4 mL
Poivre	¼ c. à thé	1 mL
Sel assaisonné	½ c. à thé	2 mL
Poivre de Cayenne	¼ à ½ c. à thé	1 à 2 mL

Recouvrir le fond d'un plat graissé de 22 × 33 cm (9 × 13 po) avec la première quantité de tranches de pain.

Combiner les 7 prochains ingrédients dans un bol. Étaler le tout sur le pain.

Recouvrir avec les autres tranches de pain.

Battre les œufs dans un bol. Incorporer les 5 derniers ingrédients en battant. Verser dans le plat. Couvrir. Réfrigérer jusqu'au lendemain. Cuire au four à découvert, à 350° F (175° C), environ 1 heure jusqu'à ce que le dessus soit doré et qu'un couteau enfoncé près du centre ressorte propre. Pour 8 personnes.

1 portion : 365 calories; 30 g de protéines; 14,5 g de matières grasses; 27 g de glucides; 1 044 mg de sodium

Photo ci-dessous.

Enchiladas au crabe

On peut « réchauffer » ce plat mexicain en remplaçant les piments par des jalapenos. ⊙ La sauce peut être préparée à l'avance et réchauffée au moment d'assembler le plat.

Margarine dure (ou beurre)	1 c. à soupe	15 mL
Oignon haché	1 tasse	250 mL
Tomates, en conserve, défaites	14 oz	398 mL
Sauce tomate	7½ oz	213 mL
Piments verts hachés, en conserve, égouttés	4 oz	114 mL
Sucre granulé	1 c. à thé	5 mL
Origan entier déshydraté	½ c. à thé	2 mL
Basilic déshydraté	¼ c. à thé	1 mL
Sel	¼ c. à thé	1 mL
Sel assaisonné	⅛ c. à thé	0,5 mL
Chair de crabe, cartilage ôté (ou simili-crabe)	1 lb	454 g
Monterey Jack, râpé	½ tasse	125 mL
Olives mûres dénoyautées, en conserve, hachées	4,5 oz	125 mL
Tortillas au maïs	12	12
Monterey Jack, râpé	1 tasse	250 mL

Faire fondre la margarine dans une poêle à frire. Ajouter l'oignon et le faire revenir jusqu'à ce qu'il soit tendre.

Combiner les 8 prochains ingrédients dans une casserole. Bien mélanger. Ajouter l'oignon. Porter à ébullition en remuant souvent. Laisser mijoter à découvert pendant 10 minutes. Étaler 60 mL (¼ tasse) de sauce au fond d'un plat non graissé de 22 × 33 cm (9 × 13 po). Mettre de côté. Réserver 125 mL (½ tasse) de sauce.

Combiner la chair de crabe avec la première quantité de fromage, la sauce réservée et les olives dans un autre bol.

Tremper rapidement les tortillas, 1 à 1, dans le reste de la sauce. Dresser 60 mL (¼ tasse) du mélange de crabe à une extrémité d'une tortilla. Enrouler. Poser, avec la fente contre le fond, dans le plat. Arroser les tortillas roulées avec ce qui reste de sauce.

Répandre la seconde quantité de fromage sur le plat. Cuire au four, à découvert, à 350° F (175° C) environ 25 minutes jusqu'à ce que les tortillas soient bien chaudes. Donne 12 enchiladas.

1 enchilada : 205 calories; 14 g de protéines; 7,4 g de matières grasses; 22 g de glucides; 636 mg de sodium

Photo à la page 107.

Surprise au thon

Gratin de crabe aux tomates, ci-dessous

Enchiladas au crabe, page 106

Gratin de crabe aux tomates

Le fromage orange cache des tranches de tomates rouges nichées sur un lit de pâtes crémeuses. ⊙Le plat peut être assemblé le matin et cuit juste avant de servir.

Coudes	1½ tasse	375 mL
Eau bouillante	2 pte	2 L
Huile de cuisson (facultative)	2 c. à thé	10 mL
Sel	1 c. à thé	5 mL
Margarine dure (ou beurre)	2 c. à thé	10 mL
Oignon haché	½ tasse	125 mL
Fromage à la crème à faible teneur en matières grasses, coupé en morceaux	8 oz	250 g
Crème sure à faible teneur en matière grasses	1 tasse	250 mL
Fromage cottage en crème	½ tasse	125 mL
Chair de crabe, en conserve, égouttée, cartilage ôté	2 × 4,2 oz	2 × 120 g
Sel assaisonné	½ c. à thé	2 mL
Tomates moyennes, tranchées fin, pour couvrir la surface	1 ou 2	1 ou 2
Cheddar fort, râpé	1 tasse	250 mL

Cuire les pâtes dans l'eau bouillante additionnée de l'huile et du sel, dans une grande casserole découverte, jusqu'à ce qu'elles soient tendres, mais encore fermes, soit 5 à 7 minutes. Égoutter.

Faire fondre la margarine dans une poêle à frire. Ajouter l'oignon et le faire revenir jusqu'à ce qu'il soit mou.

Ajouter le fromage à la crème, la crème sure et le fromage cottage. Remuer jusqu'à ce que le fromage à la crème ait fondu.

Ajouter la chair de crabe et le sel assaisonné. Remuer. Ajouter les pâtes. Remuer. Verser le tout dans une cocotte non graissée de 2 L (2 pte).

Recouvrir avec les tranches de tomate et le fromage râpé. Cuire au four, à découvert, à 350° F (175° C) environ 30 minutes. Pour 6 personnes.

1 portion : 368 calories; 22 g de protéines; 18,7 g de matières grasses; 27 g de glucides; 1 013 mg de sodium

Photo ci-dessus.

Crabe extraordinaire

Servir dans des vol-au-vent pour un souper élégant. ⊙Très bon le lendemain, servi froid comme trempette ou tartinade.

Margarine dure (ou beurre)	1 c. à soupe	15 mL
Champignons frais, tranchés ou hachés	1 tasse	250 mL
Oignon haché	½ tasse	125 mL
Farine tout usage	2 c. à soupe	30 mL
Sel	½ c. à thé	2 mL
Poivre	⅛ c. à thé	0,5 mL
Lait écrémé évaporé	1½ tasse	375 mL
Lait	1 tasse	250 mL
Piments doux, hachés	1 c. à soupe	15 mL
Poivre de Cayenne	1/16 c. à thé	0,5 mL
Chair de crabe, en conserve, égouttée, cartilage ôté	2 × 4,2 oz	2 × 120 g

Faire fondre la margarine dans une poêle à frire. Ajouter les champignons et l'oignon et les faire revenir jusqu'à ce qu'ils soient mous.

Saupoudrer avec la farine, le sel et le poivre. Incorporer.

Incorporer le lait et le lait évaporé jusqu'à ce que la sauce bouille et épaississe.

Ajouter les piments, le cayenne et la chair de crabe. Réchauffer. Donne 750 mL (3 tasses) sauce.

175 mL (¾ tasse) de sauce : 200 calories; 19 g de protéines; 4,4 g de matières grasses; 21 g de glucides; 912 mg de sodium

Photo sur la couverture.

Casserole de crevettes

Un plat fort joli. ☺*Assembler le matin et réfrigérer jusqu'à au moment de cuire.*

Asperges fraîches, en morceaux de 2,5 cm (1 po) (environ 1,1 L, 4½ tasses)	1½ lb	680 g
Eau bouillante, 2,5 cm (1 po) de profondeur	1 tasse	250 mL
Gros œufs, battus à la fourchette	6	6
Oignon, haché fin	⅓ tasse	75 mL
Poivron vert, haché fin	½ tasse	125 mL
Poudre d'ail	¼ c. à thé	1 mL
Sel	½ c. à thé	2 mL
Poivre	¼ c. à thé	1 mL
Thym moulu, une petite pincée		
Crevettes fraîches, cuites (ou 2 boîtes, 113 g, 4 oz, rincées et égouttées)	2 tasses	500 mL
Cheddar fort, râpé	1 tasse	250 mL

Cuire les asperges dans l'eau bouillante pendant 3 à 5 minutes jusqu'à ce qu'elles soient tendres, mais encore croquantes. Égoutter.

Combiner les 8 prochains ingrédients dans un bol. Ajouter les asperges. Remuer. Verser le tout dans une cocotte graissée de 2 L (2 pte). Cuire au four, à découvert, à 350° F (175° C) pendant 1¼ heure.

Répandre le fromage sur les asperges. Poursuivre la cuisson pendant 5 à 10 minutes, jusqu'à ce que le plat soit pris. Pour 6 personnes.

1 portion : 242 calories; 25 g de protéines; 12,6 g de matières grasses; 9 g de glucides; 520 mg de sodium

Photo à la page 109.

Morue au four

Un plat coloré. ☺*La soupe concentrée fait la rapidité de la préparation, qui ne prend que dix minutes.*

Filets de morue (ou autre poisson)	1¾ lb	795 g
Sel, une pincée		
Poivre, une pincée		
Crème de champignons condensée	10 oz	284 mL
Oignons verts, hachés	6 à 8	6 à 8
Champignons tranchés, en conserve, égouttés	10 oz	284 mL
Lait	¼ tasse	60 mL

Disposer les filets en une couche dans un plat graissé de 22 x 33 cm (9 x 13 po). Saler et poivrer.

Combiner la soupe avec les oignons verts, les champignons et le lait dans un bol. Napper les filets de ce mélange. Cuire au four, à découvert, à 350° F (175° C) environ 20 minutes, jusqu'à ce que le poisson s'effeuille à la fourchette. Pour 8 personnes.

1 portion : 130 calories; 19 g de protéines; 3,7 g de matières grasses; 4 g de glucides; 445 mg de sodium

Photo à la page 109.

Crabe à l'impériale

Un plat crémeux, mais pas trop liquide. ☺*Peut être préparé le matin, réfrigéré et cuit en temps voulu.*

Farine tout usage	¼ tasse	60 mL
Sel	1 c. à thé	5 mL
Poivre	¼ c. à thé	1 mL
Lait	2 tasses	500 mL
Parmesan, râpé	1½ c. à soupe	25 mL
Sauce à salade hypocalorique (ou mayonnaise)	¼ tasse	60 mL
Moutarde en poudre	¼ c. à thé	1 mL
Piments doux, hachés	2 c. à soupe	30 mL
Sauce piquante aux piments	⅛ c. à thé	0,5 mL
Sauce Worcestershire	⅛ c. à thé	0,5 mL
Chair de crabe, cartilage ôté, (ou simili-crabe), réserver 6 morceaux pour décorer	1 lb	454 g
Parmesan râpé, une pincée		
Paprika, une pincée		

Combiner la farine avec le sel et le poivre dans une casserole. Incorporer le lait peu à peu, au fouet, jusqu'à ce qu'il ne reste plus de grumeaux. Ajouter la première quantité de fromage. Porter à ébullition en remuant.

Incorporer les 6 prochains ingrédients dans l'ordre. Répartir la préparation dans 6 coquilles ou ramequins et les poser sur une plaque à pâtisserie.

Répandre la seconde quantité de fromage sur les coquilles, puis le paprika. Cuire au four, à découvert, à 375° F (190° C) pendant 15 à 20 minutes, jusqu'à ce que la préparation soit bien chaude et bouillonne. Pour 6 personnes.

1 portion : 165 calories; 18 g de protéines; 5,2 g de matières grasses; 10 g de glucides; 999 mg de sodium

Photo à la page 109.

1. Crabe à l'impériale, page 108
2. Pâtes fumées, page 110
3. Morue au four, page 108
4. Casserole de crevettes, page 108

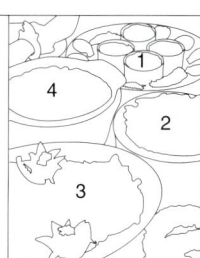

Pâtes fumées

*La sauce peut être préparée à l'avance et réfrigérée.
Au moment de servir, la réchauffer et y ajouter les pâtes.*

Plumes	3½ tasses	875 mL
Eau bouillante	3 pte	3 L
Huile de cuisson (facultative)	1 c. à soupe	15 mL
Sel	2 c. à thé	10 mL
Sauce :		
Lait écrémé évaporé	1 tasse	250 mL
Crevettes fraîches ou congelées, cuites (ou 1 boîte, 113 g, 4 oz, rincées et égouttées)	¼ lb	113 g
Raifort commercial	½ c. à soupe	7 mL
Aneth	½ c. à thé	2 mL
Sel, une petite pincée		
Poivre, une pincée		
Filets de poisson fumé, coupés en bouchées	8 oz	225 g
Oignons verts, hachés	½ tasse	125 mL
Fécule de maïs	2 c. à thé	10 mL
Eau	1 c. à soupe	15 mL

Cuire les pâtes dans l'eau bouillante additionnée de l'huile et du sel, dans un faitout découvert, jusqu'à ce qu'elles soient tendres, mais encore fermes, soit 10 à 12 minutes. Les égoutter, puis les remettre dans le faitout. Garder au chaud.

Sauce : Combiner les 8 prochains ingrédients dans une grande casserole. Réchauffer.

Délayer la fécule de maïs dans l'eau. Incorporer au mélange de crevettes. Porter à ébullition et laisser épaissir. Ajouter les pâtes et le poisson. Donne 1,75 L (7 tasses) de pâtes.

250 mL (1 tasse) de pâtes : 259 calories; 16 g de protéines; 2,4 g de matières grasses; 42 g de glucides; 293 mg de sodium

Photo à la page 109.

Identifier clairement le poisson avant de le congeler, en indiquant de quel poisson il s'agit et la date de congélation. Les poissons blancs (comme la morue et le flétan) se conservent 12 mois; les poissons gras (comme la truite et le hareng) se gardent six mois. Le poisson cuit se conserve trois mois.

Poisson amandine

Poisson amandine

Assembler le plat le matin et réfrigérer. Cuire au moment voulu.

Filets frais (morue ou sole, par exemple)	2¼ lb	1 kg
Jus de citron	3 c. à soupe	50 mL
Flocons d'oignon émincés	1 c. à soupe	15 mL
Sel	½ c. à thé	2 mL
Poivre, une pincée		
Ciboulette hachée	2 c. à thé	10 mL
Paprika, une pincée		
Amandes tranchées, grillées	1½ c. à soupe	25 mL
Sauce :		
Fécule de maïs	½ c. à soupe	7 mL
Eau	1 c. à soupe	15 mL

Arroser les filets de jus de citron. En déposer la ½ dans un plat graissé de 20 × 20 cm (8 × 8 po).

Répandre les 4 prochains ingrédients sur les filets posés dans le plat, puis les recouvrir avec ceux qui restent.

Répandre le paprika et les amandes sur le poisson. Cuire au four à 400° F (205° C) environ 25 minutes, jusqu'à ce que le poisson s'effeuille à la fourchette.

Sauce : Avec une poire à jus, prélever le liquide de cuisson du plat et le verser dans une petite casserole. Délayer la fécule de maïs dans l'eau dans une petite tasse. Ajouter au liquide dans la casserole. Chauffer, en remuant sans arrêt, jusqu'à ce que la sauce bouille et épaississe. Donne environ 250 mL (1 tasse) de sauce. Servir le poisson nappé de sauce. Pour 6 à 8 personnes.

1/6 de la recette : 154 calories; 30 g de protéines; 2 g de matières grasses; 3 g de glucides; 328 mg de sodium

Photo ci-dessus.

Flétan au four

Un poisson blanc ferme, au goût léger. ☺Mariner, assembler et réfrigérer le matin. Il suffit ensuite de cuire le tout.

Darnes de poisson, en portions	2 lb	900 g
Marinade :		
Jus de citron	2 c. à soupe	30 mL
Huile de cuisson	¼ tasse	60 mL
Vinaigre blanc	1½ c. à soupe	25 mL
Sucre granulé	½ c. à thé	2 mL
Paprika	½ c. à thé	2 mL
Sel	½ c. à thé	2 mL
Poivre	1/16 c. à thé	0,5 mL
Oignons frits, en conserve	2¾ oz	79 g
Parmesan, râpé	2½ c. à soupe	37 mL

Coucher les darnes dans un plat peu profond non graissé.

Marinade : Combiner les 7 prochains ingrédients dans un bol. Arroser le poisson de marinade. Laisser mariner 30 minutes, en retournant les darnes après 15 minutes. Sortir les darnes de la marinade et les poser en une seule couche dans un plat graissé. Jeter la marinade.

Écraser les oignons dans un autre bol. Ajouter le fromage. Remuer. Répandre le tout sur le poisson. Cuire au four, à découvert, à 350° F (175° C) pendant 25 à 30 minutes, jusqu'à ce que le poisson s'effeuille à la fourchette. Pour 6 personnes.

1 portion : 261 calories; 33 g de protéines; 11,2 g de matières grasses; 6 g de glucides; 302 mg de sodium

Photo ci-dessous.

Morue mijotée

Un plat jaune et orange vif sur fond rouge brillant. Il est unique. ☺Préparer une heure à l'avance et enfourner au moment voulu.

Chapelure fine	¼ tasse	60 mL
Filets de morue (ou de sole)	2 lb	900 g
Chapelure fine	¼ tasse	60 mL
Tomates, en conserve, défaites	14 oz	398 mL
Origan entier déshydraté	2 c. à thé	10 mL
Basilic déshydraté	2 c. à thé	10 mL
Sel, une pincée		
Poivre, une pincée		
Sauce à salade hypocalorique (ou mayonnaise)	⅔ tasse	150 mL
Cheddar mi-fort ou fort, râpé	⅔ tasse	150 mL
Jus de citron	½ c. à thé	2 mL
Moutarde préparée	½ c. à thé	2 mL

Saupoudrer la première quantité de la chapelure en une couche sur une plaque à pâtisserie non graissée munie de côtés. Poser les filets sur la chapelure et répandre la seconde quantité de chapelure sur les filets.

Combiner les tomates, l'origan, le basilic, le sel et le poivre dans un bol. Verser délicatement sur le poisson.

Combiner la sauce à salade avec le fromage, le jus de citron et la moutarde dans un petit bol. Dresser sur le mélange de tomates. Cuire au four, à découvert, à 400° F (205° C) environ 20 minutes, jusqu'à ce que le poisson s'effeuille à la fourchette. Pour 6 à 8 personnes.

1/6 de la recette : 310 calories; 32 g de protéines; 13,2 g de matières grasses; 15 g de glucides; 470 mg de sodium

Photo ci-dessous.

Flétan au four

Morue mijotée

Viandes et volailles

Si le fait de recevoir des gens pour un repas exige un peu plus de travail qu'un simple thé en après-midi, la rencontre peut quand même être détendue et chaleureuse de sorte que tous les convives se sentent bien accueillis et importants.

Quand vous choisissez une viande ou une volaille pour le plat de résistance, n'oubliez pas que ce mets sera le clou du repas. Vous trouverez dans cette section une grande diversité de plats de bœuf, de poulet, de dinde et de porc. En outre, profitez des nombreux conseils qui permettent de préparer ces plats bien avant l'arrivée des invités. Après tout, il devrait être facile de recevoir des invités, et ces recettes ont été conçues spécialement à cette intention.

Bœuf Stroganov simple

Servir sur un lit de riz ou de nouilles plates. ☺Le bifteck peut être tranché à l'avance, puis frit au moment voulu. Il se tranche plus facilement s'il n'est pas complètement dégelé.

Margarine dure (le beurre brunit trop vite)	1 c. à soupe	15 mL
Bifteck de surlonge, coupé sur le travers en tranches de 3 mm (⅛ po) d'épaisseur	1 lb	454 g
Crème sure à faible teneur en matière grasses	1¼ tasse	300 mL
Sachet de mélange à soupe à l'oignon, le secouer avant de le diviser	½ × 1½ oz	½ × 42 g
Paprika	¼ c. à thé	1 mL
Sherry (ou sherry sans alcool)	1 c. à soupe	15 mL

Faire fondre la margarine dans une poêle à frire à revêtement anti-adhésif. Faire revenir le bifteck jusqu'à ce qu'il ne soit plus rose.

Ajouter les 4 derniers ingrédients. Réchauffer à feu doux, en remuant souvent. Ne pas faire bouillir. Pour 4 personnes.

1 portion : 246 calories; 25 g de protéines; 12,7 g de matières grasses; 6 g de glucides; 586 mg de sodium

Photo à la page 115.

Bifteck à la suisse suprême

Le mélange à sauce rehausse le goût du bœuf. Le bifteck se tranche plus facilement s'il n'est pas complètement dégelé. ☺Préparer à l'avance et congeler ou préparer les ingrédients le matin.

Bifteck de surlonge, coupé en lanières étroites	2 lb	900 g
Oignons, tranchés ou hachés	2½ tasses	625 mL
Céleri, haché	1½ tasse	375 mL
Gros poivron vert, coupé en lanières	1	1
Mélange à sauce au bœuf et aux champignons	1 × ¾ oz	1 × 21 g
Sachet de mélange à soupe à l'oignon	1 × 1½ oz	1 × 42 g
Morceaux de champignons, en conserve, non égouttés	10 oz	284 mL
Tomates, en conserve, défaites	14 oz	398 mL
Sauce à bifteck	1 c. à soupe	15 mL
Poudre d'ail (ou 2 gousses d'ail, émincées)	½ c. à thé	2 mL

Mettre les morceaux de bifteck dans un petit plat à rôtir.

Répandre l'oignon, le céleri et le poivron vert sur le bifteck.

Combiner les 6 derniers ingrédients dans un bol. Verser sur le bifteck. Remuer légèrement. Couvrir. Cuire au four à 325° F (160° C) pendant 1½ à 2 heures, jusqu'à ce que le bœuf soit très tendre. Donne 2 L (8 tasses). Pour 8 personnes.

1 portion : 199 calories; 25 g de protéines; 4,9 g de matières grasses; 14 g de glucides; 871 mg de sodium

Photo ci-dessous.

Bifteck à la suisse suprême

Bœuf aux abricots au four

Casserole de l'amitié

On peut servir ce mets directement dans le plat à rôtir ou l'habiller un peu en posant celui-ci sur un grand morceau de papier d'aluminium coloré (se trouve chez les fleuristes) et en le ramenant contre le plat. Retenir le papier d'aluminium avec un ruban large.
☺Préparer les légumes le matin. Il y a beaucoup à faire.

Bœuf haché très maigre	2 lb	900 g
Céleri, tranché fin	2½ tasses	625 mL
Oignons, tranchés en rondelles fines	3 tasses	750 mL
Carottes, tranchées fin	2 tasses	500 mL
Champignons frais, tranchés fin (ou une boîte de 284 mL, 10 oz, égouttés)	2 tasses	500 mL
Courgettes non pelées, tranchées fin	4 tasses	1 L
Grosses pommes de terre à cuire, tranchées fin	3	3
Soupe de tomates condensée	2 × 10 oz	2 × 284 mL
Basilic déshydraté	2 c. à thé	10 mL
Estragon déshydraté	¼ c. à thé	1 mL
Sel	1½ c. à thé	7 mL
Poivre	¼ c. à thé	1 mL

Mettre le bœuf haché dans un plat à rôtir moyen non graissé. L'écraser pour couvrir tout le fond du plat. Disposer le céleri, l'oignon, les carottes, les champignons, les courgettes et les pommes de terre en couches successives sur la viande. Le plat à rôtir est très plein, mais le contenu se tasse en cuisant.

Combiner la soupe, le basilic, l'estragon, le sel et le poivre dans un petit bol. Bien remuer. Répandre sur les légumes. Cuire au four, sous couvert, à 350° F (175° C) pendant 1 heure. Découvrir et poursuivre la cuisson pendant 1¼ à 1½ heure, en arrosant le plat toutes les 30 minutes, jusqu'à ce que les légumes soient tendres. Pour 8 personnes.

1 portion : 410 calories; 33 g de protéines; 17,7 g de matières grasses; 31 g de glucides; 1 163 mg de sodium; une excellente source de fibres alimentaires

Photo ci-dessous.

Casserole de l'amitié

Bœuf aux abricots au four

Le goût des abricots est subtil, mais évident. Un ragoût simple, en un plat. ☺Peut être préparé à l'avance et congelé.

Bœuf à bouillir, coupé en gros cubes	2 lb	900 g
Oignon, haché fin	1½ tasse	375 mL
Abricots, en conserve, non égouttés, passés au mélangeur	14 oz	398 mL
Sauce tomate	¼ tasse	60 mL
Vinaigre blanc	2 c. à thé	10 mL
Sauce Worcestershire	2 c. à thé	10 mL
Cassonade, tassée	2 c. à thé	10 mL
Gingembre moulu	¼ c. à thé	1 mL
Piment de la Jamaïque moulu	¼ c. à thé	1 mL
Sel	1 c. à thé	5 mL
Poivre	¼ c. à thé	1 mL

Mettre le bœuf dans une cocotte de 3 L (3 pte). Répandre l'oignon sur la viande. Cuire au four, à découvert, à 400° F (205° C) pendant 10 minutes. Remuer. Poursuivre la cuisson 10 minutes de plus.

Baisser le four à 325° F (160° C). Ajouter les 9 derniers ingrédients. Remuer. Couvrir. Cuire au four pendant 2½ à 3 heures, jusqu'à ce que la viande soit très tendre. Pour 8 personnes.

1 portion : 151 calories; 19 g de protéines; 3,5 g de matières grasses; 11 g de glucides; 443 mg de sodium

Photo ci-dessus.

Galettes de bœuf salé

Servir dans des pains à hamburger ou accompagnées de pommes de terre et de légumes. ⏱Préparer les galettes à l'avance et les réfrigérer jusqu'au moment de les cuire.

Hachis de corned beef, en conserve	14 oz	398 mL
Gros œuf	1	1
Poudre d'oignon	¼ c. à thé	1 mL
Sel	¼ c. à thé	1 mL
Poivre	⅛ c. à thé	0,5 mL
Relish de cornichons sucrés	4 c. à thé	20 mL
Tranches de préparation de fromage fondu	4	4
Tranches de tomate	4	4

Mélanger les 5 premiers ingrédients dans un bol. Diviser le mélange en 4 portions. Façonner les galettes et les poser sur une plaque à pâtisserie graissée munie de côtés. Griller au four, environ 5 minutes de chaque côté, jusqu'à ce que les galettes soient brunes.

Étaler 5 mL (1 c. à thé) de relish sur chaque galette. Garnir avec une tranche de fromage, puis une tranche de tomate. Griller au four à jusqu'à ce que le fromage commence à fondre. Pour 4 personnes.

1 portion : 393 calories; 36 g de protéines; 26 g de matières grasses; 3 g de glucides; 1 656 mg de sodium

Photo à la page 115.

Sandwiches à la reuben

Façonner des galettes carrées. Les faire dorer des deux côtés, puis poser chaque galette sur une tranche de pain de seigle. Dresser 75 mL (⅓ tasse) de choucroute chaude sur chaque galette, puis ajouter une tranche de préparation de fromage suisse fondu. Poser une autre tranche de pain de seigle sur le fromage. Donne 4 sandwiches.

1. Nouilles à la thaïlandaise, page 117
2. Presque lasagne, page 116
3. Galettes de bœuf salé, page 114
4. Bœuf Stroganov simple, page 112

Bœuf au gingembre

Le goût relevé du gingembre se combine à celui un peu sucré des biscuits. Servir sur un lit de nouilles ou de riz.
☼*Couper le bœuf et les légumes le matin. Ranger au frais dans des contenants séparés. La cuisson ne prend qu'environ 20 minutes.*

Bifteck de surlonge	¾ lb	340 g
Farine tout usage	⅓ tasse	75 mL
Gingembre moulu	½ c. à thé	2 mL
Sel	½ c. à thé	2 mL
Poivre	⅛ c. à thé	0,5 mL
Huile de cuisson	1 c. à soupe	15 mL
Oignon, coupé en deux sur la longueur, puis tranché	1¼ tasse	300 mL
Céleri, tranché	1⅔ tasse	400 mL
Carottes, tranchées fin	1⅓ tasse	325 mL
Eau chaude	1½ tasse	375 mL
Vinaigre de cidre	⅓ tasse	75 mL
Bouillon de bœuf en poudre	2 c. à soupe	30 mL
Nouilles moyennes	8 oz	250 g
Eau bouillante	3 pte	3 L
Huile de cuisson (facultative)	1 c. à soupe	15 mL
Sel	2 c. à thé	10 mL
Sauce :		
Eau	1½ tasse	375 mL
Chapelure de biscuits au gingembre	½ tasse	125 mL
Bouillon de bœuf en poudre	2 c. à thé	10 mL

Couper le bifteck sur le travers, en lanières très étroite. Il se tranche plus facilement s'il est légèrement congelé.

Mettre la farine, le gingembre, le sel et le poivre dans un bol. Remuer. Ajouter au bifteck et remuer pour l'enrober.

Réchauffer l'huile de cuisson dans une poêle à frire à feu assez fort. Faire brunir le bifteck dans l'huile, puis réserver dans un bol.

Mettre l'oignon, le céleri et les carottes dans la poêle chaude et les faire revenir pendant 5 minutes. Baisser le feu.

Ajouter l'eau, le vinaigre et le bouillon en poudre. Bien remuer. Couvrir. Laisser mijoter pendant 5 à 7 minutes, jusqu'à ce que les légumes soient tendres, mais encore croquants.

Cuire les nouilles dans l'eau bouillante additionnée de l'huile et du sel, dans une grande casserole découverte, jusqu'à ce qu'elles soient tendres, mais encore fermes, soit 5 à 7 minutes. Égoutter.

Sauce : Combiner l'eau avec la chapelure et le bouillon en poudre dans un petit bol. Incorporer le tout aux légumes. Ajouter le bœuf. Chauffer jusqu'à ce que la préparation bouille et épaississe. La dresser sur les nouilles. Pour 6 personnes.

1 portion (avec les nouilles) : 362 calories; 20 g de protéines; 6,8 g de matières grasses; 55 g de glucides; 1 156 mg de sodium; une bonne source de fibres alimentaires

Photo à la page 123.

Presque lasagne

Le summum de la simplicité. Les invités se régaleront.
☼*Un plat utile à conserver au congélateur. Il vaut mieux le couper avant de le congeler.*

Bœuf haché maigre	2 lb	900 g
Sauce à spaghetti épaisse	2 tasses	500 mL
Oignon haché	1 tasse	250 mL
Sel	1 c. à thé	5 mL
Poivre	¼ c. à thé	1 mL
Nouilles moyennes	8 oz	250 g
Eau bouillante	3 pte	3 L
Huile de cuisson (facultative)	1 c. à soupe	15 mL
Sel	2 c. à thé	10 mL
Fromage à la crème à faible teneur en matières grasses	4 oz	125 g
Crème sure sans matières grasses	1 tasse	250 mL
Fromage cottage en crème	1 tasse	250 mL
Cheddar mi-fort ou fort, râpé	1 tasse	250 mL

Faire revenir le bœuf haché dans une poêle à frire à revêtement anti-adhésif jusqu'à ce qu'il ne soit plus rose.

Ajouter la sauce spaghetti, l'oignon, la première quantité de sel et le poivre. Remuer. Laisser mijoter pendant 10 minutes.

Cuire les nouilles dans l'eau bouillante additionnée de l'huile et de la seconde quantité de sel, dans un faitout découvert, jusqu'à ce qu'elles soient tendres, mais encore fermes, soit 7 à 8 minutes. Égoutter.

Combiner le fromage à la crème avec la crème sure et le fromage cottage dans un bol.

Assembler le plat dans une cocotte non graissée de 3 L (3 pte) :

1. la ½ des nouilles,
2. la ½ du mélange de bœuf,
3. la ½ du mélange de fromage cottage,
4. la ½ des nouilles,
5. la ½ du mélange de bœuf,
6. la ½ du mélange de fromage cottage,
7. tout le cheddar.

Cuire au four, à découvert, à 350° F (175° C) pendant 35 à 40 minutes. Laisser reposer 10 minutes avant de servir. Pour 8 personnes.

1 portion : 535 calories; 37 g de protéines; 25,9 g de matières grasses; 37 g de glucides; 1 135 mg de sodium

Photo aux pages 114 et 115.

Nouilles à la thaïlandaise

Un plat juste assez épicé, joli et coloré. ☺*Préparer la sauce à l'avance et l'ajouter aux pâtes juste avant de servir.*

Fettucine, brisés	4 tasses	1 L
Eau bouillante	3 pte	3 L
Huile de cuisson (facultative)	1 c. à soupe	15 mL
Sel	2 c. à thé	10 mL
Bœuf haché maigre	1 lb	454 g
Huile de sésame	2 c. à thé	10 mL
Poivron rouge, émincé	1	1
Poivron jaune, émincé	1	1
Oignon haché	1 tasse	250 mL
Piments rouges du Chili broyés	¼ c. à thé	1 mL
Gingembre frais, émincé	½ c. à soupe	7 mL
Gousses d'ail, émincées (ou 4 mL, ¾ c. à thé, de poudre d'ail)	3	3
Tomates, en conserve, défaites	14 oz	398 mL
Sucre granulé	1 c. à thé	5 mL
Vinaigre de vin rouge	1 c. à thé	5 mL
Coriandre moulue	1 c. à thé	5 mL
Sel	½ c. à thé	2 mL
Poivre	¼ c. à thé	1 mL
Sauce soja à teneur en sel réduite	3 c. à soupe	50 mL
Sauce aux arachides (vendue au rayon des aliments asiatiques des magasins d'alimentation)	2 c. à soupe	30 mL

Cuire les fettucine dans l'eau bouillante additionnée de l'huile et du sel, dans une grande casserole découverte, jusqu'à ce qu'ils soient tendres, mais encore fermes, soit 5 à 7 minutes. Les égoutter, puis les remettre dans la casserole. Garder au chaud.

Faire revenir le bœuf haché dans un wok ou une poêle à frire à revêtement anti-adhésif jusqu'à ce qu'il ne soit plus rose. Égoutter. Verser dans un bol. Essuyer le wok avec un essuie-tout.

Faire chauffer l'huile de sésame dans le wok ou la poêle. Ajouter les 6 prochains ingrédients. Faire revenir pendant 3 à 5 minutes.

Ajouter les 8 derniers ingrédients et le bœuf. Laisser mijoter à découvert pendant 4 à 5 minutes. Ajouter le tout aux fettucine. Remuer. Donne 2 L (8 tasses) de nouilles.

250 mL (1 tasse) de nouilles : 215 calories; 15 g de protéines; 7,4 g de matières grasses; 22 g de glucides; 678 mg de sodium

Photo à la page 114.

Ragoût de haricots

Si un ragoût peut être beau, celui-ci l'est. Les couleurs sont chaleureuses et il a si bon goût. ☺*Peut être préparé à l'avance et congelé.*

Huile de cuisson	1 c. à soupe	15 mL
Bœuf haché maigre	1½ lb	680 g
Oignon haché	2 tasses	500 mL
Tranches de bacon, coupées en dés	6	6
Soupe de tomates condensée	2 × 10 oz	2 × 284 mL
Haricots rouges, en conserve, non égouttés	2 × 14 oz	2 × 398 mL
Carottes moyennes, tranchées fin	5	5
Pommes de terre moyennes, coupées en cubes	5	5
Sel	1 c. à thé	5 mL
Poivre	½ c. à thé	2 mL

Réchauffer l'huile de cuisson dans une poêle à frire. Ajouter le bœuf haché, l'oignon et le bacon. Faire revenir jusqu'à ce que le bœuf ne soit plus rose. Bien égoutter.

Verser la soupe, les haricots non égouttés, les carottes et les pommes de terre dans une grande casserole. Saler et poivrer. Remuer. Ajouter le mélange de bœuf. Porter lentement à ébullition. Couvrir. Laisser mijoter environ 1¼ heure, jusqu'à ce que les légumes soient cuits. Donne 3 L (12 tasses) de ragoût.

250 mL (1 tasse) de ragoût : 269 calories; 17 g de protéines; 8,6 g de matières grasses; 32 g de glucides; 912 mg de sodium; une excellente source de fibres alimentaires

Photo ci-dessous.

Ragoût de haricots

Bœuf en croûte

La préparation de ce plat attrayant est un peu plus longue.
☺Le bœuf haché peut être cuit à l'avance. On peut aussi couper les légumes et râper le fromage.

Bœuf haché maigre	1½ lb	680 g
Sel	¾ c. à thé	4 mL
Poivre	¼ c. à thé	1 mL
Préparation à pâte à biscuits	2⅔ tasses	650 mL
Eau	⅔ tasse	150 mL
Garniture :		
Tomates, tranchées fin	3	3
Courgette non pelée, tranchée fin	1½ tasse	375 mL
Petit poivron vert, haché	1	1
Cheddar mi-fort ou fort, râpé	¾ tasse	175 mL
Flocons d'oignon	1 c. à soupe	15 mL
Sauce à salade hypocalorique (ou mayonnaise)	½ tasse	125 mL
Crème sure sans matières grasses	1 tasse	250 mL

Faire revenir le bœuf haché avec le sel et le poivre dans une poêle à frire à revêtement anti-adhésif jusqu'à ce qu'il ne soit plus rose. Bien égoutter. Laisser refroidir.

Combiner la préparation à pâte et l'eau dans un bol. Entasser dans le fond d'un plat graissé de 22 x 33 cm (9 x 13 po), en remontant sur le bord à 2,5 cm (1 po) de hauteur.

Garniture : Étaler bœuf sur le fond de pâte. Ajouter les tomates, les courgettes et le poivron en couches.

Combiner le fromage, les flocons d'oignon, la sauce à salade et la crème sure dans un bol. Mélanger. Dresser sur les légumes. Cuire au four, à découvert, à 350° F (175° C) pendant 30 à 35 minutes. Pour 8 personnes.

1 portion : 436 calories; 23 g de protéines; 20,6 g de matières grasses; 39 g de glucides; 1 081 mg de sodium

Photo à la page 119.

Bœuf et pommes de terre au four

Ce plat savoureux ressemble à un hachis parmentier.
☺Peut être préparé à l'avance et congelé.

Gros œuf	1	1
Lait	¼ tasse	60 mL
Chapelure fine	½ tasse	125 mL
Oignon haché	1 tasse	250 mL
Ketchup	⅓ tasse	75 mL
Sel assaisonné	½ c. à thé	2 mL
Sel	½ c. à thé	2 mL
Poivre	¼ c. à thé	1 mL
Bœuf haché maigre	1½ lb	680 g
Garniture :		
Pommes de terre moyennes, pelées et coupées en quatre	4	4
Eau, pour couvrir		
Lait	¼ tasse	60 mL
Sel à l'oignon	½ c. à thé	2 mL
Poivre	⅛ c. à thé	0,5 mL
Paprika, une pincée		

Battre l'œuf dans un bol. Ajouter les 7 prochains ingrédients. Bien remuer.

Ajouter le bœuf haché. Mélanger. Presser le tout dans une cocotte graissée de 2 L (2 pte). Cuire au four, à découvert, à 350° F (175° C) pendant 45 minutes. Dégraisser au besoin.

Garniture : Cuire les pommes de terres dans l'eau jusqu'à ce qu'elles soient tendres. Égoutter.

Ajouter le lait, le sel d'oignon et le poivre. Réduire en purée et étaler sur la viande.

Saupoudrer de paprika. Cuire au four environ 20 minutes, jusqu'à ce que les pommes de terre soient chaudes et que le bœuf soit cuit. Pour 6 personnes.

1 portion : 336 calories; 25 g de protéines; 11,1 g de matières grasses; 33 g de glucides; 782 mg de sodium

Photo ci-dessous.

Galettes en sauce épicée, page 119

Bœuf et pommes de terre au four, ci-dessus

Bœuf en croûte, page 118

Galettes en sauce épicée

Un plat épicé plutôt que relevé. ☺Les galettes peuvent être préparées à l'avance et congelées.

Gros œuf	1	1
Lait	1/3 tasse	75 mL
Flocons d'avoine à cuisson rapide (pas instantanés)	1 tasse	250 mL
Oignon, haché fin	1 tasse	250 mL
Sel	1 c. à thé	5 mL
Poivre	1/2 c. à thé	2 mL
Bœuf haché maigre	1 lb	454 g
Sauce épicée :		
Cassonade, tassée	1/2 tasse	125 mL
Moutarde préparée	2 c. à soupe	30 mL
Jus de citron	2 c. à thé	10 mL
Sauce tomate	14 oz	398 mL

Battre l'œuf et le lait dans un bol. Ajouter les flocons d'avoine, l'oignon, le sel et le poivre. Remuer.

Ajouter le bœuf haché. Bien mélanger. Façonner des galettes de 60 mL (1/4 tasse) et les faire dorer des deux côtés, dans une poêle à frire à revêtement anti-adhésif, jusqu'à ce qu'elles ne soient plus roses.

Sauce épicée : Réchauffer les 4 ingrédients en remuant dans une casserole jusqu'à ce que la sauce soit bien chaude. En arroser les galettes. Donne environ 12 galettes et 500 mL (2 tasses) de sauce.

1 galette (avec la sauce) : 172 calories; 10 g de protéines; 6,8 g de matières grasses; 18 g de glucides; 505 mg de sodium

Photo à la page 118.

Médaillons de bœuf

Le bœuf est très tendre et la sauce regorge de champignons et d'oignon. Faire trancher le bœuf très fin par le boucher ou le faire soi-même, alors qu'il est légèrement gelé.
☺Trancher les légumes et les conserver au frais.

Margarine dure (ou beurre)	1 c. à soupe	15 mL
Huile de cuisson	1 c. à soupe	15 mL
Filets de bœuf, coupés en médaillons de 6 mm (1/4 po) d'épaisseur (environ 8 à 12)	1 lb	454 g
Farine tout usage		
Sel, une pincée		
Margarine dure (ou beurre)	1 c. à thé	5 mL
Champignons frais, tranchés	2 tasses	500 mL
Oignons verts, tranchés	1/2 tasse	125 mL
Lait	1 tasse	250 mL
Bouillon de bœuf en poudre	2 c. à thé	10 mL
Fécule de maïs	1 c. à soupe	15 mL
Vin rouge (ou vin rouge sans alcool)	2 c. à soupe	30 mL

Chauffer la première quantité de margarine et l'huile de cuisson dans une poêle à frire à revêtement anti-adhésif.

Fariner les deux côtés des médaillons et les mettre dans la poêle. Saler. Faire dorer des deux côtés jusqu'à ce que la viande soit à point. Réserver dans un grand plat couvert et garder au chaud.

Chauffer la seconde quantité de margarine dans une poêle à frire. Ajouter les champignons et l'oignon et les faire revenir jusqu'à ce que l'oignon soit mou et que le liquide se soit évaporé.

Combiner le lait avec le bouillon en poudre et la fécule de maïs dans un bol. Ajouter le tout au mélange de champignons. Remuer jusqu'à ce que la sauce bouille et épaississe.

Incorporer le vin. Répartir les médaillons de bœuf sur les assiettes de sorte qu'ils se chevauchent légèrement. Les napper de sauce. Pour 4 personnes.

1 portion : 270 calories; 24 g de protéines; 14,8 g de matières grasses; 8 g de glucides; 425 mg de sodium

Photo ci-dessous.

Médaillons de bœuf

Pain de viande extraordinaire, ci-dessous   Ragoût de bœuf, page 122   Grand fricassé, page 121

Pain de viande extraordinaire

Un plat réconfortant si jamais il en fut.
Peut être préparé à l'avance et congelé.

Sauce :		
Sauce tomate	7 1/2 oz	213 mL
Cassonade, tassée	1/3 tasse	75 mL
Vinaigre blanc	1/3 tasse	75 mL
Moutarde préparée	1 c. à thé	5 mL
Pain de viande :		
Gros œuf	1	1
Oignon, haché fin	1 tasse	250 mL
Sel	1 c. à thé	5 mL
Poivre	1/4 c. à thé	1 mL
Bouillon de bœuf en poudre	2 c. à thé	10 mL
Sauce Worcestershire	1 c. à thé	5 mL
Chapelure fine	1/2 tasse	125 mL
Bœuf haché maigre	2 lb	900 g

Sauce : Verser les 4 ingrédients dans un bol. Bien combiner le tout. Diviser également en 2.

Pain de viande : Battre l'œuf dans un bol. Ajouter les 6 prochains ingrédients, puis la 1/2 de la sauce. Bien remuer.

Ajouter le bœuf haché. Bien combiner le tout, puis presser fermement la préparation dans un moule à pain graissé de 22 x 12,5 x 7,5 cm (9 x 5 x 3 po). Étaler le reste de la sauce sur le dessus. Cuire au four à 350° F (175° C) pendant 1 1/2 heure. Dégraisser au besoin. Couper en 8 tranches.

1 tranche : 264 calories; 23 g de protéines; 10,5 g de matières grasses; 19 g de glucides; 779 mg de sodium

Photo ci-dessus.

Pain de viande abondance

Un pain de viande assez traditionnel, avec un petit « plus ».
Préparer le pain de viande le matin et le conserver dans le plat ou le préparer à l'avance et le congeler, sans la garniture.

Gros œufs	2	2
Lait	2/3 tasse	150 mL
Chapelure fine	1 tasse	250 mL
Oignon, haché fin	1 1/4 tasse	300 mL
Carotte, râpée	2/3 tasse	150 mL
Cheddar fort, râpé	1 tasse	250 mL
Sel assaisonné	1 c. à thé	5 mL
Sauce Worcestershire	1 c. à thé	5 mL
Sel	1 c. à thé	5 mL
Poivre	1/4 c. à thé	1 mL
Bœuf haché maigre	1 1/2 lb	680 g
Garniture :		
Ketchup	1/4 tasse	60 mL
Cassonade, tassée	1/4 tasse	60 mL
Moutarde préparée	2 c. à thé	10 mL

Battre les œufs dans un bol. Ajouter les 9 prochains ingrédients. Remuer. Laisser reposer 5 minutes pour humecter la chapelure.

Ajouter le bœuf haché. Bien mélanger. Verser le tout dans un moule à pain graissé de 22 x 12,5 x 7,5 cm (9 x 5 x 3 po). Cuire au four à 350° F (175° C) pendant 1 heure. Dégraisser.

Garniture : Combiner le ketchup, la cassonade et la moutarde dans un petit bol. Étaler le tout sur le pain de viande. Cuire au four à 350° F (175° C) pendant 30 minutes. Dégraisser au besoin. Couper en 8 tranches.

1 tranche : 329 calories; 24 g de protéines; 14,3 g de matières grasses; 26 g de glucides; 909 mg de sodium

Photo à la page 123.

Grand fricassé

Servir avec du riz vapeur. La sauce est abondante. Le bœuf se tranche plus facilement s'il est légèrement gelé. ☺Si tous les ingrédients sont prêts et à portée de main, on peut entretenir une conversation pendant que l'on cuit le fricassé.

Huile de cuisson	1 c. à soupe	15 mL
Bifteck de surlonge, tranché fin sur le travers	1 lb	454 g
Gros oignon, coupé en deux sur la longueur et tranché fin	1	1
Carotte, râpée	1 tasse	250 mL
Eau	3 c. à soupe	50 mL
Feuilles de pak choi tassées (ou épinards ou bettes), hachées	2 tasses	500 mL
Pois en cosse surgelés, dégelés	10 oz	300 g
Sauce :		
Sauce soja	¼ tasse	60 mL
Fécule de maïs	1 c. à soupe	15 mL
Ketchup	1 c. à soupe	15 mL
Cassonade, tassée	1 c. à soupe	15 mL
Sauce Worcestershire	¼ c. à thé	1 mL

Réchauffer l'huile de cuisson dans un wok ou une grande poêle à frire. Ajouter le bœuf et le faire revenir jusqu'à ce qu'il soit à point. Verser dans un bol.

Verser l'oignon, les carottes et l'eau dans la poêle. Réduire le feu. Couvrir. Laisser mijoter 5 à 6 minutes jusqu'à ce que les légumes soient tendres, en rajoutant de l'eau au besoin.

Ajouter le pak choi et les pois. Faire revenir environ 1 minute. Ajouter le bœuf. Remuer.

Sauce : Combiner la sauce soja et la fécule de maïs dans un bol. Ajouter le ketchup, la cassonade et la sauce Worcestershire. Verser sur le mélange de viande. Faire revenir jusqu'à ce que le liquide bouille et épaississe. Donne 1,5 L (6 tasses) de fricassé.

375 mL (1½ tasse) de fricassé : 261 calories; 27 g de protéines; 7,9 g de matières grasses; 20 g de glucides; 1 239 mg de sodium; une bonne source de fibres alimentaires

Photo à la page 120.

Casserole de bœuf au riz

Un plat tout en un. ☺Préparer à l'avance et congeler sans la garniture à l'oignon. Ajouter celle-ci au moment de réchauffer le plat.

Huile de cuisson	1 c. à thé	5 mL
Bœuf haché maigre	1 lb	454 g
Oignon haché	2 tasses	500 mL
Crème de poulet condensée	10 oz	284 mL
Crème de champignons condensée	10 oz	284 mL
Eau	1½ tasse	375 mL
Riz blanc à grains longs, non cuit	¾ tasse	175 mL
Sauce soja	2 c. à soupe	30 mL
Poivre	¼ c. à thé	1 mL
Poudre d'ail	⅛ c. à thé	0,5 mL
Gingembre moulu	⅛ c. à thé	0,5 mL
Oignons frits, en conserve (ou nouilles chow mein)	2¾ oz	79 g

Réchauffer l'huile de cuisson dans une poêle à frire à revêtement anti-adhésif. Ajouter le bœuf haché et l'oignon. Faire revenir jusqu'à ce que le bœuf ne soit plus rose et que l'oignon soit mou. Dégraisser et verser dans un grand bol.

Ajouter les 8 prochains ingrédients. Bien mélanger. Verser le tout dans une cocotte non graissée de 2 L (2 pte). Couvrir. Cuire au four à 350° F (175° C) environ 60 minutes, jusqu'à ce que le riz soit tendre.

Répandre les oignons sur le dessus du plat. Réchauffer au four, à découvert, environ 10 minutes. Pour 6 personnes.

1 portion : 379 calories; 19 g de protéines; 16,5 g de matières grasses; 37 g de glucides; 1 250 mg de sodium

Photo ci-dessous.

Casserole de bœuf au riz

Viandes et volailles

Bœuf bourguignon

Un délicieux ragoût, servi sur un lit de nouilles.
☺*Peut être préparé à l'avance et congelé. On peut gagner du temps en préparant les carottes et l'oignon le matin.*

Rôti de bœuf d'intérieur de ronde, coupé en bouchées	2 lb	900 g
Carottes moyennes, coupées en deux sur la longueur, puis tranchées	6 à 8	6 à 8
Oignons moyens, tranchés	2	2
Eau bouillante	1 tasse	250 mL
Bouillon de bœuf en poudre	2 c. à thé	10 mL
Bourgogne (ou autre vin rouge ou vin rouge sans alcool)	½ tasse	125 mL
Feuille de laurier	1	1
Thym moulu	¼ c. à thé	1 mL
Clou de girofle moulu, une petite pincée		
Sel	½ c. à thé	2 mL
Poivre	⅛ c. à thé	0,5 mL
Miettes de bacon	2 c. à thé	10 mL
Agent brunisseur liquide	1 c. à thé	5 mL
Fécule de maïs (facultative)	2 c. à soupe	30 mL
Eau (facultative)	2 c. à soupe	30 mL

Mettre la viande dans un petit plat à rôtir. Répandre les carottes et l'oignon sur la viande.

Combiner la première quantité d'eau bouillante et le bouillon en poudre dans un bol. Remuer.

Ajouter les 8 prochains ingrédients. Remuer. Verser le tout sur le bœuf et les légumes. Couvrir. Cuire au four à 300° F (150° C) pendant 3 à 3½ heures, jusqu'à ce que le bœuf soit très tendre. Pour 6 personnes.

Délayer la fécule de maïs dans la seconde quantité d'eau. Dégraisser le bœuf et recueillir le liquide dans une casserole. Porter à ébullition. Combiner la fécule de maïs dissoute au liquide en ébullition et porter de nouveau à ébullition. Cuire jusqu'à ce que la sauce épaississe. Rajouter de l'eau au besoin pour faire 500 mL (2 tasses) de sauce. Verser la sauce sur le bœuf et les légumes. Remuer. Donne 1,5 L (6 tasses) de ragoût.

375 mL (1½ tasse) de ragoût : 323 calories; 38 g de protéines; 7,5 g de matières grasses; 20 g de glucides; 861 mg de sodium; une bonne source de fibres alimentaires

Photo à la page 123.

Ragoût de bœuf

Le cari et le vin se combinent agréablement.
☺*Ce plat simple peut être préparé à l'avance et congelé.*

Rôti d'intérieur de ronde ou bœuf à bouillir, coupé en bouchées	2 lb	900 g
Eau bouillante, pour couvrir		
Oignon haché	1 tasse	250 mL
Petit poivron vert, coupé en lanières	1	1
Tomates, en conserve, non égouttées, coupées en morceaux	14 oz	398 mL
Poudre de cari	½ à 1 c. à thé	2 à 5 mL
Poudre d'ail	⅛ c. à thé	0,5 mL
Sel au céleri	⅛ c. à thé	0,5 mL
Sucre granulé	1 c. à thé	5 mL
Sel	1 c. à thé	5 mL
Poivre	¼ c. à thé	1 mL
Agent brunisseur liquide	1 à 2 c. à thé	5 à 10 mL
Champignons tranchés, en conserve, égouttés	10 oz	284 mL
Vin rouge	3 c. à soupe	50 mL
Fécule de maïs	1½ c. à soupe	25 mL

Combiner le bœuf et l'eau bouillante dans un faitout. Couvrir et laisser mijoter pendant 1¼ heure.

Ajouter les 10 prochains ingrédients. Couvrir. Laisser mijoter environ 30 minutes, jusqu'à ce que l'oignon soit mou et que le bœuf soit très tendre.

Incorporer les champignons.

Combiner le vin et la fécule de maïs dans une petite tasse. Incorporer le tout au ragoût et remuer jusqu'à ce que la sauce bouille et épaississe. Donne 1,5 L (6 tasses) de ragoût.

375 mL (1½ tasse) de ragoût : 291 calories; 38 g de protéines; 7,3 g de matières grasses; 16 g de glucides; 1 149 mg de sodium; une bonne source de fibres alimentaires

Photo à la page 120.

---

1. Bœuf au gingembre, page 116
2. Bœuf bourguignon, page 122
3. Lasagne, page 124
4. Pain de viande abondance, page 120

Lasagne

Un plat simple à préparer, qui n'est ni trop sec, ni trop coulant.
☺*On peut assembler la lasagne plusieurs heures à l'avance, puis la couvrir et la réfrigérer. Cuire avant de servir ou à l'avance et réchauffer. Peut aussi être coupée et congelée.*

Huile de cuisson	1 c. à soupe	15 mL
Oignon haché	1¼ tasse	300 mL
Poudre d'ail (ou 1 gousse d'ail, émincée)	¼ c. à thé	1 mL
Bœuf haché maigre	2 lb	900 g
Sauce tomate	14 oz	398 mL
Pâte de tomates	5½ oz	156 mL
Champignons tranchés, en conserve, égouttés	10 oz	284 mL
Sel	2 c. à thé	10 mL
Poivre	¼ c. à thé	1 mL
Origan moulu	½ c. à thé	2 mL
Sucre granulé	1 c. à thé	5 mL
Eau chaude	2 tasses	500 mL
Lasagnes	12	12
Eau bouillante	4 pte	4 L
Huile de cuisson (facultative)	1 c. à soupe	15 mL
Sel	1 c. à soupe	15 mL
Fromage cottage en crème	2 tasses	500 mL
Mozzarella, râpé	4 tasses	1 L
Parmesan, râpé, une pincée		

Réchauffer l'huile de cuisson dans une poêle à frire. Ajouter l'oignon, la poudre d'ail et le bœuf haché. Faire revenir jusqu'à ce que l'oignon soit mou et que le bœuf n'est plus rose. La cuisson est plus facile à réaliser en 2 fois. Verser le tout dans un faitout.

Ajouter les 8 prochains ingrédients. Chauffer, en remuant souvent, jusqu'à ce que la préparation commence à mijoter. Laisser mijoter pendant 20 minutes, en remuant de temps en temps.

Cuire les lasagnes dans l'eau bouillante additionnée de l'huile et du sel, dans un faitout découvert, jusqu'à ce qu'elles soient tendres, mais encore fermes, soit 14 à 16 minutes. Égoutter, rincer à l'eau froide, et égoutter de nouveau. Assembler la lasagne dans un plat non graissé de 22 × 33 cm (9 × 13 po), en couches :

1. une mince couche de sauce à la viande,
2. la ½ des lasagnes,
3. le fromage cottage,
4. la ½ du mozzarella,
5. la ½ du reste de sauce à la viande,
6. le reste des lasagnes,
7. le reste de sauce à la viande,
8. le reste du mozzarella,
9. le parmesan.

Cuire au four, à découvert, à 350° F (175° C) pendant 45 à 55 minutes, jusqu'à ce que la lasagne soit dorée. La couvrir de papier d'aluminium si elle brunit trop vite. Pour 8 personnes.

1 portion : 653 calories; 47 g de protéines; 34,7 g de matières grasses; 37 g de glucides; 1 651 mg de sodium; une bonne source de fibres alimentaires

Photo à la page 123.

1. Biscuits de pâte chauds, page 62
2. Porc aigre-doux, page 128
3. Filet de porc, page 128
4. Grillades, page 130
5. Salade de pommes et d'épinards, page 148

Pointe de poitrine de bœuf

Très tendre, et se prépare en cinq minutes. ☺*Préparer la viande le matin, réfrigérer jusqu'à midi et cuire. L'après-midi peut être consacré à la visite ou à d'autres préparatifs.*

Moutarde en poudre	1½ c. à thé	7 mL
Pointe de poitrine de bœuf, dégraissée	4 lb	1,8 kg
Paprika	½ c. à thé	2 mL
Oignons moyens, tranchés	2	2
Paprika	½ c. à thé	2 mL
Sel, une pincée		
Poivre, une pincée		
Sauce :		
Sucs de cuisson, additionné d'eau pour faire	3 tasses	750 mL
Farine tout usage	6 c. à soupe	100 mL
Sel	1 c. à thé	5 mL
Poivre	¼ c. à thé	1 mL
Eau	½ tasse	125 mL
Agent brunisseur liquide (facultatif)		

Saupoudrer la moutarde sèche dans un grand plat à rôtir et y coucher le bœuf. Saupoudrer de la première quantité de paprika et recouvrir avec les tranches d'oignon. Saupoudrer avec le reste de paprika, saler et poivrer. Couvrir. Cuire au four à 250° F (120° C) pendant 4½ heures. Réserver la viande et les oignons dans un plat couvert et garder au chaud.

Sauce : Porter à ébullition les sucs additionnées d'eau dans une casserole.

Combiner la farine avec le sel et le poivre dans un bol. Incorporer la seconde quantité d'eau au fouet jusqu'à ce qu'il ne reste plus de grumeaux. Incorporer le tout au liquide en ébullition et porter de nouveau à ébullition. Cuire jusqu'à ce que la sauce épaississe. Ajouter un peu d'agent brunisseur, au besoin, pour rehausser la sauce. Remettre la viande et les oignons dans le plat à rôtir et réchauffer. Pour 10 personnes.

1 portion : 395 calories; 35 g de protéines; 24,8 g de matières grasses; 6 g de glucides; 354 mg de sodium

Photo à la page 128.

Tranches de jambon au four

Un délicat mélange d'épices et de sucre. ☺La préparation ne prend que cinq minutes et la cuisson, moins d'une heure.

Cassonade, tassée	¼ tasse	60 mL
Piment de la Jamaïque moulu	¼ c. à thé	1 mL
Clou de girofle moulu	⅛ c. à thé	0,5 mL
Ananas broyé, en conserve, non égoutté	14 oz	398 mL
Tranches de jambon de milieu de longe, 12 mm (½ po) d'épaisseur (environ 900 g, 2 lb, en tout), gras enlevé	2	2

Combiner les 4 premiers ingrédients dans un bol. Mélanger.

Poser les tranches de jambon côte à côte sur une plaque à pâtisserie non graissée munie de côtés. Dresser le mélange d'ananas sur les tranches. Cuire au four, à découvert, à 400° F (205° C) pendant 30 à 40 minutes. Pour 6 personnes.

1 portion : 262 calories; 30 g de protéines; 6,5 g de matières grasses; 21 g de glucides; 1 907 mg de sodium

Photo à la page 128.

Boulettes de porc en sauce

À servir sur un lit de riz. ☺La sauce et les boulettes peuvent être préparées la veille. Il suffit ensuite des les réchauffer et de servir!

Ananas en petits morceaux, en conserve, non égoutté	14 oz	398 mL
Eau	1¼ tasse	300 mL
Sauce soja	2 c. à soupe	30 mL
Vinaigre blanc	¼ tasse	60 mL
Cassonade, tassée	6 c. à soupe	100 mL
Fécule de maïs	¼ tasse	60 mL
Sel à l'ail	¼ c. à thé	1 mL
Boulettes de porc (grosses), page 127	30	30

Combiner les 7 premiers ingrédients dans une grande casserole. Chauffer en remuant jusqu'à ce que la préparation bouille et épaississe.

Ajouter les boulettes. Réchauffer. Donne 8 portions.

1 portion : 90 calories; 1 g de protéines; trace de matières grasses; 23 g de glucides; 309 mg de sodium

Photo à la page 128.

Saucisses en sauce

Omettre les boulettes. Trancher 680 g (1½ lb) de saucisses en médaillons et les ajouter à la sauce. La teneur en matières grasses et en sodium est plus élevée.

Porc au gingembre

Un bon plat épicé. ☺La sauce et le porc peuvent être préparés séparément à l'avance puis combinés au moment de réchauffer le plat. Peut aussi être congelé.

Sauce au gingembre :		
Huile de cuisson	1 c. à soupe	15 mL
Oignon, haché fin	½ tasse	125 mL
Poivron vert, haché fin	¼ tasse	60 mL
Carotte, râpée	¼ tasse	60 mL
Vinaigre blanc	3 c. à soupe	50 mL
Cassonade, tassée	¼ tasse	60 mL
Sauce soja	1 c. à soupe	15 mL
Ketchup	1 c. à soupe	15 mL
Gingembre moulu	¼ c. à thé	1 mL
Poudre d'ail	¼ c. à thé	1 mL
Fécule de maïs	2 c. à thé	10 mL
Eau	1 c. à soupe	15 mL
Huile de cuisson	1 c. à soupe	15 mL
Longe de porc désossée, ou côtelettes de longe de porc, dégraissées et coupées en fines lanières	1 lb	454 g

Sauce au gingembre : Réchauffer l'huile de cuisson dans une poêle à frire. Ajouter l'oignon, le poivron vert et les carottes. Faire revenir jusqu'à ce que les légumes soient mous.

Ajouter les 6 prochains ingrédients. Remuer.

Délayer la fécule de maïs dans l'eau dans un petit bol. Ajouter à le tout à la sauce. Remuer jusqu'à ce qu'elle épaississe. Garder au chaud.

Réchauffer la seconde quantité d'huile de cuisson dans une autre poêle. Y ajouter le porc et le faire revenir jusqu'à ce qu'il ne soit plus rose. Ajouter la sauce. Remuer. Pour 4 personnes.

1 portion : 271 calories; 25 g de protéines; 9,8 g de matières grasses; 21 g de glucides; 376 mg de sodium

Photo ci-dessous.

Porc au gingembre

Jambon et pâtes au four, page 129

Côtelettes épicées aux pruneaux

Une sauce riche et foncée. ☺La purée de pruneaux est très pratique. Réchauffer les côtelettes dans la sauce.

Huile de cuisson, en deux cuillerées	2 c. à thé	10 mL
Côtelettes de porc, dégraissées	12	12
Pommes à cuire, épépinées et tranchées (McIntosh par exemple)	3	3
Bocaux de purée aux pruneaux (aliment pour bébés)	3 × 4½ oz	3 × 128 mL
Cannelle moulue	¼ c. à thé	1 mL
Clou de girofle moulu	⅛ c. à thé	0,5 mL
Sel, une petite pincée		
Vinaigre blanc	2 c. à soupe	30 mL

Réchauffer 5 mL (1 c. à thé) de l'huile de cuisson dans une poêle à frire profonde. Y faire dorer 6 côtelettes des deux côtés. Réserver sur une grande assiette. Mettre encore 5 mL (1 c. à thé) d'huile dans la poêle et y faire dorer les 6 autres côtelettes, des deux côtés.

Disposer la ½ des tranches de pomme sur les 6 côtelettes dans la poêle.

Combiner les 5 prochains ingrédients dans un bol. Dresser la ½ du mélange de pruneaux sur les côtelettes, dans la poêle. Coucher les 6 autres côtelettes sur le mélange de pruneaux. Les garnir également de pommes et du mélange de pruneaux. Couvrir et laisser mijoter environ 30 minutes. Rajouter un peu d'eau à la sauce, au besoin. Découvrir. Laisser mijoter environ 10 minutes. Retirer les côtelettes et les garder au chaud. Laisser bouillir la sauce dans la poêle jusqu'à ce qu'elle épaississe. La servir avec les côtelettes. Pour 8 personnes.

1 portion : 321 calories; 31 g de protéines; 14 g de matières grasses; 18 g de glucides; 76 mg de sodium

Photo à la page 127.

Délice de côtes levées, ci-dessous

Côtelettes épicées aux pruneaux, page 126

Délice de côtes levées

Une odeur puissante. Le goût est fort et épicé et laisse une sensation de brûlure. ☺Peut être préparé à l'avance et congelé avec la marinade.

Côtes levées de porc, coupées en sections de trois côtes chacune	6 lb	2,7 kg
Cassonade, tassée	1 tasse	250 mL
Flocons d'oignon (ou 60 mL, ¼ tasse, d'oignon frais, haché fin)	2 c. à soupe	30 mL
Moutarde préparée	6 c. à soupe	100 mL
Raifort commercial	1 c. à soupe	15 mL
Sauce Worcestershire	2½ c. à soupe	37 mL
Sauce soja	6 c. à soupe	100 mL
Jus d'orange	½ tasse	125 mL
Poudre d'ail	⅛ c. à thé	0,5 mL

Placer les côtes dans un grand bol ou un sac de plastique à fermeture.

Combiner les 8 derniers ingrédients dans un autre bol. Verser le tout sur les côtes. Couvrir le bol ou fermer le sac. Laisser mariner 6 à 8 heures, ou jusqu'au lendemain, en retournant de temps en temps. Passer la marinade à la passoire et la recueillir dans une casserole. Porter à ébullition. Laisser bouillir 2 minutes. Retirer du feu. Réserver. Mettre les côtes dans un plat à rôtir. Couvrir. Cuire au four à 350° F (175° C) pendant 1½ à 2 heures, jusqu'à ce que les côtes soient tendres. Découvrir. Badigeonner avec la marinade réservée. Poursuivre la cuisson environ 10 minutes, le temps de glacer les côtes. Pour 8 personnes.

1 portion : 545 calories; 33 g de protéines; 30,8 g de matières grasses; 34 g de glucides; 1 109 mg de sodium

Photo ci-dessus.

Boulettes de porc

Bien assaisonnées. ☺En conserver au congélateur pour recevoir facilement. Congeler sur des plaques, puis ranger dans des sacs de plastique. Se conservent deux ou trois mois au congélateur.

Gros œufs, battus à la fourchette	2	2
Chapelure fine	1 tasse	250 mL
Sel assaisonné	1 c. à soupe	15 mL
Poivre	½ c. à thé	2 mL
Poudre d'oignon	½ c. à thé	2 mL
Poudre d'ail	½ c. à thé	2 mL
Origan entier déshydraté	½ c. à thé	2 mL
Porc haché maigre	2 lb	900 g

Combiner les 7 premiers ingrédients dans un bol. Bien remuer.

Ajouter le porc haché. Bien mélanger. Diviser le mélange en 3 parts égales. Façonner 10 grosses boulettes avec chaque partie du mélange. Pour faire des boulettes plus petites, diviser le mélange en 4, puis faire 20 boulettes avec chaque ¼. Disposer sur une plaque à pâtisserie non graissée munie de côtés. Cuire les grosses boulettes à 400° F (205° C) pendant 20 minutes, jusqu'à ce qu'elles soient bien foncées. Cuire les plus petites de 13 à 15 minutes. Laisser refroidir sur un essuie-tout pour absorber le gras. Donne 30 grosses boulettes ou 80 petites.

1 grosse boulette : 61 calories; 7 g de protéines; 2 g de matières grasses; 3 g de glucides; 188 mg de sodium

Photo à la page 131.

Filet de porc

La sauce rehausse le filet. Acheter les filets en vente, les assaisonner et les congeler. ☺Ne prend que trois minutes à préparer et moins d'une heure à cuire.

Sel assaisonné	2 c. à thé	10 mL
Poudre de cari	¼ c. à thé	1 mL
Poudre chili	¼ c. à thé	1 mL
Poivre	¼ c. à thé	1 mL
Filet de porc (deux gros)	3 lb	1,4 kg
Sauce aux pêches :		
Eau	2 c. à soupe	30 mL
Garniture de tarte aux pêches, hachée	19 oz	540 mL
Vinaigre blanc	2 c. à soupe	30 mL
Muscade moulue	⅛ c. à thé	0,5 mL
Clou de girofle moulu, à peine	⅛ c. à thé	0,5 mL

Combiner les 4 premiers ingrédients dans un bol.

Enrober le porc du mélange d'épices et le placer dans un petit plat à rôtir. Couvrir. Cuire au four à 325° F (160 ° C) pendant 50 à 60 minutes, jusqu'à ce qu'il ne soit plus rose. La température de la viande devrait s'élever à 160° F (70° C).

Sauce aux pêches : Verser l'eau dans le plat à rôtir après en avoir retiré le filet. Racler le fond pour dégager les sucs de cuisson. Verser dans une casserole.

Ajouter la garniture à tarte, le vinaigre, la muscade et le clou de girofle. Réchauffer, en remuant souvent. Donne 500 mL (2 tasses) de sauce. Trancher le porc. Servir avec la sauce. Pour 8 personnes.

1 portion avec 30 mL (2 c. à soupe) de sauce : 235 calories; 37 g de protéines; 4,4 g de matières grasses; 10 g de glucides; 426 mg de sodium

Photo à la page 125.

Porc aigre-doux

Délicieux sur un lit de riz. Le glaçage est lustré. ☺Mesurer tous les ingrédients à l'avance.

Jambonneau, coupé en lanières de 5 cm (2 po) de longueur et de 12 mm (½ po) d'épaisseur	1½ lb	680 g
Huile de cuisson	1 c. à soupe	15 mL
Oignon haché	1½ tasse	375 mL
Ananas en morceaux, en conserve, non égoutté	19 oz	540 mL
Vinaigre blanc	2 c. à soupe	30 mL
Jus de citron	2 c. à soupe	30 mL
Sauce soja	2 c. à soupe	30 mL
Poivrons verts, émincés	2	2
Cassonade, tassée	½ tasse	125 mL
Fécule de maïs	2 c. à soupe	30 mL

Faire revenir le porc et l'huile de cuisson dans une poêle à frire jusqu'à ce que la viande ne soit plus rose.

Ajouter les 5 prochains ingrédients. Couvrir. Laisser mijoter pendant 45 minutes.

Ajouter le poivron vert. Couvrir. Laisser mijoter pendant 15 minutes, jusqu'à ce que porc soit tendre et que le poivron vert soit tendre, mais encore croquant.

Combiner la cassonade et la fécule de maïs dans une petite tasse. Ajouter au porc. Chauffer jusqu'à ce que la préparation bouille et épaississe. Pour 6 personnes.

1 portion : 341 calories; 25 g de protéines; 8,2 g de matières grasses; 43 g de glucides; 431 mg de sodium

Photo à la page 125.

En bas, à gauche :
Jambalaya, page 132

En haut, à gauche :
Pointe de poitrine de bœuf, page 124

En bas, à droite :
Tranches de jambon au four, page 125

En haut, à droite :
Boulettes de porc en sauce, page 125

Quiche sans fond rapide

Quiche sans fond rapide

Juste assez épicée pour le brunch. ☺On peut répandre les sept premiers ingrédients dans le plat le matin ou même la veille au soir. Combiner les autres ingrédients secs dans un bol, puis ajouter les œufs et le lait au moment de la cuisson.

Oignon, haché fin	¼ tasse	60 mL
Poivron vert, haché fin	¼ tasse	60 mL
Ciboulette hachée	1 c. à soupe	15 mL
Champignons tranchés, en conserve, égouttés	10 oz	284 mL
Jambon cuit, haché (environ 5 tranches)	1 tasse	250 mL
Mozzarella, râpé	¾ tasse	175 mL
Cheddar fort, râpé	¼ tasse	60 mL
Gros œufs	3	3
Sel	⅛ c. à thé	0,5 mL
Poivre	1/16 c. à thé	0,5 mL
Basilic déshydraté	1/16 c. à thé	0,5 mL
Origan entier déshydraté	1/16 c. à thé	0,5 mL
Paprika	1/16 c. à thé	0,5 mL
Poudre d'ail	1/16 c. à thé	0,5 mL
Préparation à pâte à biscuits	¾ tasse	175 mL
Lait	1¼ tasse	300 mL

Répandre les 7 premiers ingrédients en couches, dans l'ordre, dans une cocotte ou un plat à quiche graissé de 25 cm (10 po).

Battre les œufs dans un bol. Ajouter les 6 prochains ingrédients. Battre.

Ajouter la préparation à pâte et le lait. Bien battre. Verser le mélange dans le plat. Cuire au four à 400° F (205° C) environ 30 minutes, jusqu'à ce qu'un couteau inséré au centre de la quiche ressorte sec. Laisser reposer 3 minutes avant de servir. Pour 6 personnes.

1 portion : 263 calories; 16 g de protéines; 13,8 g de matières grasses; 18 g de glucides; 919 mg de sodium

Photo ci-dessus.

Jambon et pâtes au four

Un joli plat. ☺On peut le cuire la veille et le réchauffer avant de le servir ou le congeler. Réchauffé, il est encore plus savoureux.

Coudes	2 tasses	500 mL
Eau bouillante	3 pte	3 L
Huile de cuisson (facultative)	1 c. à soupe	15 mL
Sel	2 c. à thé	10 mL
Farine tout usage	¼ tasse	60 mL
Sel	1 c. à thé	5 mL
Poivre	⅛ c. à thé	0,5 mL
Moutarde en poudre	½ c. à thé	2 mL
Flocons d'oignon	1 c. à soupe	15 mL
Lait	2½ tasses	625 mL
Brocoli surgelé, haché	10 oz	300 g
Eau bouillante, pour couvrir		
Jambon cuit, coupé en dés ou en cubes (environ 340 g, ¾ lb)	2 tasses	500 mL
Cheddar mi-fort ou fort, râpé	¾ tasse	175 mL
Garniture :		
Margarine dure (ou beurre)	2 c. à soupe	30 mL
Chapelure fine	½ tasse	125 mL

Cuire les coudes dans la première quantité d'eau bouillante additionnée de l'huile et du sel, dans une grande casserole découverte, jusqu'à ce qu'ils soient tendres, mais encore fermes, soit 5 à 7 minutes. Égoutter.

Combiner la farine, le sel, le poivre, la moutarde sèche et les flocons d'oignon dans une casserole moyenne. Incorporer graduellement le lait jusqu'à ce qu'il ne reste plus de grumeaux. Chauffer en remuant jusqu'à ce que la préparation bouille et épaississe.

Cuire le brocoli dans la seconde quantité d'eau bouillante jusqu'à ce qu'il soit tendre, mais encore croquant. Égoutter. L'ajouter à la sauce et incorporer les coudes.

Ajouter le jambon et le fromage. Remuer. Verser le tout dans une cocotte non graissée de 2 L (2 pte).

Garniture : Faire fondre la margarine dans une casserole. Incorporer la chapelure. Répandre le tout sur le dessus du plat. Cuire au four à 350° F (175° C) environ 30 minutes, jusqu'à ce que le dessus soit doré. Pour 6 personnes.

1 portion : 428 calories; 27 g de protéines; 14 g de matières grasses; 49 g de glucides; 1 540 mg de sodium

Photo à la page 126.

Gratin de saucisses

Un plat joli, plein de saucisses et de fromage. La moutarde relève bien le goût. ☺Le plat peut être préparé la veille, sans être cuit. Couvrir et réfrigérer, puis cuire le lendemain.

Tranches de pain, croûte enlevée	5 ou 6	5 ou 6
Chair à saucisse	1 lb	454 g
Oignon haché	1 tasse	250 mL
Poivron vert, coupé en dés	1 tasse	250 mL
Cheddar fort, râpé	1 tasse	250 mL
Gros œufs	4	4
Lait écrémé évaporé	13 ½ oz	385 mL
Moutarde préparée	1 c. à soupe	15 mL
Sel assaisonné	½ c. à thé	2 mL
Poivre	1/16 c. à thé	0,5 mL
Tranches de pain, croûte enlevée	5 ou 6	5 ou 6
Céréales de flocons de maïs, écrasées	½ tasse	125 mL
Margarine dure (ou beurre), fondue	1 c. à soupe	15 mL

Poser la première quantité de pain dans le fond d'un plat graissé de 22 x 22 cm (9 x 9 po).

Faire revenir la chair à saucisse dans une poêle à frire pendant 3 minutes. Ajouter l'oignon et le poivron vert. Faire revenir 2 minutes, jusqu'à ce que la chair à saucisse ne soit plus rose et que l'oignon soit mou. Égoutter. Répandre sur le pain, dans le plat.

Répandre le fromage dans le plat.

Combiner les 5 prochains ingrédients dans un petit bol. Tremper la seconde quantité de pain dans le mélange de lait, puis poser les tranches sur le fromage, dans le plat. Verser doucement le reste du mélange de lait sur le tout. Le plat est très plein.

Combiner les céréales et la margarine dans un petit bol. Répandre sur le dessus du plat. Cuire au four, à découvert, à 350° F (175° C) pendant 40 minutes, jusqu'à ce que le plat soit pris. Pour 6 personnes.

1 portion : 503 calories; 24 g de protéines; 26,3 g de matières grasses; 42 g de glucides; 993 mg de sodium

Photo ci-dessous.

Gratin de saucisses

Grillades

Quoiqu'on utilise de la sauce barbecue très épicée, la limonade condensée coupe les épices. ☺Cette recette suffit pour un grand nombre d'invités ou on peut congeler la viande dans la marinade, dans deux contenants, en prévision d'un barbecue éclair.

Côtes levées de porc, coupées en sections de 3 côtes chacune	6 lb	2,7 kg
Poudre d'ail	½ c. à thé	2 mL
Morceaux de poulet, dépouillés	12	12
Poudre d'ail	½ c. à thé	2 mL
Feuilles de laurier	2	2
Eau	3 tasses	750 mL
Limonade concentrée surgelée, dégelée	12 ½ oz	355 mL
Sauce barbecue très épicée	1 ⅔ tasse	400 mL

Mettre les côtes dans un plat à rôtir. Les saupoudrer de la première quantité de poudre d'ail. Disposer les morceaux de poulet sur les côtes. Saupoudrer de la seconde quantité de poudre d'ail. Introduire les feuilles de laurier sur les côtes. Ajouter l'eau. Couvrir. Cuire au four à 325° F (160° C) environ 1 ½ heure, en retournant le poulet à mi-cuisson. Égoutter la viande et jeter le jus de cuisson ou le conserver pour faire du bouillon. Mettre les côtes et le poulet dans un grand bol ou un sac de plastique à fermeture. Jeter les feuilles de laurier.

Combiner la limonade concentrée et la sauce barbecue dans un petit bol. Verser sur le poulet et les côtes ensemble ou séparer le poulet et les côtes dans 2 bols ou sacs de plastique à fermeture pour le congélateur. Couvrir ou sceller. Laisser mariner pendant 6 à 8 heures ou jusqu'au lendemain au réfrigérateur, ou congeler.

Cuisson au barbecue : Poser les côtes et le poulet sur le barbecue chaud. Cuire à feu doux pendant 20 à 30 minutes, en retournant souvent les morceaux et en les arrosant de marinade.

Cuisson au four : Garnir une plaque à pâtisserie de papier d'aluminium. Graisser le papier d'aluminium. Poser le poulet et les côtes en une couche sur le papier d'aluminium. Arroser de marinade. Cuire au four à 325° F (160° C) pendant 30 minutes jusqu'à ce que la viande soit tendre, en la retournant à mi-cuisson et en l'arrosant de marinade. Pour 12 personnes.

1 portion : 470 calories; 38 g de protéines; 24,5 g de matières grasses; 22 g de glucides; 430 mg de sodium

Photo à la page 125.

Boulettes de porc, page 127   Chutney simple, ci-dessous

Chutney simple

Un accompagnement attrayant, qui est particulièrement bon avec le porc. ☺Se prépare pratiquement à longueur d'année. À préparer à l'avance. Se conserve plusieurs mois au réfrigérateur.

Tomates, en conserve, non égouttées, hachées	2 × 28 oz	2 × 796 mL
Poires, pelées et hachées	3	3
Pêches, pelées et hachées	3	3
Poivron jaune, haché	1	1
Poivron rouge, haché	1	1
Sucre granulé	2 tasses	500 mL
Vinaigre blanc	2 tasses	500 mL
Épices pour marinades, dans une étamine double	2 c. à soupe	30 mL
Gousses d'ail, émincées	2	2

Combiner les 9 ingrédients dans un faitout. Porter à ébullition en remuant souvent. Laisser bouillir à gros bouillons, à découvert, pendant 10 minutes. Baisser le feu. Laisser mijoter pendant 45 minutes. Vérifier la consistance. Poursuivre l'ébullition environ 45 minutes, jusqu'à ce que le chutney épaississe. Remplir des bocaux stérilisés chauds jusqu'à 6 mm (¼ po) de l'ouverture. Poser les couvercles de métal stérilisés sur les bocaux et les sceller avec les anneaux. Pour éviter les pertes, on peut ébouillanter les bocaux remplis pendant 10 minutes. Donne 2 L (8 tasses) de chutney.

75 mL (⅓ tasse) de chutney : 96 calories; 1 g de protéines; 0,2 g de matières grasses; 25 g de glucides; 337 mg de sodium

Photo ci-dessus.

Cari spécial

On peut rajouter du cari au goût. Délicieux sur un lit de riz. ☺Pour gagner du temps, préparer les légumes pendant que la viande bout.

Agneau (ou bœuf) à bouillir, coupé en bouchés	2 lb	900 g
Oignon haché	1½ tasse	375 mL
Eau	3 tasses	750 mL
Bouillon de bœuf en poudre	1 c. à soupe	15 mL
Carottes moyennes, coupées en dés	2	2
Grosses pommes, pelées et coupées en cubes	2	2
Ananas broyé, non égoutté	1 tasse	250 mL
Céleri, haché	½ tasse	125 mL
Raisins secs	⅓ tasse	75 mL
Confiture de prunes	2 c. à soupe	30 mL
Chutney	2 c. à soupe	30 mL
Sucre granulé	4 c. à thé	20 mL
Poudre de cari	2 c. à thé	10 mL
Sel	2 c. à thé	10 mL
Poivre	1 c. à thé	5 mL
Fécule de maïs	¼ tasse	60 mL
Eau	¼ tasse	60 mL

Verser les 4 premiers ingrédients dans une casserole. Porter à ébullition. Laisser frémir 1 heure.

Ajouter les 11 prochains ingrédients. Remuer. Porter à ébullition. Laisser frémir environ 30 minutes, jusqu'à ce que la viande soit très tendre.

Délayer la fécule de maïs dans l'eau dans une tasse. Incorporer au mélange en ébullition et porter à nouvelle ébullition. Cuire jusqu'à ce que la préparation épaississe. Donne environ 9 tasses (2,25 L) de cari.

375 mL (1½ tasse) de cari : 375 calories; 32 g de protéines; 8,5 g de matières grasses; 43 g de glucides; 1 322 mg de sodium; une bonne source de fibres alimentaires

Photo ci-dessous.

Cari spécial

Filets de poulet panés

Un goût relevé. ☺Laisser mariner une nuit. Au moment de la cuisson, passer le poulet dans la chapelure et l'arroser d'un filet de beurre fondu.

Crème sure à faible teneur en matière grasses	2 tasses	500 mL
Jus de citron	¼ tasse	60 mL
Sauce Worcestershire	1 c. à soupe	15 mL
Sel assaisonné	1 c. à soupe	15 mL
Paprika	1 c. à thé	5 mL
Poivre	½ c. à thé	2 mL
Poitrines de poulet, en moitiés, dépouillées et désossées	10	10
Chapelure de biscuits soda (voir remarque)	2 tasses	500 mL
Margarine dure (ou beurre), fondue	3 c. à soupe	50 mL

Verser les 6 premiers ingrédients dans un bol. Bien combiner le tout.

Ajouter le poulet et napper chaque morceau du mélange de crème sure. Couvrir. Réfrigérer jusqu'au lendemain.

Répandre la chapelure dans un moule à tarte. En enrober chaque morceau de poulet. Jeter le reste du mélange de crème sure. Garnir une plaque à pâtisserie de papier d'aluminium pour faciliter le nettoyage et la vaporiser avec un aérosol pour la cuisson. Disposer les morceaux de poulet sur le papier d'aluminium.

Arroser chaque morceau de poulet de 5 mL (1 c. à thé) de beurre fondu. Cuire au four à 325° F (160° C) pendant 1¼ à 1½ heure, jusqu'à ce que le poulet soit tendre. Pour 10 personnes.

1 portion : 284 calories; 30 g de protéines; 11,2 g de matières grasses; 15 g de glucides; 688 mg de sodium

Remarque : On peut employer d'autres craquelins, comme des craquelins Breton ou Ritz ou des biscuits Graham. Le goût est différent, mais savoureux, à chaque fois.

Photo à la page 133.

Jambalaya

De la texture et du goût à revendre.
☺Préparer à l'avance et congeler. Réchauffer au besoin.

Chair à saucisse (ou saucisses italiennes épicées, défaites)	1 lb	454 g
Oignon, haché fin	¾ tasse	175 mL
Tomates étuvées, en conserve	2 × 14 oz	2 × 398 mL
Bouillon de poulet condensé	10 oz	284 mL
Eau	1 tasse	250 mL
Riz blanc instantané, non cuit	3 tasses	750 mL
Sel	1 c. à thé	5 mL
Poudre chili	1 c. à thé	5 mL
Thym moulu	½ c. à thé	2 mL
Poivre de Cayenne	⅛ c. à thé	0,5 mL
Poivron vert, haché fin	1 tasse	250 mL
Crevettes moyennes cuites, surgelées, dégelées	12 oz	340 g

Faire revenir la chair à saucisse et l'oignon dans un grand faitout, en laissant quelques gros morceaux.

Ajouter les 8 prochains ingrédients. Porter à ébullition en remuant souvent. Couvrir. Laisser frémir 10 minutes, en remuant de temps en temps.

Ajouter le poivron vert et les crevettes. Remuer. Éteindre le feu. Laisser reposer sur l'élément chaud environ 10 minutes, jusqu'à ce qu'il ne reste plus de liquide. Donne environ 2,5 L (10 tasses) de jambalaya.

250 mL (1 tasse) de jambalaya : 378 calories; 17 g de protéines; 19,3 g de matières grasses; 33 g de glucides; 1 062 mg de sodium

Photo à la page 128.

Poulet aux abricots

Excellent avec du riz ou de la purée de pommes de terre.
☺Le dépouillement du poulet prend le plus de temps—une étape à exécuter le matin. Couvrir les pilons avec une pellicule plastique pour les empêcher de sécher. Réfrigérer jusqu'au moment de la cuisson.

Pilons de poulet, dépouillés (environ 1,4 kg, 3 lb)	14	14
Confiture d'abricots	¾ tasse	175 mL
Mayonnaise des Milles-Îles	⅓ tasse	75 mL
Sachet de mélange à soupe à l'oignon, le secouer avant de le diviser	½ × 1½ oz	½ × 42g

Disposer les pilons en une couche dans un petit plat à rôtir ou un autre plat non graissé. Combiner la confiture avec la mayonnaise et le mélange à soupe dans un bol. Napper chaque pilon de ce mélange. Couvrir. Cuire au four à 350° F (175° C) pendant 1½ à 2 heures. Donne 14 pilons et environ 375 mL (1½ tasse) de sauce. Pour 6 personnes.

1 portion : 348 calories; 31 g de protéines; 10,3 g de matières grasses; 32 g de glucides; 548 mg de sodium

Photo ci-dessous.

En haut, à gauche :
Cari de dinde et de nouilles, page 133

Suprême de filets de poulet

Un plat élégant, subtilement aromatisé aux champignons et au vin. ☺On peut l'assembler le matin et le réfrigérer en attendant le moment de le cuire.

Poitrines de poulet, en moitiés, dépouillées et désossées	8	8
Crème de champignons condensée	10 oz	284 mL
Crème sure sans matières grasses	1 tasse	250 mL
Farine tout usage	¼ tasse	60 mL
Oignons verts, hachés	6	6
Vin blanc (ou vin sans alcool)	¼ tasse	60 mL
Sel assaisonné	½ c. à thé	2 mL
Paprika	¼ c. à thé	1 mL
Agent brunisseur liquide	½ c. à thé	2 mL

Disposer les poitrines de poulet en une couche dans un plat graissé de 22 x 33 cm (9 x 13 po) ou un petit plat à rôtir.

Verser la soupe, la crème sure, la farine et les oignons verts dans un bol. Bien remuer.

Ajouter le vin, le sel assaisonné, le paprika et l'agent brunisseur. Remuer. Napper le poulet. Cuire au four, à découvert, à 350° F (175° C) pendant 1¼ heure jusqu'à ce que le poulet soit tendre (ou jusqu'à 2 heures si le poulet est congelé). Pour 8 personnes.

1 portion : 199 calories; 29 g de protéines; 4,4 g de matières grasses; 8 g de glucides; 492 mg de sodium

Photo ci-dessous.

Cari de dinde et de nouilles

Servir avec une salade ou un légume. ☺La préparation dure 30 minutes. Cuire les nouilles pendant que la sauce mijote.

Huile de cuisson	2 c. à thé	10 mL
Poitrine de dinde, dépouillée et désossée ou escalope de dinde, coupée en bouchées	2 lb	900 g
Crème de champignons condensée	10 oz	284 mL
Lait, volume d'une boîte de soupe	10 oz	284 mL
Oignon, haché fin	½ tasse	125 mL
Poudre de cari	½ à 1 c. à thé	2 à 5 mL
Sel	1 c. à thé	5 mL
Poivre	¼ c. à thé	1 mL
Nouilles moyennes	12 oz	340 g
Eau bouillante	3 pte	3 L
Huile de cuisson (facultative)	1 c. à soupe	15 mL
Sel	2 c. à thé	10 mL

Réchauffer l'huile de cuisson dans une poêle à frire à revêtement anti-adhésif. Y faire dorer complètement la dinde, puis la réserver sur une grande assiette.

Mettre les 6 prochains ingrédients dans la poêle. Couvrir. Laisser mijoter pendant 15 minutes, jusqu'à ce que l'oignon soit mou. Ajouter la dinde. Garder au chaud sous couvert.

Cuire les nouilles dans l'eau bouillante additionnée de l'huile et du sel, dans un faitout découvert, jusqu'à ce qu'elles soient tendres, mais encore fermes, soit 5 à 7 minutes. Égoutter, puis napper du mélange de dinde. Pour 8 personnes.

1 portion : 352 calories; 35 g de protéines; 5,8 g de matières grasses; 37 g de glucides; 721 mg de sodium

Photo à la page 132.

En bas, à gauche :
Poulet aux abricots, page 132

En haut, à droite :
Filets de poulet panés, page 132

En bas, à droite :
Suprême de filets de poulet, page 133

En haut, à gauche :
Julienne de poulet, ci-dessous

En bas, à gauche :
Poulet aux tomates, ci-dessous

Au centre, à droite :
Papillotes de dinde, page 135

Julienne de poulet

À servir sur des nouilles ou sur des pains ouverts. ☉Peut être préparée deux jours à l'avance. Réchauffer au moment de servir.

Margarine dure (le beurre brunit trop vite)	2 c. à thé	10 mL
Poitrines de poulet, dépouillées et désossées, coupées en juliennes	1½ lb	680 g
Oignons verts, hachés	¼ tasse	60 mL
Champignons frais, tranchés	2 tasses	500 mL
Lait évaporé	¾ tasse	175 mL
Vin blanc (ou vin sans alcool)	½ tasse	125 mL
Persil en flocons	1 c. à thé	5 mL
Sel	⅛ c. à thé	0,5 mL
Poivre	1/16 c. à thé	0,5 mL

Faire fondre la margarine dans une poêle à frire à revêtement anti-adhésif. Ajouter le poulet, l'oignon et les champignons. Faire revenir jusqu'à ce que le poulet ne soit plus rose. Réserver dans un bol.

Verser le lait évaporé et le vin dans la poêle. Laisser bouillir jusqu'à ce que le liquide ait réduit de moitié et ait la consistance du lait évaporé. Ajouter le mélange de poulet. Remuer.

Ajouter le persil, le sel et le poivre. Chauffer, en remuant souvent, jusqu'à ce que la préparation frémisse. Donne 875 mL (3½ tasses).

175 mL (¾ tasse) : 238 calories; 38 g de protéines; 3,7 g de matières grasses; 7 g de glucides; 245 mg de sodium

Photo ci-dessus.

Poulet aux tomates

La sauce est rouge foncé. ☉Ce plat est prêt en un clin d'œil. Conserver les ingrédients nécessaires sous la main.

Poitrines de poulet, en moitiés, dépouillées et désossées (ou cuisses de poulet dépouillées)	6	6
Sachet de mélange à soupe aux tomates et aux légumes	1 × 2½ oz	1 × 71 g
Jus de pomme	1 tasse	250 mL
Paprika	¼ c. à thé	1 mL
Sauce Worcestershire	½ c. à thé	2 mL

Disposer le poulet en une couche dans une cocotte graissée.

Combiner le mélange à soupe, le jus de pomme, le paprika et la sauce Worcestershire dans une casserole. Chauffer à feu moyen jusqu'à ce que la sauce soit chaude et que la soupe soit bien combinée. Verser sur le poulet. Couvrir. Cuire au four à 350° F (175° C) pendant 1 à 1½ heure, jusqu'à ce que le poulet soit tendre. Pour 6 personnes.

1 portion : 189 calories; 29 g de protéines; 2,1 g de matières grasses; 12 g de glucides; 878 mg de sodium

Photo ci-dessus.

Papillotes de dinde

La préparation ne prend que 30 minutes, mais personne ne le croira! ⏱Préparer la farce la veille au soir, puis les papillotes le matin. Conserver au frais en attendant de cuire.

Tranches de bacon, coupées en dés	2	2
Oignon, haché fin	¾ tasse	175 mL
Céleri, haché fin	½ tasse	125 mL
Champignons, hachés fin	1 tasse	250 mL
Gros œuf	1	1
Bouillon de poulet en poudre	1 c. à thé	5 mL
Chapelure fine	1½ tasse	375 mL
Assaisonnement pour volaille	½ c. à thé	2 mL
Sel	¼ c. à thé	1 mL
Poivre	⅛ c. à thé	0,5 mL
Escalopes de dinde, coupées en 8 morceaux égaux	1 lb	454 g
Margarine dure (le beurre brunit trop vite)	1 c. à soupe	15 mL
Farine tout usage	¼ tasse	60 mL
Bouillon de poulet en poudre	½ c. à soupe	7 mL
Eau bouillante	1½ tasse	375 mL
Sauce :		
Farine tout usage	¼ tasse	60 mL
Eau	⅓ tasse	75 mL
Sel, une petite pincée		
Poivre, une petite pincée		
Agent brunisseur liquide, facultatif	1 à 2 c. à thé	5 à 10 mL

Faire revenir le bacon dans une poêle à frire pendant 1 minute.

Ajouter l'oignon, le céleri et les champignons et les faire revenir jusqu'à ce qu'ils soient mous. Égoutter.

Battre l'œuf dans un bol moyen. Incorporer les 5 prochains ingrédients. Bien mélanger. Ajouter au mélange de bacon. Remuer.

Aplatir les escalopes à 3 mm (⅛ po) d'épaisseur. Dresser la farce sur les escalopes, puis les enrouler bien serrées, en repliant le bord à mesure. Fixer avec un cure-dents en bois ou de la ficelle.

Faire fondre la margarine dans une poêle à frire à revêtement anti-adhésif. Rouler les escalopes dans la farine, puis les faire bien dorer. Poser les escalopes en une couche dans une cocotte de 4 L (4 pte).

Combiner la seconde quantité de bouillon en poudre et l'eau bouillante dans un petit bol. Verser sur les escalopes. Couvrir. Cuire au four à 350° F (175° C) pendant 45 minutes, jusqu'à ce que la viande soit tendre. Poser les escalopes sur une grande assiette et garder au chaud sous couvert.

Sauce : Combiner la farine, l'eau, le sel et le poivre dans un petit bol jusqu'à ce que le mélange soit lisse. Verser le liquide accumulé au fond de la cocotte dans une petite casserole. Porter à ébullition. Incorporer le mélange de farine au fouet jusqu'à ce que la sauce bouille et épaississe.

Incorporer l'agent brunisseur. Pour 8 personnes.

1 portion : 244 calories; 18 g de protéines; 7,6 g de matières grasses; 25 g de glucides; 556 mg de sodium

Photo à la page 134.

Pain de dinde

Texture compacte et agréable. La méthode simple n'exige qu'un bol. ⏱Se congèle bien.

Crème sure sans matières grasses	¾ tasse	175 mL
Gros œufs	2	2
Oignon, haché fin	½ tasse	125 mL
Céleri, haché fin	½ tasse	125 mL
Petits pois surgelés, dégelés	1 tasse	250 mL
Sel	1 c. à thé	5 mL
Poivre	¼ c. à thé	1 mL
Assaisonnement pour volaille, une petite pincée		
Chapelure fine	¾ tasse	175 mL
Dinde hachée	2 lb	900 g

Combiner les 9 premiers ingrédients dans un bol.

Ajouter la dinde hachée. Bien mélanger. Entasser la préparation dans un moule à pain graissé de 22 x 12,5 x 7,5 cm (9 x 5 x 3 po). Cuire au four à 350° F (175° C) pendant 1¼ heure. Couper en 10 tranches.

1 tranche : 169 calories; 24 g de protéines; 2,9 g de matières grasses; 10 g de glucides; 433 mg de sodium

Photo ci-dessous.

Pain de poulet

Remplacer la dinde hachée par du poulet haché.

Pain de dinde

Hachis de dinde

Servir avec du riz ou des nouilles. La recette peut être doublée.
☺*Hacher le chou à l'avance et préparer le reste des ingrédients. Finir la préparation au moment voulu.*

Chou, grossièrement haché	4 tasses	1 L
Eau bouillante		
Dinde hachée	½ lb	225 g
Tomates, en conserve, non égouttées, défaites	14 oz	398 mL
Origan entier déshydraté	¾ c. à thé	4 mL
Poudre d'oignon	¼ c. à thé	1 mL
Sel	¾ c. à thé	4 mL
Poivre	¼ c. à thé	1 mL

Cuire le chou dans l'eau bouillante jusqu'à ce qu'il soit tendre. Égoutter.

Faire revenir la dinde hachée dans une poêle à frire à revêtement anti-adhésif jusqu'à ce qu'elle ne soit plus rose.

Ajouter les tomates, l'origan, la poudre d'oignon, le sel et le poivre, puis le chou. Chauffer en remuant jusqu'à ce que la préparation soit chaude. Donne 1 L (4 tasses) de hachis.

250 mL (1 tasse) de hachis : 102 calories; 14 g de protéines; 1,3 g de matières grasses; 9 g de glucides; 721 mg de sodium

Photo sur cette page.

Hachis de poulet

Remplacer la dinde hachée par du poulet haché.

Hachis de dinde   Poulet pratique

Poulet pratique

Il suffit d'une salade pour le compléter.
La préparation prend 15 minutes. ☺*Le dépouillement du poulet prend le plus de temps—une étape à exécuter le matin. Couvrir le poulet avec une pellicule plastique pour l'empêcher de sécher. Réfrigérer jusqu'au moment de la cuisson.*

Riz blanc instantané, non cuit	2 tasses	500 mL
Champignons en morceaux, en conserve, égouttés	10 oz	284 mL
Jus de pomme	¾ tasse	175 mL
Crème de champignons condensée	10 oz	284 mL
Crème de poulet condensée	10 oz	284 mL
Morceaux de poulet, dépouillés	3 lb	1,4 kg
Sachet de mélange à soupe aux légumes	1 × 1½ oz	1 × 42 g

Combiner les 5 premiers ingrédients dans un bol. Bien remuer. Verser le tout dans un plat non graissé de 22 × 33 cm (9 × 13 po).

Disposer le poulet en une couche dans le plat, côté charnu vers le haut. Répandre le mélange à soupe sur le poulet. Couvrir. Cuire au four à 350° F (175° C) pendant 1½ à 2 heures, jusqu'à ce que le poulet soit tendre. Retourner le poulet à deux reprises en cours de cuisson pour distribuer le mélange à soupe. Placer le côté charnu vers le haut à la fin. Pour 6 personnes.

1 portion : 408 calories; 30 g de protéines; 11,8 g de matières grasses; 44 g de glucides; 1 324 mg de sodium

Photo ci-dessus.

Escalopes de dinde à l'italienne

Un plat à faible teneur en gras. Servir sur des fettucine.
Se prépare vite et facilement. ☺*Gagner du temps en aplatissant les escalopes le matin. Couvrir et réfrigérer.*

Huile de cuisson	1 c. à thé	5 mL
Escalopes de dinde, aplaties	1¼ lb	560 g
Farine tout usage	¼ tasse	60 mL
Tomate moyenne, coupée en dés	1	1
Oignon vert, haché	1 ou 2	1 ou 2
Origan entier déshydraté	½ c. à thé	2 mL
Basilic déshydraté	¼ c. à thé	1 mL
Poudre d'ail	⅛ c. à thé	0,5 mL
Sel, une pincée		
Poivre, une pincée		

Réchauffer l'huile de cuisson dans une poêle à frire à revêtement anti-adhésif. Fariner la dinde. La faire dorer complètement des deux côtés, jusqu'à ce qu'elle soit bien cuite. Réserver au chaud, sous couvert, dans une grande assiette.

Mettre les 7 derniers ingrédients dans la poêle et les faire revenir environ 2 minutes. Napper les escalopes et servir. Pour 4 personnes.

1 portion : 202 calories; 32 g de protéines; 3,6 g de matières grasses; 8 g de glucides; 89 mg de sodium

Photo à la page 137.

Poitrines de dinde au four

Attacher les poitrines avec de la ficelle juste avant de les poser dans le plat à rôtir. ☺Aplatir la dinde le matin et préparer en partie la farce. Finir la préparation de la farce et assembler juste avant la cuisson.

Farce aux fines herbes :		
Chapelure fine	2 tasses	500 mL
Thym moulu	⅛ c. à thé	0,5 mL
Romarin moulu	⅛ c. à thé	0,5 mL
Poudre d'ail	⅛ c. à thé	0,5 mL
Gros œuf, battu à la fourchette	1	1
Margarine dure (ou beurre), fondue	1 c. à soupe	15 mL
Eau	1 c. à soupe	15 mL
Poitrines de dinde, dépouillées et désossées (680 g, 1½ lb, chacune)	2	2
Sauce, voir Rôti de dinde, ci-dessous		

Farce aux fines herbes : Combiner les 4 premiers ingrédients dans un bol.

Ajouter l'œuf, la margarine et l'eau. Bien mélanger.

Aplatir légèrement les poitrines de dinde. Étaler la farce sur 1 des poitrines. Recouvrir avec l'autre. Presser les bords ensemble. Soulever délicatement le tout et poser dans un plat à rôtir graissé. Couvrir. Cuire au four à 325° F (160° C) environ 1½ heure, jusqu'à ce que la dinde soit tendre. La température de la viande devrait être 185° F (85° C).

Préparer la sauce. La garder au chaud. Donne 750 mL (3 tasses) de sauce. Trancher la dinde pour 8 personnes.

1 portion : 346 calories; 47 g de protéines; 4,6 g de matières grasses; 26 g de glucides; 370 mg de sodium

Photo sur cette page.

Rôti de dinde

Servir tranché pour faire plus joli. Se prépare en moins de cinq minutes. ☺Peut aussi être préparé à l'avance. Congeler séparément le rôti et la sauce.

Rôti de dinde, dépouillé et désossé	4 lb	1,8 kg
Boisson gazeuse au citron et à la lime	1 tasse	250 mL
Assaisonnement pour volaille	¼ c. à thé	1 mL
Sel	½ c. à thé	2 mL
Poivre	⅛ c. à thé	0,5 mL
Sauce :		
Sucs de cuisson, additionnés d'eau pour faire	2½ tasses	625 mL
Eau	⅔ tasse	150 mL
Farine tout usage	6 c. à soupe	100 mL
Sel	⅛ c. à thé	0,5 mL
Poivre	⅛ c. à thé	0,5 mL
Agent brunisseur liquide	¼ c. à thé	1 mL

Mettre le rôti de dinde dans un petit plat à rôtir.

Combiner la boisson gazeuse avec l'assaisonnement pour volaille, le sel et le poivre dans une tasse. Verser sur la dinde. Couvrir. Rôtir au four à 325° F (160° C) pendant 2¼ à 2½ heures, jusqu'à ce que la dinde soit tendre. La température de la viande devrait être 185° F (85° C). Pour 10 personnes.

Sauce : Mesurer la quantité de sucs de cuisson et ajouter la première quantité d'eau. Verser dans le plat à rôtir. Porter à ébullition.

Incorporer graduellement la seconde quantité d'eau à la farine dans un bol, en travaillant au fouet jusqu'à ce qu'il ne reste plus de grumeaux. Incorporer ce mélange aux sucs de cuisson et cuire jusqu'à ce que la sauce bouille et épaississe.

Ajouter la seconde quantité de sel, la seconde quantité de poivre et l'agent brunisseur. Remuer. Donne 750 mL (3 tasses) de sauce. Pour 10 personnes.

1 portion : 226 calories; 41 g de protéines; 2,9 g de matières grasses; 6 g de glucides; 288 mg de sodium

Photo ci-dessous.

En haut : Rôti de dinde, ci-contre
Au milieu : Poitrines de dinde au four, ci-contre
En bas : Escalopes de dinde à l'italienne, page 136

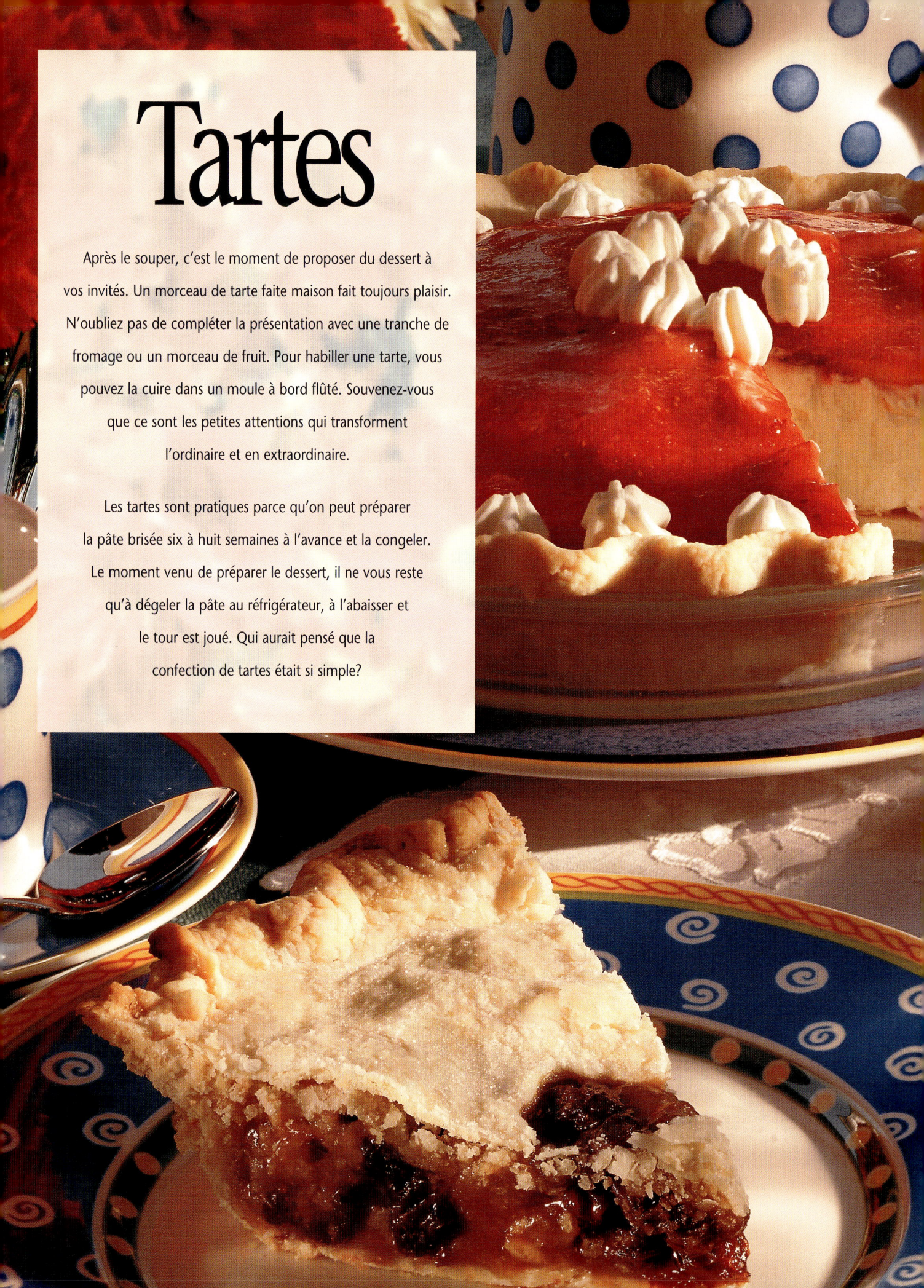

Tartes

Après le souper, c'est le moment de proposer du dessert à vos invités. Un morceau de tarte faite maison fait toujours plaisir. N'oubliez pas de compléter la présentation avec une tranche de fromage ou un morceau de fruit. Pour habiller une tarte, vous pouvez la cuire dans un moule à bord flûté. Souvenez-vous que ce sont les petites attentions qui transforment l'ordinaire et en extraordinaire.

Les tartes sont pratiques parce qu'on peut préparer la pâte brisée six à huit semaines à l'avance et la congeler. Le moment venu de préparer le dessert, il ne vous reste qu'à dégeler la pâte au réfrigérateur, à l'abaisser et le tour est joué. Qui aurait pensé que la confection de tartes était si simple?

Tarte mousseline au chocolat

Une tarte sans cuisson, légère et épaisse.
☺ *Se servir d'une abaisse commerciale pour gagner du temps.*

Sachet de gélatine non parfumée	1 × ¼ oz	1 × 7 g
Eau	½ tasse	125 mL
Lait	1 tasse	250 mL
Sucre granulé	⅓ tasse	75 mL
Cacao	½ tasse	125 mL
Farine tout usage	2 c. à soupe	30 mL
Sel	¼ c. à thé	1 mL
Gros jaunes d'œufs	4	4
Vanille	1 c. à thé	5 mL
Gros blancs d'œufs, à la température de la pièce	4	4
Crème de tartre	½ c. à thé	2 mL
Sucre granulé	⅔ tasse	150 mL
Abaisse précuite de 22 cm (9 po)	1	1

Saupoudrer la gélatine sur l'eau dans une casserole moyenne. Laisser reposer 1 minute.

Ajouter le lait. Chauffer à feu moyen, en remuant souvent, jusqu'à ce que la gélatine soit dissoute et que la préparation commence à bouillir.

Combiner les 6 prochains ingrédients dans un petit bol. Y ajouter un peu du mélange de lait chaud et remuer jusqu'à ce que le mélange soit lisse. Reverser le tout dans la casserole. Remuer jusqu'à ce que la préparation bouille et épaississe. Réfrigérer jusqu'à ce que la préparation se soulève en pics ronds à la cuillère.

Battre les blancs d'œufs et la crème de tartre dans un bol moyen jusqu'à obtenir des pics mous. Ajouter graduellement la seconde quantité de sucre, en battant, jusqu'à obtenir une neige ferme.

S'assurer que la préparation réfrigérée garde bien sa forme avant d'y ajouter les blancs d'œufs en pliant. Verser le tout dans l'abaisse cuite. Réfrigérer la tarte au moins 4 heures avant de la couper. Couper en 8 grosses pointes.

1 pointe : 288 calories; 8 g de protéines; 10,9 g de matières grasses; 43 g de glucides; 294 mg de sodium; une bonne source de fibres alimentaires

Photo à la page 139.

Tarte aux raisins et à la rhubarbe

Un peu crémeuse et un peu acide.
☺ *Peut être préparée à l'avance et congelée.*

Raisins secs	2 tasses	500 mL
Eau	¾ tasse	175 mL
Cassonade, tassée	1 tasse	250 mL
Sucre granulé	½ tasse	125 mL
Farine tout usage	⅓ tasse	75 mL
Sel	¼ c. à thé	1 mL
Jus de citron	1 c. à thé	5 mL
Rhubarbe, fraîche ou surgelée, coupée en morceaux de 2,5 cm (1 po)	1½ tasse	375 mL
Pâte brisée pour une tarte double, faite maison ou commerciale		
Sucre granulé, une pincée	¼ à ½ c. à thé	1 à 2 mL

Combiner les raisins secs et l'eau dans une casserole. Porter à ébullition. Couvrir. Laisser mijoter doucement pendant 5 minutes.

Verser les 4 prochains ingrédients dans un petit bol. Bien remuer. Incorporer aux raisins et porter à nouvelle ébullition. Poursuivre la cuisson jusqu'à ce que la préparation épaississe. Retirer du feu.

Ajouter le jus de citron. Incorporer la rhubarbe. Laisser refroidir. On peut accélérer le refroidissement en posant la casserole dans l'évier rempli d'eau froide et en remuant le contenu.

Abaisser la pâte et la poser dans un moule à tarte non graissé de 22 cm (9 po). Verser la garniture dans le moule. Humecter le bord de la pâte posée dans le moule. Abaisser le reste de pâte pour faire le dessus de la tarte. Couper la pâte qui dépasse et pincer le bord. Inciser le dessus.

Répandre la seconde quantité de sucre sur la tarte. Cuire sur la grille inférieure du four à 375° F (190° C) environ 40 minutes, jusqu'à ce que la rhubarbe soit cuite et que la croûte soit dorée. Couper en 8 pointes.

1 pointe : 525 calories; 5 g de protéines; 15,3 g de matières grasses; 97 g de glucides; 375 mg de sodium

Photo à la page 138.

1. Tarte mousseline au chocolat, page 140
2. Tarte aux raisins et à la rhubarbe, page 140
3. Tarte aux fraises à l'anglaise, page 142

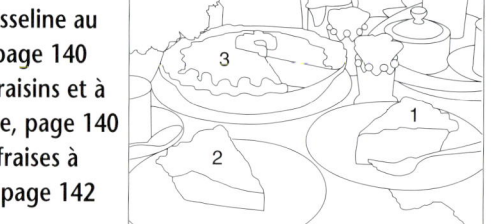

Tarte à la citrouille double, ci-dessous

Tarte à la citrouille double

*Un agréable mélange de citrouille et de mincemeat.
☺Préparer à l'avance et congeler sans la garniture fouettée.*

Garniture à tarte au mincemeat	¾ tasse	175 mL
Compote de pommes	½ tasse	125 mL
Tapioca à cuisson rapide	2 c. à thé	10 mL
Fond de tarte non cuit de 22 cm (9 po)	1	1
Gros œuf	1	1
Sucre granulé	⅓ tasse	75 mL
Cannelle moulue	½ c. à thé	2 mL
Muscade moulue	¼ c. à thé	1 mL
Gingembre moulu	¼ c. à thé	1 mL
Citrouille, en conserve, sans épices	1 tasse	250 mL
Garniture à dessert surgelée (en gros contenant), dégelée	1½ tasse	375 mL

Combiner la garniture à tarte avec la compote de pommes et le tapioca dans un bol.

Verser le tout dans le fond de tarte. Égaliser le dessus.

Battre l'œuf dans un bol. Ajouter le sucre, la cannelle, la muscade, le gingembre et la citrouille. Battre pour combiner les ingrédients. Dresser sur la couche de mincemeat. Cuire sur la grille inférieure du four à 400° F (205° C) pendant 10 minutes. Régler le four à 325° F (160° C) et poursuivre la cuisson pendant 45 minutes, jusqu'à ce qu'un couteau inséré près du centre de la tarte ressorte sec.

Décorer avec la garniture fouettée. Couper en 8 pointes.

1 pointe : 277 calories; 3 g de protéines; 12,6 g de matières grasses; 40 g de glucides; 204 mg de sodium

Photo ci-dessus.

Tarte à la confiture

Une tarte de forme inhabituelle, mais elle n'y perd pas au goût! ☺Se congèle bien.

Margarine dure (ou beurre), ramollie	1 tasse	250 mL
Sucre granulé	½ tasse	125 mL
Gros œuf	1	1
Brandy ou whisky (ou eau additionnée de 10 mL, 2 c. à thé, d'essence de brandy)	¼ tasse	60 mL
Farine tout usage	3 tasses	750 mL
Confiture épaisse (n'importe quel parfum)	1½ tasse	375 mL

Bien battre en crème la margarine et le sucre dans un bol. Incorporer l'œuf et le brandy en battant.

Ajouter la farine. Bien mélanger. Défaire environ les ⅔ de la pâte en petits morceaux. Écraser dans un plat non graissé de 22 × 33 cm (9 × 13 po), en couvrant le fond et environ 12 mm (½ po) des côtés. Égaliser à la main.

Étaler la confiture sur la pâte. Abaisser le dernier ⅓ de la pâte sur une surface légèrement farinée, puis la couper en bandes d'environ 12 mm (½ po) de large et de la longueur voulue pour former un treillis sur la confiture. Cuire au four à 350° F (175° C) environ 35 minutes, jusqu'à ce que le treillis soit bien doré. Couper en 15 morceaux.

1 morceau : 346 calories; 3 g de protéines; 13,7 g de matières grasses; 51 g de glucides; 162 mg de sodium

Photo ci-dessous.

Tarte à la confiture

Tarte des anges au chocolat

Tarte aux fraises à l'anglaise

Cette tarte est molle. Elle doit être bien fraîche.
☺*Peut être préparée la veille, particulièrement l'abaisse.*

Amandes tranchées, grillées	½ tasse	125 mL
Abaisse précuite de 22 cm (9 po) (ou abaisse Graham, page 144)	1	1
Pouding à la vanille instantané en poudre, format 4 portions	2	2
Lait	2 tasses	500 mL
Garniture à dessert surgelée, (en gros contenant), dégelée	1 tasse	250 mL
Fraises fraîches, tranchées	1½ tasse	375 mL
Glaçage :		
Eau	½ tasse	125 mL
Fécule de maïs	1 c. à soupe	15 mL
Sucre granulé	¼ tasse	60 mL
Fraises, écrasées ou en purée	½ tasse	125 mL

Éparpiller les amandes dans l'abaisse.

Battre le pouding en poudre et le lait dans un bol jusqu'à ce que le mélange soit lisse.

Incorporer la garniture fouettée. Verser le tout dans l'abaisse. Réfrigérer pendant 1 heure.

Dresser les fraises tranchées sur la tarte.

Glaçage : Combiner les 4 ingrédients dans une casserole. Chauffer en remuant jusqu'à ce que la préparation bouille et épaississe. Laisser refroidir. Napper les fraises. Réfrigérer plusieurs heures ou jusqu'au lendemain. Couper en 8 pointes.

1 pointe : 347 calories; 5 g de protéines; 14,1 g de matières grasses; 52 g de glucides; 249 mg de sodium

Photo aux pages 138 et 139.

Tarte des anges au chocolat

Heureusement que les anges savent partager.
☺*La meringue peut être préparée plusieurs jours à l'avance. La ranger dans un contenant hermétique. Préparer la garniture le matin et réfrigérer.*

Fond de meringue :		
Gros blancs d'œufs, à la température de la pièce	3	3
Poudre à pâte	1 c. à thé	5 mL
Crème de tartre	¼ c. à thé	1 mL
Vanille	1 c. à thé	5 mL
Sucre granulé	1 tasse	250 mL
Chapelure de craquelins (pas des biscuits soda)	1 tasse	250 mL
Noix de Grenoble, hachées	1 tasse	250 mL
Garniture :		
Brisures de chocolat mi-sucré	1½ tasse	375 mL
Fromage à la crème, ramolli	4 oz	125 g
Sucre granulé	¼ tasse	60 mL
Lait	2 c. à soupe	30 mL
Vanille	1 c. à thé	5 mL
Garniture à dessert surgelée, (en gros contenant), dégelée	1 tasse	250 mL

Fond de meringue : Battre les blancs d'œufs dans un bol moyen jusqu'à obtenir des pics mous. Ajouter la poudre à pâte, la crème de tartre et la vanille. Ajouter le sucre peu à peu, en battant. Battre jusqu'à ce que le mélange soit ferme.

Incorporer la chapelure et les noix. Presser le mélange uniformément dans un moule à tarte graissé de 22 cm (9 po), en remontant contre le bord. Cuire au four à 325° F (160° C) pendant 25 à 30 minutes. Laisser refroidir complètement sur une grille.

Garniture : Faire fondre les brisures de chocolat dans une casserole à feu doux, en remuant souvent. Retirer du feu.

Avec les mêmes fouets qu'au début, battre le fromage à la crème avec le sucre, le lait et la vanille dans un bol jusqu'à ce que le mélange soit lisse et léger. Incorporer le chocolat fondu en battant.

Incorporer la garniture fouettée en pliant. Verser le tout dans la meringue. Égaliser le dessus. Réfrigérer 2 à 3 heures. Couper en 8 pointes.

1 pointe : 520 calories; 7 g de protéines; 30 g de matières grasses; 62 g de glucides; 206 mg de sodium

Photo sur cette page.

Tarte aux fraises fraîches

Quelle allure! Choisir des fraises très fraîches et bien rouges.
⊙Cuire le fond de tarte la veille.

Fraises entières, équeutées	5 tasses	1,25 L
Abaisse précuite de 22 cm (9 po), faite maison ou commerciale	1	1
Eau	1⅔ tasse	400 mL
Sucre granulé	1 tasse	250 mL
Gouttes de colorant alimentaire rouge	6	6
Fécule de maïs	3 c. à soupe	50 mL
Eau	⅓ tasse	75 mL
Gélatine parfumée à la fraise (en poudre)	1 × 3 oz	1 × 85 g
Garniture :		
Garniture à dessert surgelée, (en gros contenant), dégelée	1 tasse	250 mL
Fraises fraîches tranchées, pour décorer		

Dresser les fraises dans l'abaisse.

Verser la première quantité d'eau et le sucre dans une casserole. Ajouter le colorant jusqu'à ce que le liquide soit de la couleur des fraises. Porter à ébullition en remuant souvent.

Délayer la fécule de maïs dans la seconde quantité d'eau. Incorporer au liquide bouillant. Porter de nouveau à ébullition et cuire jusqu'à ce que le liquide épaississe. Retirer du feu.

Ajouter la gélatine à la fraise. Remuer pour la dissoudre. Laisser refroidir. Verser doucement sur les fraises. Égaliser avec un pinceau à pâtisserie. Réfrigérer.

Garniture : Tracer le tour des fraises à la douille, avec la garniture fouettée. Décorer avec des fraises tranchées. Couper en 8 pointes.

1 pointe : 355 calories; 3 g de protéines; 12,9 g de matières grasses; 59 g de glucides; 174 mg de sodium

Photo à la page 144.

Tarte mousseline aux noix

Un goût riche et crémeux. ⊙Peut être préparée la veille.

Abaisse au chocolat :		
Margarine dure (ou beurre)	⅓ tasse	75 mL
Chapelure de gaufrettes au chocolat	1¼ tasse	300 mL
Garniture :		
Grosses guimauves	30	30
Lait	½ tasse	125 mL
Brisures de chocolat mi-sucré	1 tasse	250 mL
Cassonade, tassée	⅓ tasse	75 mL
Garniture à dessert surgelée, (en gros contenant), dégelée	2 tasses	500 mL
Décoration :		
Pacanes, hachées	⅓ tasse	75 mL
Garniture à dessert surgelée, (en gros contenant), dégelée	2 tasses	500 mL

Abaisse au chocolat : Faire fondre la margarine dans une casserole. Incorporer la chapelure. Presser dans un moule à tarte non graissé de 22 cm (9 po). Cuire au four à 350° F (175° C) pendant 10 minutes. Laisser refroidir.

Garniture : Combiner les 4 premiers ingrédients dans une grande casserole. Chauffer à feu moyen, en remuant souvent, jusqu'à ce que les guimauves et le chocolat aient fondu et que la garniture soit lisse. Réfrigérer, en remuant et en raclant souvent les parois du bol, jusqu'à ce que la garniture soit épaisse. Elle est prête quand elle se soulève en pics qui gardent leur forme quelques instants.

Incorporer la garniture fouettée en pliant. Verser le tout dans l'abaisse.

Décoration : Éparpiller les pacanes sur la garniture.

Dresser la garniture fouettée sur les pacanes, à la cuillère. Couper en 8 pointes.

1 pointe : 533 calories; 4 g de protéines; 30,9 g de matières grasses; 65 g de glucides; 163 mg de sodium

Photo ci-dessous.

Tarte mousseline aux noix

Tarte à la crème aux bananes, ci-dessous   Tarte aux fraises fraîches, page 143   Tarte givrée au beurre d'arachides, ci-dessous

Tarte à la crème aux bananes

Décorer avec des tranches de banane.
☺Peut être préparée la veille et réfrigérée.

Abaisse de chapelure Graham :		
Margarine dure (ou beurre)	⅓ tasse	75 mL
Chapelure de biscuits Graham	1¼ tasse	300 mL
Sucre granulé	3 c. à soupe	50 mL
Garniture :		
Banane, tranchée fin	1	1
Fromage à la crème à faible teneur en matières grasses, ramolli	4 oz	125 g
Sucre granulé	½ tasse	125 mL
Sachet de garniture à dessert, préparée selon le mode d'emploi	1	1
Banane, tranchée fin	1	1

Abaisse de chapelure Graham : Faire fondre la margarine dans une casserole. Incorporer la chapelure Graham et le sucre. Presser dans le fond et contre le bord d'un moule à tarte non graissé de 22 cm (9 po). Cuire au four à 350° F (175° C) pendant 10 minutes. Laisser refroidir.

Garniture : Étaler la première quantité de tranches de bananes dans l'abaisse.

Battre le fromage à la crème et le sucre dans un autre bol jusqu'à ce que le mélange soit léger. Incorporer la garniture à dessert en pliant. Étaler la ½ du mélange sur les bananes, dans l'abaisse. Ajouter la seconde quantité de tranches de banane, puis le reste du mélange de fromage à la crème. Réfrigérer. Couper en 8 pointes.

1 pointe : 300 calories; 4 g de protéines; 14,7 g de matières grasses; 41 g de glucides; 372 mg de sodium

Photo ci-dessus.

Tarte givrée au beurre d'arachides

Riche et onctueuse. Il est préférable de couper des petites parts.
☺La tarte parfaite à préparer à l'avance et à congeler.

Abaisse de chapelure Graham, voir Tarte à la crème aux bananes, ci-contre	1	1
Couche au chocolat :		
Sirop au chocolat pour sundae	⅔ tasse	150 mL
Colorant à café	1 c. à soupe	15 mL
Garniture :		
Fromage à la crème à faible teneur en matières grasses, ramolli	4 oz	125 g
Sucre à glacer	1 tasse	250 mL
Beurre d'arachides crémeux	⅓ tasse	75 mL
Lait	½ tasse	125 mL
Sachet de garniture à dessert, préparée selon le mode d'emploi	1	1
Arachides, hachées fin	2 c. à soupe	30 mL

Préparer l'abaisse. Laisser refroidir.

Couche au chocolat : Combiner le sirop pour sundae et le colorant à café dans un petit bol. Étaler dans l'abaisse refroidie.

Garniture : Battre le fromage à la crème, le sucre à glacer, le beurre d'arachides et la première quantité de lait dans un bol moyen jusqu'à ce que le mélange soit lisse.

Incorporer la garniture à dessert au mélange de fromage à la crème en pliant. Verser sur la couche au chocolat. Congeler.

Répandre les arachides sur le dessus de la tarte. Servir sur-le-champ. Couper en 12 pointes.

1 pointe : 311 calories; 6 g de protéines; 17 g de matières grasses; 37 g de glucides; 311 mg de sodium

Photo ci-dessus.

Salades

Même une simple salade verte peut être préparée de façon à impressionner si on s'attarde un peu à la présentation. On peut donner de la couleur à une salade et la rendre plus attrayante en la répartissant sur des assiettes individuelles. De même, il suffit de quelques tranches de fruits frais pour transformer une simple salade en un plat d'accompagnement spectaculaire.

Les salades sont habituellement servies avant le plat de résistance ou en même temps, mais on peut aussi les proposer aux invités après le plat de résistance, pour qu'ils puissent se rafraîchir le palais avant de passer au dessert.

Salade de riz aux crevettes

Un plat élégant, parfait pour un buffet. ☺Cuire le riz la veille. Préparer les légumes et les ajouter au riz, ainsi que les crevettes, le matin. Couvrir et réfrigérer. Préparer la laitue, les tomates et la sauce le matin. Les ranger au frais dans des récipients séparés. Assembler la salade juste avant de servir.

Riz blanc à grains longs	1 tasse	250 mL
Eau bouillante	2 tasses	500 mL
Olives farcies aux piments, tranchées	1½ tasse	125 mL
Céleri, haché	⅓ tasse	75 mL
Poivron vert, émincé ou haché	¼ tasse	60 mL
Piments doux, hachés	¼ tasse	60 mL
Oignon rouge, haché fin	¼ tasse	60 mL
Crevettes cuites (ou chair de crabe), en conserve, fraîches ou surgelées, dégelées	1 tasse	250 mL
Sauce à salade hypocalorique (ou mayonnaise)	3 c. à soupe	50 mL
Lait	1 c. à soupe	15 mL
Jus de citron	1 c. à thé	5 mL
Sel	½ c. à thé	2 mL
Poivre	½ c. à thé	2 mL
Laitue iceberg, déchiquetée	4 tasses	1 L
Tomates moyennes, chacune coupée en 8 quartiers	2	2
Vinaigrette française	½ tasse	125 mL

Cuire le riz dans l'eau bouillante environ 15 minutes jusqu'à ce qu'il soit tendre et ait absorbé l'eau. Verser dans un bol. Laisser refroidir.

Ajouter les 6 prochains ingrédients. Remuer.

Combiner la sauce à salade, le lait, le jus de citron, le sel et le poivre dans un petit bol. Ajouter au mélange de riz. Bien remuer.

Étaler laitue sur un grand plat. Dresser la salade dessus, en allant presque jusqu'au bord. Disposer les morceaux de tomates autour. Arroser de vinaigrette française juste avant de servir. Donne 2,1 L (8½ tasses) de salade.

250 mL (1 tasse) de salade : 207 calories; 6 g de protéines; 9,4 g de matières grasses; 25 g de glucides; 707 mg de sodium

Photo ci-dessous.

Salade de riz aux crevettes

Salade pour un buffet

Un joli contraste de couleurs et de textures. Commencer la préparation deux jours à l'avance. ☺Les restes se conservent au réfrigérateur, dans la marinade, pendant une semaine.

Marinade :

Soupe de tomates condensée	10 oz	284 mL
Sucre granulé	¾ tasse	175 mL
Vinaigre blanc	¾ tasse	175 mL
Huile de cuisson	2 c. à soupe	30 mL
Oignon rouge moyen, tranché fin	1	1
Poivron vert, émincé	¾ tasse	175 mL
Poivron rouge ou jaune, émincé	¾ tasse	175 mL
Carottes, tranchées (un couteau ondulé donne de jolies tranches)	4 tasses	1 L
Eau bouillante		
Bouquets de chou-fleur	3½ tasses	875 mL
Eau bouillante		
Châtaignes d'eau tranchées, en conserve, égouttées	8 oz	227 mL
Cheddar mi-fort, râpé (ou mozzarella), facultatif	1 tasse	250 mL

Marinade : Combiner les 7 premiers ingrédients dans une casserole. Porter à ébullition. Laisser bouillir 2 minutes.

Cuire les carottes dans l'eau bouillante, jusqu'à ce qu'elles soient tendres, mais encore croquantes. Égoutter.

Cuire le chou-fleur dans l'eau bouillante jusqu'à ce qu'il soit tendre, mais encore croquant. Égoutter.

Mettre les châtaignes d'eau dans un récipient de 2 L (2 pte) résistant à la chaleur. Ajouter les carottes et le chou-fleur. Verser la marinade chaude sur les légumes. Laisser refroidir quelques instants. Couvrir. Laisser mariner au frais pendant 1 à 2 jours. Sortir les légumes avec une écumoire. Réserver la marinade. Répandre le fromage sur les légumes. Remettre les restes dans la marinade et ranger dans le réfrigérateur, sous couvert. Donne 1,6 L (6½ tasses) de salade.

125 mL (½ tasse) de salade : 89 calories; 2 g de protéines; 1,4 g de matières grasses; 19 g de glucides; 118 mg de sodium

Photo ci-dessous.

Salade verte

Aussi bonne avec des épinards. ☺Préparer la sauce deux ou trois jours à l'avance. Cuire et émietter le bacon et les œufs la veille. Verser la vinaigrette sur la salade juste avant de servir.

Vinaigrette épicée :

Eau	⅓ tasse	75 mL
Fécule de maïs	1 c. à thé	5 mL
Sucre granulé	⅓ tasse	75 mL
Ketchup	⅓ tasse	75 mL
Vinaigre blanc	¼ tasse	60 mL
Huile de cuisson	1 c. à soupe	15 mL
Sauce à bifteck	1 c. à thé	5 mL
Sel	1 c. à thé	5 mL
Poivre	⅛ c. à thé	0,5 mL

Salade :

Tranches de bacon, bien cuites et émiettées	4	4
Champignons frais, tranchés	1 tasse	250 mL
Olives farcies aux piments, tranchées	¼ tasse	60 mL
Œufs durs, hachés	2	2
Germes de soja	1½ tasse	375 mL
Feuilles assorties de légumes verts, légèrement tassées	8 tasses	2 L

Vinaigrette épicée : Combiner l'eau et la fécule de maïs dans une petite casserole, à feu moyen, jusqu'à ce que le liquide bouille et épaississe.

Incorporer le sucre et remuer pour le dissoudre. Ajouter les 6 prochains ingrédients. Retirer du feu. Donne 300 mL (1¼ tasse) de vinaigrette.

Salade : Combiner les 6 ingrédients dans un bol. Répartir sur des assiettes à salade. Arroser de 125 mL (½ tasse) de vinaigrette et servir le reste avec la salade. Pour 8 personnes.

1 portion : 126 calories; 5 g de protéines; 5,5 g de matières grasses; 16 g de glucides; 682 mg de sodium

Photo sur la couverture.

Salade pour un buffet

Salade au riz et aux artichauts

Salade aux pêches melba

Salade au riz et aux artichauts

Une salade crémeuse et colorée. ☺Préparer le riz deux ou trois jours à l'avance. Conserver au frais. Couper les légumes la veille au soir. Préparer la sauce et assembler la salade le matin.

Riz blanc à grains longs	1 tasse	250 mL
Eau	2 tasses	500 mL
Bouillon de poulet en poudre	1 c. à soupe	15 mL
Petit poivron vert, haché	1	1
Oignons verts, tranchés	¼ tasse	60 mL
Radis, tranchés	¼ tasse	60 mL
Bocaux de cœurs d'artichauts marinés, égouttés	2 × 6 oz	2 × 170 mL
Sauce :		
Sauce à salade hypocalorique (ou mayonnaise)	⅓ tasse	75 mL
Lait	1 c. à soupe	15 mL
Poudre de cari (ou plus, au goût)	¼ c. à thé	1 mL

Cuire le riz lentement, dans l'eau et le bouillon en poudre, dans une petite casserole pendant environ 15 minutes, jusqu'à ce qu'il soit tendre et ait absorbé tout le liquide. Laisser refroidir.

Ajouter les 4 prochains ingrédients. Combiner.

Sauce : Combiner la sauce à salade avec le lait et le cari dans un bol. Ajouter au mélange de riz. Remuer. Donne 1,5 L (6 tasses) de salade.

175 mL (¾ tasse) de salade : 141 calories; 3 g de protéines; 3,1 g de matières grasses; 25 g de glucides; 415 mg de sodium

Photo ci-dessus.

Salade aux pêches melba

Assez jolie et sucrée pour faire office de salade ou de dessert! En salade, servir sur un lit de laitue déchiquetée. ☺Préparer en premier le matin. Conserver au frais jusqu'au moment de servir.

Gélatine parfumée à la framboise (en poudre)	2 × 3 oz	2 × 85 g
Eau bouillante	1 tasse	250 mL
Garniture de tarte aux pêches	19 oz	540 mL
Framboises entières, surgelées	10 oz	300 g
Jus de citron	1 c. à thé	5 mL
Garniture :		
Yogourt aux pêches sans matières grasses	1 tasse	250 mL
Sachet de garniture à dessert (non préparée)	1	1
Lait	⅓ tasse	75 mL

Dissoudre la gélatine dans l'eau bouillante dans un bol.

Incorporer la garniture de tarte, les framboises et le jus de citron. Verser dans un plat graissé de 22 × 22 cm (9 × 9 po). Réfrigérer jusqu'à ce que le mélange soit pris.

Garniture : Remuer le yogourt dans un bol jusqu'à ce qu'il soit lisse. Préparer la garniture à dessert avec le lait. L'ajouter au yogourt. Bien combiner. Étaler sur la salade gelée. Réfrigérer pendant 30 minutes. Couper en 12 morceaux moyens.

1 morceau : 151 calories; 3 g de protéines; 1,7 g de matières grasses; 33 g de glucides; 63 mg de sodium

Photo ci-dessus.

Mousse aux concombres

Bien croquante à cause du concombre. Les cornichons relèvent le goût. ☺Une bonne salade à préparer la veille.

Concombre anglais, non pelé, haché fin, bien égoutté	2 tasses	500 mL
Gélatine parfumée au citron (en poudre)	2 × 3 oz	2 × 85 g
Sel	2 c. à thé	10 mL
Eau bouillante	1⅔ tasse	400 mL
Vinaigre blanc	3 c. à soupe	50 mL
Poudre d'oignon	½ c. à thé	2 mL
Crème sure	1 tasse	250 mL
Sauce à salade (ou mayonnaise)	½ tasse	125 mL

Préparer le concombre en premier pour qu'il puisse égoutter complètement.

Combiner la gélatine, le sel et l'eau bouillante dans un bol. Remuer jusqu'à ce que la gélatine soit dissoute.

Ajouter le vinaigre et la poudre d'oignon. Remuer. Réfrigérer, en remuant et en raclant souvent les parois du bol, jusqu'à ce que la préparation commence à épaissir.

Ajouter la crème sure et la sauce à salade. Remuer pour combiner le tout. Incorporer le concombre en pliant. Verser le tout dans un moule de 1 L (4 tasses). Réfrigérer. Donne 1 L (4 tasses) de mousse.

125 mL (½ tasse) de mousse : 207 calories; 3 g de protéines; 11,9 g de matières grasses; 23 g de glucides; 850 mg de sodium

Photo ci-dessous.

Salade de pommes et d'épinards

La recette est généreuse. Peut être réduite de moitié. ☺Cuire le bacon, le dégraisser, le laisser refroidir et l'émietter quand l'occasion de le faire se présente. Le ranger au congélateur dans un petit sac de plastique pour l'avoir toujours à portée de main.

Tranches de bacon	8	8
Pommes rouges (Delicious par exemple), non pelées, grossièrement hachées	2	2
Sacs d'épinards frais, déchirés en bouchées (environ 3 L, 12 tasses, bien tassés)	2 × 10 oz	2 × 283 g
Sauce à l'orange épicée :		
Sauce à salade hypocalorique (ou mayonnaise)	⅔ tasse	150 mL
Concentré de jus d'orange surgelé, dégelé	⅓ tasse	75 mL

Frire le bacon jusqu'à ce qu'il soit croustillant. L'égoutter sur un essuie-tout. L'émietter ou le couper en dés.

Combiner les pommes et les épinards dans un grand bol. Ajouter le bacon.

Sauce à l'orange épicée : Combiner la sauce à salade avec le concentré de jus d'orange dans un petit bol. Verser sur le mélange d'épinards. Remuer. Pour 12 personnes.

1 portion : 101 calories; 3 g de protéines; 5,9 g de matières grasses; 10 g de glucides; 212 mg de sodium

Photo à la page 125.

Salade de chou

Une salade lustrée et colorée, arrosée d'une sauce blanche crémeuse. ☺Râper le chou le matin ou même la veille. Ajouter la sauce un peu avant de servir.

Chou vert, râpé, tassé	6 tasses	1,5 L
Chou rouge, râpé (pour la couleur)	½ tasse	125 mL
Carottes moyennes, râpées	2	2
Oignons verts, hachés	⅓ tasse	75 mL
Sauce :		
Crème sure à faible teneur en matière grasses	1 tasse	250 mL
Sauce à salade hypocalorique (ou mayonnaise)	2 c. à soupe	30 mL
Vinaigre blanc	1½ c. à soupe	25 mL
Graines de céleri	⅛ c. à thé	0,5 mL
Sel	½ c. à thé	2 mL
Poivre	¼ c. à thé	1 mL

Combiner les 4 premiers ingrédients dans un grand bol. Remuer.

Sauce : Combiner les 6 ingrédients dans un petit bol. Bien remuer. Donne 325 mL (1⅓ tasse) de sauce. Ajouter au chou. Bien remuer. Donne 2 L (8 tasses) de salade de chou.

125 mL (½ tasse) de salade de chou : 30 calories; 1 g de protéines; 1,6 g de matières grasses; 3 g de glucides; 113 mg de sodium

Photo sur cette page.

Salade de chou  Mousse aux concombres

Salade de bretzels

Servir avec des petits pains. Convient aussi comme dessert.
À préparer à l'avance pour un dîner pour une future mariée ou une rencontre entre femmes, par exemple.

Couche inférieure :		
Margarine dure (ou beurre)	¾ tasse	175 mL
Chapelure de bretzels (environ 170 g, 6 oz)	2 tasses	500 mL
Sucre granulé	3 c. à soupe	50 mL
Milieu :		
Sachets de gélatine non parfumée	2 × ¼ oz	2 × 7 g
Eau	1 tasse	250 mL
Fromage à la crème à faible teneur en matières grasses, ramolli	8 oz	250 g
Sucre granulé	1 tasse	250 mL
Sachets de garniture à dessert, préparée selon le mode d'emploi	2	2
Couche supérieure :		
Gélatine parfumée à la fraise (en poudre)	2 × 3 oz	2 × 85 g
Eau bouillante	2 tasses	500 mL
Fraises tranchées, surgelées dans un sirop épais	15 oz	425 g
Laitue déchiquetée, légèrement tassée	3 tasses	750 mL

Couche inférieure : Faire fondre la margarine dans une casserole. Incorporer la chapelure de bretzels et le sucre. Presser le tout dans un plat non graissé de 22 × 33 cm (9 × 13 po). Cuire au four, à découvert, à 350° F (175° C) environ 10 minutes. Laisser refroidir.

Milieu : Saupoudrer la gélatine sur l'eau dans une casserole. Laisser reposer 1 minute. Chauffer et remuer jusqu'à ce que la gélatine soit dissoute. Réfrigérer, en remuant et en raclant souvent les parois de la casserole, jusqu'à ce que la préparation épaississe.

Battre le fromage à la crème avec le sucre dans un autre bol jusqu'à ce que le mélange soit lisse. Ajouter le tout au mélange de gélatine. Battre.

Incorporer la garniture à dessert en pliant. Étaler sur la couche inférieure, en égalisant le dessus. Réfrigérer.

Couche supérieure : Mêler la gélatine à la fraise avec l'eau bouillante dans un bol jusqu'à ce que la gélatine soit dissoute. Ajouter les fraises non égouttées. Laisser reposer jusqu'à ce que les fraises se défassent un peu. Remuer souvent jusqu'à ce que les fraises soient dégelées et que la préparation épaississe. Dresser sur la couche du milieu. Réfrigérer. Couper en 15 morceaux.

Répartir la laitue sur 15 assiettes. Poser un morceau sur chaque assiette. Pour 15 personnes.

1 portion : 319 calories; 5 g de protéines; 14 g de matières grasses; 46 g de glucides; 427 mg de sodium

Photo sur cette page.

En bas : Salade de bretzels   En haut : Salade de framboises

Salade de framboises

Servir comme entrée. Préparer la vinaigrette au moins deux jours à l'avance. Une fois qu'elle a refroidi, la ranger dans un récipient hermétique. Utiliser au besoin. On peut doubler la recette.

Vinaigrette aux framboises :		
Framboises entières, fraîches ou surgelées	3 tasses	750 mL
Vinaigre blanc	1 tasse	250 mL
Sucre granulé, environ	1½ tasse	375 mL
Salade :		
Feuilles de légumes verts, déchiquetées, légèrement tassées	6 tasses	1,5 L
Oignon vert, tranché	1 ou 2	1 ou 2
Champignons frais, tranchés	12	12
Amandes tranchées, grillées	2 c. à soupe	30 mL

Vinaigrette aux framboises : Mettre les framboises et le vinaigre dans un bol. Remuer. Couvrir. Laisser reposer sur le comptoir pendant 48 heures. Égoutter. Mesurer la quantité de jus.

Mettre autant de sucre que de jus dans une casserole. Porter à ébullition en remuant souvent. Laisser bouillir doucement pendant 15 minutes. Laisser refroidir. Donne 500 mL (2 tasses) de vinaigrette aux framboises.

Salade : Mettre les légumes verts, les oignons verts, les champignons et les amandes dans un bol. Arroser de 75 mL (⅓ tasse) de vinaigrette aux framboises. Ranger le reste de vinaigrette au frais, sous couvert. Bien remuer. Pour 6 personnes.

1 portion : 74 calories; 2 g de protéines; 1,8 g de matières grasses; 14 g de glucides; 18 mg de sodium

Photo ci-dessus.

Soupes et chaudrées

On sert souvent de la soupe au dîner et on l'accompagne parfois d'un sandwich en guise de souper, mais on ne pense pas souvent à la soupe comme plat à servir à des invités.

On choisit donc souvent la simple salade, plus commune, au détriment des soupes. Pourtant, une bonne soupe servie comme hors-d'œuvre peut éveiller le palais. Elle peut faire office d'entrée en matière au début d'un dîner formel ou constituer un plat de résistance bien consistant les journées les plus froides de l'hiver. Ces recettes simples et faciles vous seront très utiles lorsque vous vous demanderez quoi servir à l'occasion du prochain dîner ou souper que vous organiserez.

Potage aux pommes de terre

Une soupe crémeuse au goût subtil. Elle débute bien un souper. ☺Cuire les pommes de terre et les réduire en purée la veille. Le reste de la préparation ne prend que dix minutes.

Pommes de terre cuites, en purée, réchauffées	2 tasses	500 mL
Farine tout usage	1 c. à soupe	15 mL
Lait	3 tasses	750 mL
Persil en flocons	1 c. à thé	5 mL
Flocons d'oignon	1 c. à thé	5 mL
Sel au céleri	¾ c. à thé	4 mL
Poivre (préférablement blanc)	⅛ à ¼ c. à thé	0,5 à 1 mL
Bouillon de poulet en poudre	1½ c. à thé	7 mL
Ciboulette hachée, une pincée		

Écraser de nouveau les pommes de terre avec la farine dans une grande casserole. Ajouter les 6 prochains ingrédients. Chauffer, en remuant souvent, jusqu'à ce que la soupe bouille et soit lisse. Laisser mijoter pendant 5 minutes.

Décorer de ciboulette. Donne 1,25 L (5 tasses) de soupe.

250 mL (1 tasse) de soupe : 169 calories; 8 g de protéines; 2 g de matières grasses; 31 g de glucides; 485 mg de sodium

Photo à la page 151.

Nouilles et soupe

Une soupe à la chinoise épaisse et consistante. ☺Cuire et déchiqueter le poulet la veille. Verser le bouillon dans une grande tasse graduée. Couvrir et réfrigérer, ainsi que le poulet. Dégraisser le bouillon le lendemain. Préparer et cuire les champignons. Couvrir. Cuire les nouilles à l'avance et les conserver dans l'eau.

Poitrines de poulet, dépouillées et désossées	½ lb	225 g
Eau bouillante	2 tasses	500 mL
Champignons chinois déshydratés (voir remarque)	4	4
Eau		
Nouilles aux œufs moyennes	8 oz	250 g
Eau bouillante	3 pte	3 L
Huile de cuisson (facultative)	1 c. à soupe	15 mL
Sel	2 c. à thé	10 mL
Bouillon de poulet réservé, additionné d'eau pour faire	3 tasses	750 mL
Épinards hachés, surgelés	½ × 10 oz	½ × 300 g
Oignons verts, coupés en longueurs de 2,5 cm (1 po) et émincés	2	2
Pousses de bambou, en conserve, égouttées et émincées	½ × 8 oz	½ × 227 mL
Sherry (ou sherry sans alcool)	2 c. à thé	10 mL
Sauce soja	1 c. à soupe	15 mL
Sucre granulé	½ c. à thé	2 mL
Gingembre moulu	¼ c. à thé	1 mL
Sel	1 c. à thé	5 mL

Cuire le poulet dans la première quantité d'eau bouillante dans une petite casserole découverte environ 30 minutes, jusqu'à ce qu'il soit tendre. Sortir le poulet de l'eau et réserver le bouillon. Laisser refroidir le poulet et le déchiqueter à la fourchette.

Laisser tremper les champignons dans la seconde quantité d'eau pendant 25 minutes. Sortir les champignons de l'eau et les essorer. Jeter l'eau et les tiges dures. Émincer les champignons.

Cuire les pâtes dans la troisième quantité d'eau bouillante additionnée de l'huile et du sel, dans un faitout découvert, jusqu'à ce qu'elles soient tendres, mais encore fermes, soit 5 à 7 minutes. Les égoutter, les rincer à l'eau froide et les égoutter de nouveau.

Combiner les 9 derniers ingrédients dans une grande casserole. Ajouter le poulet, les champignons et les nouilles. Cuire environ 5 minutes pour réchauffer les nouilles. Donne environ 1,5 L (6 tasses) de soupe.

250 mL (1 tasse) de soupe : 221 calories; 16 g de protéines; 2,4 g de matières grasses; 34 g de glucides; 679 mg de sodium

Photo à la page 151.

Remarque : On peut remplacer les champignons secs par des champignons frais et omettre la seconde quantité d'eau. Les champignons secs ont un goût plus prononcé que les frais.

Potage aux pommes de terre, page 150   Nouilles et soupe, page 150   Soupe à la citrouille, ci-dessous

Crème de champignons

Très jolie, avec plein de gros morceaux de champignons.
Préparer la veille et réchauffer au moment de servir.

Margarine dure (le beurre brunit trop vite)	2 c. à soupe	30 mL
Champignons frais, tranchés	3 tasses	750 mL
Oignon haché	¼ tasse	60 mL
Farine tout usage	3 c. à soupe	50 mL
Poudre d'ail	¼ c. à thé	1 mL
Bouillon de bœuf en poudre	1½ c. à thé	7 mL
Bouillon de poulet en poudre	1½ c. à thé	7 mL
Sel	½ c. à thé	2 mL
Poivre	⅛ c. à thé	0,5 mL
Eau	2¼ tasses	560 mL
Lait écrémé évaporé (ou crème de table)	13½ oz	385 mL
Sherry ou vin blanc (ou sherry ou vin blanc sans alcool)	4 c. à thé	20 mL

Faire fondre la margarine dans une poêle à frire. Ajouter les champignons et l'oignon et les faire revenir jusqu'à ce qu'ils soient mous. La cuisson se fait mieux en 2 fois. Rajouter de la margarine au besoin.

Incorporer la farine, la poudre d'ail, les bouillons en poudre, le sel et le poivre. Ajouter l'eau et remuer jusqu'à ce que la préparation bouille et épaississe. Laisser mijoter environ 5 minutes, jusqu'à ce que les légumes soient tendres.

Ajouter le lait évaporé et le sherry. Réchauffer, mais sans porter à ébullition. Donne 1 L (4 tasses) de soupe.

250 mL (1 tasse) de soupe : 184 calories; 10 g de protéines; 6,7 g de matières grasses; 21 g de glucides; 1 002 mg de sodium

Photo à la page 153.

Soupe à la citrouille

On peut passer la soupe au mélangeur pour la rendre crémeuse. Se congèle et se réchauffe bien.

Margarine dure (ou beurre)	1½ c. à soupe	25 mL
Oignon, haché fin	¾ tasse	175 mL
Farine tout usage	2½ c. à soupe	37 mL
Eau	2½ tasses	625 mL
Pommes de terre cuites, en purée	1½ tasse	375 mL
Citrouille cuite, en purée (ou 2 boîtes de 398 mL, 14 oz, chacune)	3¼ tasses	810 mL
Lait	2 tasses	500 mL
Bouillon de poulet en poudre	1 c. à soupe	15 mL
Lait écrémé évaporé (ou crème de table)	½ tasse	125 mL
Sel	1½ c. à thé	7 mL
Poivre	¼ c. à thé	1 mL
Sherry (ou sherry sans alcool)	3 c. à soupe	50 mL
Cassonade, tassée	2 c. à soupe	30 mL

Faire fondre la margarine dans une grande casserole. Ajouter l'oignon et le faire revenir jusqu'à ce qu'il soit mou, mais sans le laisser dorer. Incorporer la farine, puis ajouter l'eau et chauffer jusqu'à ce que la préparation bouille et épaississe.

Incorporer les pommes de terre et la citrouille.

Ajouter les 7 derniers ingrédients. Chauffer, en remuant souvent, jusqu'à ce que la soupe soit chaude. Donne 2,25 L (9 tasses) de soupe.

250 mL (1 tasse) de soupe : 144 calories; 5 g de protéines; 3,1 g de matières grasses; 24 g de glucides; 745 mg de sodium

Photo ci-dessus.

Variante : Ajouter 2 mL (½ c. à thé) de chili en poudre à la soupe.

Soupes et chaudrées

Chaudrée de
palourdes rapide

Chaudrée de palourdes rapide

Le poivron vert donne beaucoup de goût. La préparation ne prend que 15 minutes. ☺Le mélange à pommes de terre dauphinoises fait gagner bien du temps!

Mélange à pommes de terre dauphinoises avec sachet de sauce	1 × 5½ oz	1 × 155 g
Lait et eau, selon le mode d'emploi		
Poivron vert, haché fin	¼ tasse	60 mL
Carotte, râpée	¼ tasse	60 mL
Oignon, haché fin	¼ tasse	60 mL
Lait	2 tasses	500 mL
Lait	½ tasse	125 mL
Farine tout usage	2 c. à soupe	30 mL
Petites palourdes, en conserve, non égouttées	1 × 10 oz	1 × 284 mL

Vider les pommes de terre et le sachet de sauce dans un grand poêlon. Incorporer la première quantité de lait et l'eau tel qu'indiqué sur l'emballage, le poivron vert, les carottes et l'oignon. Porter à ébullition en remuant. Baisser le feu. Couvrir. Laisser mijoter environ 30 minutes, en remuant de temps en temps, jusqu'à ce que les pommes de terre soient tendres et se défassent.

Incorporer la seconde quantité de lait. Porter tout juste à ébullition.

Combiner la troisième quantité de lait peu à peu à la farine, dans une tasse, jusqu'à ce que le mélange soit lisse. Incorporer au contenu du poêlon et porter de nouveau à ébullition. Poursuivre la cuisson jusqu'à ce que la préparation épaississe.

Ajouter les palourdes non égouttées. Réchauffer. Donne 2 L (8 tasses) de chaudrée.

250 mL (1 tasse) de chaudrée : 195 calories; 14 g de protéines; 6 g de matières grasses; 21 g de glucides; 514 mg de sodium

Photo ci-dessus.

Chaudrée de palourdes

Si épaisse qu'elle rappelle un ragoût. Pour une grande occasion, on peut ajouter des crevettes, des pétoncles, du homard ou d'autres fruits de mer. ☺Peut être préparée à l'avance et congelée.

Grosses pommes de terre, coupées en cubes	3	3
Grosses carottes, coupées en cubes	3	3
Eau bouillante, pour couvrir		
Tranches de bacon, coupées en dés	10 à 12	10 à 12
Gros poivron vert, coupé en dés	1	1
Céleri, haché	1½ tasse	375 mL
Oignon haché	1½ tasse	375 mL
Eau des palourdes réservée		
Crème de pommes de terre condensée	2 × 10 oz	2 × 284 mL
Poivre au citron	¼ c. à thé	1 mL
Sel	1 c. à thé	5 mL
Poivre	⅛ c. à thé	0,5 mL
Petites palourdes, en conserve, égouttées, eau réservée	2 × 10 oz	2 × 284 mL
Tomates étuvées, en conserve	14 oz	398 mL
Lait	1½ tasse	375 mL

Attendrir les pommes de terre et les carottes dans l'eau bouillante, dans une grande casserole. Ne pas égoutter.

Frire le bacon jusqu'à ce qu'il soit croustillant. Le réserver dans un plat. Jeter toute la graisse, sauf 15 mL (1 c. à soupe).

Mettre le poivron vert, le céleri et l'oignon dans la poêle et les faire revenir jusqu'à ce qu'ils soient mous. Ajouter les légumes et les sucs de cuisson au mélange de pommes de terre. Ajouter le bacon.

Ajouter l'eau des palourdes, la crème de pommes de terre, le poivre au citron, le sel et le poivre. Remuer. Laisser bouillir doucement pendant 10 à 15 minutes.

Ajouter les palourdes, les tomates et le lait. Réchauffer sans porter à ébullition pour éviter que la chaudrée tourne. Donne 5 L (20 tasses) de chaudrée.

250 mL (1 tasse) de chaudrée : 130 calories; 10 g de protéines; 3,7 g de matières grasses; 14 g de glucides; 607 mg de sodium

Photo à la page 153.

---

1. Crème de champignons, page 151
2. Biscuits de pâte au blé entier, page 62
3. Chaudrée de palourdes, page 152
4. Soupe aux haricots noirs, page 154

Soupe aux piments verts

Très légèrement verte et subtilement épicée au chili. La recette peut être doublée. ☼Préparer la veille et réchauffer juste avant de servir.

Eau	1 tasse	250 mL
Oignon, haché fin	¼ tasse	60 mL
Fromage à la crème à faible teneur en matières grasses, ramolli et coupé en morceaux	4 oz	125 g
Crème sure sans matières grasses	½ tasse	125 mL
Piments verts hachés, en conserve, non égouttés	4 oz	114 mL
Poudre d'ail	⅛ c. à thé	0,5 mL
Bouillon de poulet en poudre	1 c. à thé	5 mL
Lait	1 tasse	250 mL
Lait écrémé évaporé	½ tasse	125 mL
Sel	⅛ c. à thé	0,5 mL
Poivre, une pincée		

Mettre l'eau et l'oignon dans une casserole. Cuire jusqu'à ce que l'oignon soit mou. Laisser refroidir. Verser le tout dans le mélangeur.

Ajouter le fromage à la crème, la crème sure, les piments non égouttés, la poudre d'ail et le bouillon en poudre. Combiner au mélangeur jusqu'à ce que la préparation soit lisse. Remettre le liquide dans la casserole.

Ajouter le lait et le lait évaporé, le sel et le poivre. Réchauffer. Donne 1 L (4 tasses) de soupe.

250 mL (1 tasse) de soupe : 137 calories; 9 g de protéines; 6,1 g de matières grasses; 12 g de glucides; 825 mg de sodium

Photo sur cette page.

Soupe à la dinde

Une soupe à l'ancienne, bien consistante. Pour qu'elle soit plus épaisse, couper les légumes en dés. ☼Préparer à l'avance et congeler ou se conserve trois jours, sous couvert, au réfrigérateur.

Ailes de dinde, dépouillées	2	2
Oignon haché	1 tasse	250 mL
Céleri, haché	⅓ tasse	75 mL
Carotte, râpée	1 tasse	250 mL
Pomme de terre, râpée	1 tasse	250 mL
Chou, tranché fin	1 tasse	250 mL
Eau	6 tasses	1,5 L
Bouillon de poulet en poudre	1 c. à soupe	15 mL
Sel	1 c. à thé	5 mL
Poivre	¼ c. à thé	1 mL

Mettre les 10 ingrédients dans un faitout. Porter à ébullition en remuant de temps en temps. Couvrir. Laisser frémir 30 minutes. Retirer les ailes. Désosser et jeter les os. Hacher la dinde et la remettre dans la soupe. Donne 1,5 L (6 tasses) de soupe.

250 mL (1 tasse) de soupe : 81 calories; 8 g de protéines; 0,7 g de matières grasses; 10 g de glucides; 815 mg de sodium

Photo sur cette page.

Soupe à la dinde   Soupe aux piments verts

Soupe aux haricots noirs

Pour que la soupe soit plus consistante, broyer les ingrédients au lieu de les réduire en purée. ☼Préparer trois jours à l'avance ou congeler et réchauffer.

Haricots noirs, en conserve, égouttés et rincés	19 oz	540 mL
Bouillon de bœuf condensé	10 oz	284 mL
Flocons d'oignon	1 c. à soupe	15 mL
Eau	1 tasse	250 mL
Sherry (ou sherry sans alcool)	2 c. à soupe	30 mL
Poudre d'ail	¼ c. à thé	1 mL
Piments rouges du Chili broyés	¼ c. à thé	1 mL
Fécule de maïs	2 c. à thé	10 mL
Eau	1 c. à soupe	15 mL
Haricots noirs, en conserve, égouttés et rincés	19 oz	540 mL
Crème sure, pour décorer (facultative)		
Persil haché, pour décorer	1 c. à thé	5 mL

Réduire les 7 premiers ingrédients en purée dans le mélangeur. Verser dans une casserole. Porter à ébullition en remuant souvent.

Délayer la fécule de maïs dans la seconde quantité d'eau dans une petite tasse. Incorporer à la soupe et laisser bouillir et épaissir.

Incorporer la seconde quantité de haricots noirs. Réchauffer.

Décorer chaque bol de soupe d'un feston de crème sure. Garnir de persil. Donne 1 L (4 tasses) de soupe.

250 mL (1 tasse) de soupe : 166 calories; 11 g de protéines; 0,9 g de matières grasses; 28 g de glucides; 721 mg de sodium; une bonne source de fibres alimentaires

Photo à la page 153.

Carrés

Un assortiment de carrés compte parmi les plus simples des gâteries que l'on peut garder sous la main, au cas où des visiteurs se présenteraient à l'improviste. Servis avec du thé ou du café, ils constituent un goûter sucré et satisfaisant, l'après-midi ou en soirée.

Vos invités auront l'impression que vous avez travaillé fort pour préparer ces carrés pour eux... votre secret est bien gardé!

Carrés marbrés

Garnis de petits morceaux de chocolat. La préparation ne prend que 15 minutes. ☺Garder des noix de Grenoble hachées au congélateur; elles servent dans bien des recettes. Couper les carrés avant ou après la congélation.

Margarine dure (ou beurre), ramollie	½ tasse	125 mL
Cassonade, tassée	½ tasse	125 mL
Sucre granulé	¼ tasse	60 mL
Gros œuf	1	1
Vanille	¾ c. à thé	4 mL
Farine tout usage	1 tasse	250 mL
Sel	½ c. à thé	2 mL
Noix de Grenoble, hachées (facultatives)	½ tasse	125 mL
Brisures de chocolat mi-sucré	1 tasse	250 mL

Battre en crème la margarine avec le sucre et la cassonade dans un bol. Incorporer l'œuf et la vanille en battant.

Ajouter la farine, le sel et les noix. Remuer pour humecter les ingrédients secs. Verser la pâte dans un moule graissé de 22 × 22 cm (9 × 9 po).

Répandre les brisures de chocolat sur la pâte. Mettre au four à 350° F (175° C) environ 3 minutes pour faire fondre les brisures. Passer un couteau dans la pâte pour créer la marbrure. Enfourner et cuire environ 20 minutes, jusqu'à ce qu'un cure-dents inséré au centre du moule ressorte sec. Laisser refroidir. Couper en 36 carrés.

1 carré : 83 calories; 1 g de protéines; 4,7 g de matières grasses; 10 g de glucides; 73 mg de sodium

Photo à la page 159.

Barres sucrées

On dirait une barre granola enrobée de chocolat. La préparation ne prend que 15 minutes. ☺Préparer deux jours à l'avance ou congeler.

Margarine dure (ou beurre), ramollie	1 tasse	250 mL
Cassonade, tassée	1 tasse	250 mL
Flocons d'avoine à cuisson rapide (pas instantanés)	3 tasses	750 mL
Sirop de maïs	½ tasse	125 mL
Farine tout usage	1 tasse	250 mL
Glaçage :		
Brisures de chocolat mi-sucré	1½ tasse	375 mL
Beurre d'arachides crémeux	1 tasse	250 mL
Arachides, hachées fin (facultatives)	2 à 3 c. à soupe	30 à 50 mL

Faire fondre la margarine dans une casserole. Incorporer la cassonade, les flocons d'avoine, le sirop de maïs et la farine. Étaler la pâte dans un moule graissé de 22 × 33 cm (9 × 13 po). Cuire au four à 350° F (175° C) pendant 15 à 18 minutes. Laisser tiédir.

Glaçage : Combiner les brisures de chocolat et le beurre d'arachides dans une casserole. Chauffer à feu doux, en remuant souvent, jusqu'à ce que le chocolat ait fondu. Étaler sur les carrés, dans le moule.

Répandre les arachides sur le glaçage. Laisser refroidir. Couper en 54 barres.

1 barre : 140 calories; 2 g de protéines; 8,2 g de matières grasses; 16 g de glucides; 71 mg de sodium

Photo ci-dessous.

Barres sucrées

Carrés au fudge

On dirait un biscuit aux flocons d'avoine et au chocolat, mais un peu plus élaboré. ☺Couper avant ou après la congélation.

Margarine dure (ou beurre), ramollie	½ tasse	125 mL
Cassonade, tassée	1 tasse	250 mL
Gros œuf	1	1
Vanille	1 c. à thé	5 mL
Farine tout usage	1¼ tasse	300 mL
Flocons d'avoine à cuisson rapide (pas instantanés)	1¼ tasse	300 mL
Bicarbonate de soude	1 c. à thé	5 mL
Sel	½ c. à thé	2 mL
Garniture :		
Lait condensé sucré	½ tasse	125 mL
Brisures de chocolat mi-sucré	1 tasse	250 mL
Vanille	½ c. à thé	2 mL
Sel	¼ c. à thé	1 mL
Noix de Grenoble, hachées (ou pacanes)	½ tasse	125 mL

Battre en crème la margarine et la cassonade dans un bol. Incorporer l'œuf et la vanille en battant.

Ajouter la farine, les flocons d'avoine, le bicarbonate de soude et le sel. Remuer pour combiner le tout. Presser environ les ⅔ du mélange dans un moule graissé de 22 x 22 cm (9 x 9 po).

Garniture : Combiner le lait condensé avec les brisures de chocolat, la vanille et le sel dans une casserole. Chauffer en remuant jusqu'à ce que le chocolat ait fondu.

Incorporer les noix. Dresser à la cuillère sur le mélange dans le moule. Émietter le reste du mélange de flocons d'avoine sur la garniture. Enfoncer légèrement. Cuire au four à 350° F (175° C) pendant 25 à 30 minutes, jusqu'à ce que le dessus soit doré. Laisser refroidir. Couper en 36 carrés.

1 carré : 130 calories; 2 g de protéines; 6,4 g de matières grasses; 17 g de glucides; 137 mg de sodium

Photo ci-dessous.

Extérieur : Fudge simplicité
Intérieur : Carrés au fudge

Fudge simplicité

Le rêve des novices. Un carré simple, riche et onctueux au possible. ☺Préparer à l'avance et réfrigérer jusqu'au moment de servir. Se conserve 30 minutes à la température de la pièce.

Sucre à glacer	3 tasses	750 mL
Cacao	½ tasse	125 mL
Lait évaporé	¼ tasse	60 mL
Margarine dure (ou beurre), coupée en petits morceaux	1 tasse	250 mL
Vanille	2 c. à thé	10 mL
Moitiés de pacanes (facultatives)	¾ tasse	175 mL

Mettre le sucre à glacer et le cacao dans une cocotte non graissée de 2 L (2 pte). Ne pas remuer.

Ajouter le lait évaporé et la margarine. Ne pas remuer. Cuire au micro-ondes, à découvert, à puissance maximale (100 %) environ 3½ minutes, jusqu'à ce que la margarine ait tout juste fondu. Ajouter la vanille. Battre au malaxeur électrique jusqu'à ce que le mélange soit lisse. Verser le tout dans un plat de 20 x 20 cm (8 x 8 po) recouvert de papier d'aluminium. Mettre au congélateur pendant 40 minutes pour que le fudge prenne rapidement, puis réfrigérer. Couper en 64 carrés.

Décorer chaque carré avec une moitié de pacane.

1 carré : 52 calories; trace de protéines; 3,1 g de matières grasses; 6 g de glucides; 37 mg de sodium

Photo sur cette page.

Carrés Graham au chocolat

Un carré doré et moelleux. ☺Garder les quatre ingrédients à portée de main pour pouvoir recevoir à la dernière minute. Se préparent très vite. Couper avant de congeler.

Chapelure de biscuits Graham	1 tasse	250 mL
Brisures de chocolat mi-sucré	1 tasse	250 mL
Noix de Grenoble, hachées (ou pacanes)	½ tasse	125 mL
Lait condensé sucré (voir remarque)	11 oz	300 mL

Bien combiner les 4 ingrédients dans un bol. Étaler dans un moule graissé de 20 x 20 cm (8 x 8 po). Cuire au four à 350° F (175° C) environ 35 minutes. Couper les carrés pendant qu'ils sont tièdes. Couper en 25 carrés.

1 carré : 142 calories; 3 g de protéines; 6,5 g de matières grasses; 21 g de glucides; 89 mg de sodium

Remarque : Pour 398 mL (14 oz) de lait condensé sucré, mettre 325 mL (1⅓ tasse) de chapelure de biscuits Graham.

Photo à la page 159.

Au centre, à gauche :
Carrés aux amandes fromagés, ci-dessous

En haut, à droite :
Carrés à la crème sure, ci-dessous

En bas, à droite :
Carrés aux pacanes et au caramel, page 158

Carrés aux amandes fromagés

Une texture légère et gonflée. Peut faire office de dessert en coupant des morceaux plus gros et en les servant avec une fourchette.
☺*Ne pas couper avant la congélation pour avoir le choix.*

Fond :		
Margarine dure (ou beurre), ramollie	½ tasse	125 mL
Mélange à pain de Savoie	1	1
Gros œufs	2	2
Essence d'amande	1 c. à thé	5 mL
Couche supérieure :		
Fromage à la crème, ramolli	8 oz	250 g
Sucre à glacer	3 tasses	750 mL
Gros œufs	2	2
Essence d'amande	1 c. à thé	5 mL
Amandes, tranchées	¼ tasse	60 mL

Fond : Combiner les 4 ingrédients dans un bol. Bien mélanger. Étaler le tout dans un moule graissé de 22 × 33 cm (9 × 13 po).

Couche supérieure : Battre le fromage à la crème dans un bol. Incorporer le sucre à glacer en battant. Ajouter la seconde quantité d'œufs et l'essence d'amandes. Bien battre le tout, puis verser la préparation dans le moule.

Répandre les amandes sur le dessus. Les enfoncer légèrement dans la pâte avec le dos d'une cuillère. Cuire au four à 350° F (175° C) environ 30 minutes. Laisser refroidir. Couper en 54 carrés.

1 carré : 109 calories; 1 g de protéines; 5,3 g de matières grasses; 14 g de glucides; 78 mg de sodium

Photo ci-dessus.

Carrés à la crème sure

Les amateurs de tarte aux raisins aimeront ces carrés.
☺*Se congèlent bien.*

Fond :		
Margarine dure (ou beurre), ramollie	1 tasse	250 mL
Cassonade, tassée	1 tasse	250 mL
Farine tout usage	1¼ tasse	300 mL
Bicarbonate de soude	1 c. à thé	5 mL
Sel	½ c. à thé	2 mL
Flocons d'avoine à cuisson rapide (pas instantanés)	1½ tasse	375 mL
Garniture :		
Sucre granulé	¾ tasse	175 mL
Fécule de maïs	1½ c. à soupe	25 mL
Crème sure	1½ tasse	375 mL
Raisins secs	2 tasses	500 mL
Vanille	1 c. à thé	5 mL

Fond : Combiner les 6 ingrédients dans un bol jusqu'à obtenir un mélange grossier. Presser la ½ du mélange (environ 500 mL, 2 tasses) dans un moule graissé de 22 × 33 cm (9 × 13 po). Cuire au four à 350° F (175° C) pendant 7 minutes, jusqu'à ce que le tout soit bien doré.

Garniture : Combiner les 5 ingrédients dans une casserole. Chauffer en remuant jusqu'à ce que la garniture bouille et épaississe. Verser dans le moule. Éparpiller le reste du premier mélange sur le dessus. Cuire environ 30 minutes. Laisser refroidir. Couper en 54 carrés.

1 carré : 108 calories; 1 g de protéines; 4,8 g de matières grasses; 16 g de glucides; 98 mg de sodium

Photo ci-dessus.

Carrés croustillants au caramel

En étalant soigneusement la garniture, on peut créer un effet « tigré » avec des festons oranges et chocolatés.
☺*Se congèlent mieux entiers et se tranchent plus facilement si le plat n'est pas complètement dégelé.*

Lait condensé sucré	½ tasse	125 mL
Sirop de maïs	2 c. à soupe	30 mL
Cassonade, tassée	½ tasse	125 mL
Margarine dure (ou beurre)	¼ tasse	60 mL
Céréales de riz croustillant	5 tasses	1,25 L
Noix de Grenoble, hachées (ou pacanes), facultatives	1 tasse	250 mL
Garniture :		
Brisures de chocolat mi-sucré	1 tasse	250 mL
Brisures de caramel écossais	1 tasse	250 mL

Verser les 4 premiers ingrédients dans une grande casserole. Porter à ébullition en remuant souvent, à feu moyen. Laisser bouillir 5 minutes, en remuant sans arrêt. Retirer du feu. Battre lentement à la cuillère jusqu'à ce que le mélange épaississe légèrement.

Ajouter les céréales et les noix. Bien combiner le tout. Presser la préparation dans un moule graissé de 22 x 33 cm (9 x 13 po).

Garniture : Répandre les brisures de chocolat et de caramel sur le dessus. Chauffer à 200° F (95° C) pendant 4 à 5 minutes pour les faire fondre. Tracer des plumes avec un couteau. Laisser refroidir complètement avant de couper les carrés. Couper en 54 carrés.

1 carré : 72 calories; 1 g de protéines; 2,5 g de matières grasses; 13 g de glucides; 46 mg de sodium

Photo à la page 159.

Fudge aux noix

Un agréable mélange de sucre et de noix.
☺*Garder des noix hachées dans le congélateur.*
Le fudge peut être congelé entier ou coupé en carrés.

Sucre granulé	2 tasses	500 mL
Sirop de maïs blanc	½ tasse	125 mL
Eau	½ tasse	125 mL
Margarine dure (ou beurre)	1 c. à soupe	15 mL
Sel, une petite pincée		
Noix de Grenoble, hachées (ou pacanes)	2 tasses	500 mL

Combiner les 5 premiers ingrédients dans une casserole à feu moyen et porter à ébullition.

Ajouter les noix. Laisser bouillir sans remuer pendant 15 à 20 minutes, jusqu'à ce que la préparation atteigne le stade petit boulé selon le thermomètre à bonbons ou qu'une petite cuillerée forme une boule molle quand on la passe sous l'eau froide. Retirer du feu. Laisser reposer 15 minutes. Battre à la cuillère environ 10 minutes, jusqu'à ce que le mélange palisse et commence à épaissir. Verser dans un moule graissé de 20 x 20 cm (8 x 8 po). Laisser refroidir. Couper en 64 carrés.

1 carré : 61 calories; 1 g de protéines; 2,7 g de matières grasses; 9 g de glucides; 4 mg de sodium

Photo à la page 159.

Carrés aux pacanes et au caramel

Le fond moelleux est recouvert de caramel. ☺*Se congèlent bien.*

Fond :		
Margarine dure (ou beurre)	1 tasse	250 mL
Flocons d'avoine à cuisson rapide (pas instantanés)	1¾ tasse	425 mL
Cassonade, tassée	1 tasse	250 mL
Farine tout usage	¾ tasse	175 mL
Cacao	¼ tasse	60 mL
Bicarbonate de soude	½ c. à thé	2 mL
Pacanes, hachées (ou noix de Grenoble)	½ tasse	125 mL
Milieu :		
Lait condensé sucré	½ tasse	125 mL
Cassonade, tassée	½ tasse	125 mL
Margarine dure (ou beurre)	½ tasse	125 mL
Sirop de maïs	2 c. à soupe	30 mL
Couche supérieure :		
Brisures de chocolat mi-sucré	⅔ tasse	150 mL
Margarine dure (ou beurre)	2 c. à soupe	30 mL

Fond : Faire fondre la margarine dans une casserole moyenne. Ajouter les 6 prochains ingrédients. Bien combiner le tout. Presser dans un moule graissé de 22 x 33 cm (9 x 13 po). Cuire au four à 350° F (175° C) environ 15 minutes.

Milieu : Verser les 4 ingrédients dans un poêlon moyen, à feu moyen. Remuer. Porter à ébullition. Laisser frémir en remuant sans arrêt pendant 5 minutes. La préparation brûle facilement. Retirer du feu. Battre lentement à la cuillère environ 2 minutes, jusqu'à ce que la préparation commence à épaissir légèrement. Ne pas battre trop longtemps sinon le mélange durcira trop en refroidissant. Étaler sur le fond, dans le moule. Laisser refroidir.

Couche supérieure : Faire fondre les brisures de chocolat et la margarine dans une petite casserole à feu doux, en remuant souvent. Étaler sur la couche du milieu refroidie. Couper en 54 carrés.

1 carré : 125 calories; 1 g de protéines; 7,9 g de matières grasses; 14 g de glucides; 88 mg de sodium

Photo à la page 157.

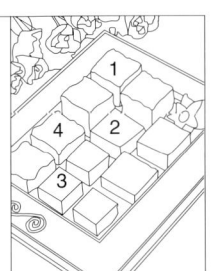

1. Carrés croustillants au caramel, page 158
2. Carrés Graham au chocolat, page 156
3. Fudge aux noix, page 158
4. Carrés marbrés, page 155

Légumes

Il ne faut pas négliger les légumes—ils sont polyvalents, colorés et délicieux et se transforment rapidement et facilement en plats d'accompagnement spectaculaires! Ces recettes vous permettront de proposer à vos proches et à vos amis une délicieuse alternative à l'ordinaire. Créez un repas unique et mémorable à l'aide de cette collection exceptionnelle de recettes.

Pâtissons

Acheter ces courges uniques quand elles sont en saison pour les payer moins cher. ⊙La préparation ne prend que dix minutes.

Pâtissons (courges d'été), environ 24 (les petites ont meilleur goût)	1½ lb	680 g
Eau bouillante		
Beurre à l'ail :		
Margarine dure (ou beurre), ramollie	2 c. à soupe	30 mL
Sel à l'ail	⅛ c. à thé	0,5 mL

Attendrir les pâtissons dans l'eau bouillante, dans une casserole, pendant 3 à 6 minutes. Égoutter.

Beurre à l'ail : Battre en crème la margarine et le sel à l'ail à la cuillère. Ajouter aux pâtissons. Remuer. Pour 6 personnes.

1 portion : 58 calories; 1 g de protéines; 4,2 g de matières grasses; 5 g de glucides; 75 mg de sodium

Photo sur cette page.

Carottes spéciales

La recette peut être doublée. ⊙Assembler à l'avance et garder au frais jusqu'au moment d'enfourner.

Carottes, tranchées fin	5 tasses	1,25 L
Oignon, grossièrement haché	1 tasse	250 mL
Eau bouillante		
Sauce à salade hypocalorique (ou mayonnaise)	¼ tasse	60 mL
Crème sure à faible teneur en matières grasses	¼ tasse	60 mL
Sel	½ c. à thé	2 mL
Poivre	1/16 c. à thé	0,5 mL
Garniture :		
Margarine dure (ou beurre)	1 c. à soupe	15 mL
Chapelure fine	¼ tasse	60 mL

Attendrir les carottes et l'oignon dans l'eau bouillante, dans une casserole. Égoutter et réduire en purée. Verser le tout dans une cocotte graissée de 1,5 L (1½ pte).

Combiner la sauce à salade avec la crème sure, le sel et le poivre dans un petit bol. Étaler sur le mélange de carottes.

Garniture : Faire fondre la margarine dans une petite casserole. Ajouter la chapelure. Remuer. Répandre sur le contenu de la cocotte. Cuire au four, à découvert, à 375° F (190° C) pendant 20 à 25 minutes, jusqu'à ce que la garniture soit dorée. Donne 1,1 L (4½ tasses) de carottes.

125 mL (½ tasse) de carottes : 75 calories; 1 g de protéines; 3,8 g de matières grasses; 9 g de glucides; 271 mg de sodium

Photo aux pages 168 et 169.

Pâtissons

Carottes glacées aux noix

Les pacanes rendent le plat croquant. ☺Couper les carottes à l'avance et les garder dans l'eau froide. Se préparent très rapidement.

Carottes, coupées en bouchées	2 lb	900 g
Eau bouillante		
Sel	1 c. à thé	5 mL
Margarine dure (ou beurre)	2 c. à soupe	30 mL
Farine tout usage	1 c. à soupe	15 mL
Cassonade, tassée	¼ tasse	60 mL
Eau	½ tasse	125 mL
Pacanes hachées, grillées (ou noix de Grenoble), facultatives	3 c. à soupe	50 mL

Attendrir les carottes dans l'eau bouillante additionnée du sel. Égoutter.

Faire fondre la margarine dans une petite casserole. Incorporer la farine et la cassonade. Ajouter l'eau et remuer jusqu'à ce que la préparation bouille et épaississe. Verser sur les carottes. Remuer.

Répandre les pacanes sur le dessus. Pour 8 personnes.

1 portion : 108 calories; 1 g de protéines; 3,2 g de matières grasses; 20 g de glucides; 111 mg de sodium; une bonne source de fibres alimentaires

Photo à la page 163.

Casserole de brocoli

Un agréable mélange de goûts. ☺Assembler le plat le matin et réfrigérer jusqu'au moment de l'enfourner.

Brocoli, haché (tiges hachées et bouquets coupés en bouchées)	5 tasses	1,25 L
Eau bouillante		
Crème sure	1 tasse	250 mL
Édam (ou cheddar mi-fort), râpé	1 tasse	250 mL
Graines de céleri	⅛ c. à thé	0,5 mL
Poudre d'ail	⅛ c. à thé	0,5 mL
Sel	½ c. à thé	2 mL
Poivre, une pincée		
Pacanes hachées, grillées (ou amandes)	¼ tasse	60 mL

Cuire le brocoli dans l'eau bouillante jusqu'à ce qu'il soit tendre, mais encore croquant. Bien égoutter.

Combiner les 6 prochains ingrédients dans un bol. Étaler la ½ du brocoli dans une cocotte graissée de 1,5 L (1½ pte). Étaler la ½ du mélange de crème sure sur le brocoli. Faire ainsi 2 autres couches.

Répandre les pacanes sur le dessus. Cuire au four, à découvert, à 325° F (160° C) environ 30 minutes, jusqu'à ce que le plat soit très chaud. Pour 6 personnes.

1 portion : 207 calories; 11 g de protéines; 15,3 g de matières grasses; 10 g de glucides; 472 mg de sodium; une bonne source de fibres alimentaires

Photo sur cette page.

En haut, à gauche : Purée de navets aux guimauves, ci-dessous
Au centre, à droite : Pommes de terre aux herbes et à l'ail, page 167
En bas, à gauche : Casserole de brocoli, ci-contre

Purée de navets aux guimauves

Un grand favori! La couleur rivalise avec la texture. ☺Peut être préparée à l'avance et congelée sans la garniture. Ajouter celle-ci au moment de réchauffer.

Navets jaunes, pelés et coupés en dés	2¼ lb	1 kg
Eau bouillante	2 tasses	500 mL
Sel	½ c. à thé	2 mL
Sucre granulé	½ c. à thé	2 mL
Margarine dure (ou beurre)	3 c. à soupe	50 mL
Sel (facultatif)	½ c. à thé	2 mL
Poivre	⅛ c. à thé	0,5 mL
Flocons de pommes de terre (facultatifs), environ	½ tasse	125 mL
Guimauves miniatures (ou grosses guimauves, coupées en deux), environ	1⅓ tasse	325 mL

Cuire les navets dans l'eau bouillante additionnée de la première quantité de sel et du sucre dans une casserole jusqu'à ce qu'ils soient très tendres. Égoutter et réduire en purée. Peut se faire au robot culinaire.

Ajouter la margarine, la seconde quantité de sel et le poivre. Si la purée est trop liquide, ajouter les flocons de pommes de terre. Réduire en purée. On peut ajouter plus ou moins de flocons selon la texture. Verser le tout dans une cocotte non graissée de 2 L (2 pte). Cuire au four à 350° F (175° C) environ 20 minutes, jusqu'à ce que le plat soit bien réchauffé.

Couvrir de guimauves. Cuire environ 7 minutes de plus, jusqu'à ce que le dessus soit bien doré. Pour 8 personnes.

1 portion : 88 calories; 1 g de protéines; 4,5 g de matières grasses; 13 g de glucides; 121 mg de sodium

Photo ci-dessus.

Aubergines au parmesan, page 163

Légumes à l'italienne

Un plat vivement coloré. On sent bien le goût des fines herbes et de l'ail. ☺Pour gagner du temps, couper et mesurer les légumes à l'avance. Il ne reste plus qu'à les cuire.

Huile d'olive (ou de cuisson)	1 c. à thé	5 mL
Gousse d'ail, émincée	1	1
Carottes, tranchées en médaillons	2 tasses	500 mL
Eau	2 c. à soupe	30 mL
Bouquets de brocoli	1 tasse	250 mL
Bouquets de chou-fleur	1 tasse	250 mL
Petites courgettes (environ 7,5 cm, 3 po, de longueur), entières (ou 750 mL, 3 tasses, tranchées)	1 lb	454 g
Basilic déshydraté	1 c. à thé	5 mL
Origan entier déshydraté	½ c. à thé	2 mL
Eau	3 c. à soupe	50 mL
Tomates en dés, en conserve, égouttées	14 oz	398 mL
Sucre granulé	½ c. à thé	2 mL
Sel	¼ c. à thé	1 mL
Poivre	⅛ c. à thé	0,5 mL

Réchauffer l'huile de cuisson dans une poêle à frire. Ajouter l'ail. Chauffer, en remuant sans arrêt jusqu'à ce qu'il soit mou.

Ajouter les carottes et l'eau. Couvrir. Cuire pendant 3 minutes à feu fort.

Ajouter les 6 prochains ingrédients. Couvrir. Cuire environ 5 minutes, jusqu'à ce que les légumes soient tendres, mais encore croquants. Ne pas cuire trop longtemps.

Ajouter les tomates, le sucre, le sel et le poivre. Remuer doucement. Couvrir et réchauffer environ 1 minute. Donne 2 L (8 tasses) de légumes.

125 mL (½ tasse) de légumes : 22 calories; 1 g de protéines; 0,5 g de matières grasses; 4 g de glucides; 92 mg de sodium

Photo sur la couverture et à la page 166.

Légumes braisés

L'odeur de ce plat de style chinois met l'eau à la bouche. ☺Couper et mesurer tous les légumes à l'avance. La cuisson ne prend qu'une dizaine de minutes.

Huile de cuisson	2 c. à thé	10 mL
Oignon haché	1 tasse	250 mL
Carottes moyennes, coupées en juliennes	2	2
Gingembre frais, râpé	1 c. à soupe	15 mL
Gousse d'ail, émincée (ou 1 mL, ¼ c. à thé, de poudre d'ail)	1	1
Eau	¼ tasse	60 mL
Pak choi, tiges blanches, coupées en longs morceaux	4½ tasses	1,1 L
Bouquets de brocoli	2 tasses	500 mL
Pak choi, feuilles vertes, coupées en gros morceaux	5 tasses	1,25 L
Pois en cosses, frais ou surgelés	2 tasses	500 mL
Épis de maïs miniatures, en conserve, égouttés	14 oz	398 mL
Sel, une pincée		
Poivre, une pincée		
Fécule de maïs	1 c. à soupe	15 mL
Eau	1 c. à soupe	15 mL
Sauce soja (ou sauce aux huîtres)	2 c. à soupe	30 mL
Sucre granulé	½ c. à thé	2 mL

Réchauffer l'huile de cuisson dans un wok ou une poêle à frire. Ajouter l'oignon, les carottes, le gingembre et l'ail. Faire revenir pendant 2 minutes.

Ajouter la première quantité d'eau, les morceaux blancs de pak choi et le brocoli. Remuer. Couvrir. Cuire pendant 3 à 4 minutes.

Ajouter les feuilles vertes de pak choi, les pois et les épis. Saler et poivrer. Faire revenir pendant 2 minutes.

Délayer la fécule de maïs, la seconde quantité d'eau, la sauce soja et le sucre dans un petit bol. Tasser les légumes d'un côté. Verser le mélange de fécule de maïs dans la poêle. Remuer jusqu'à ce que la sauce épaississe et y combiner graduellement les légumes. Donne 2,75 L (11 tasses) de légumes.

250 mL (1 tasse) de légumes : 71 calories; 4 g de protéines; 1,2 g de matières grasses; 14 g de glucides; 244 mg de sodium

Photo à la page 171.

Casserole dorée aux aubergines

L'accompagnement parfait. ⏲*Assembler le plat la veille et réfrigérer jusqu'au moment d'enfourner.*

Grosse aubergine, pelée et coupée en cubes (environ 625 mL, 2½ tasses)	1	1
Eau bouillante		
Sel	1 c. à thé	5 mL
Biscuits soda, émiettés	18	18
Cheddar mi-fort ou fort, râpé	½ tasse	125 mL
Céleri, haché	¼ tasse	60 mL
Piments doux, hachés	2 c. à soupe	30 mL
Margarine dure (ou beurre), fondue	1 c. à soupe	15 mL
Sel	½ c. à thé	2 mL
Poivre	⅛ c. à thé	0,5 mL
Lait écrémé évaporé (ou crème de table)	1 tasse	250 mL

Cuire l'aubergine dans l'eau bouillante additionnée de la première quantité de sel pendant 5 à 10 minutes. Elle doit être encore ferme. Égoutter.

Ajouter les 8 derniers ingrédients. Remuer. Dresser dans une cocotte graissée de 1,5 L (1½ pte). Cuire au four, à découvert, à 350° F (175° C) environ 45 minutes. Pour 6 personnes.

1 portion : 139 calories; 7 g de protéines; 6,4 g de matières grasses; 13 g de glucides; 469 mg de sodium

Photo à la page 165.

Aubergines au parmesan

Le gratin est doré. ⏲*Assembler le plat la veille ou le matin. Cuire en temps voulu.*

Aubergines moyennes (environ 2 lb, 900 g), pelées et tranchées	2	2
Eau bouillante		
Sel	½ c. à thé	2 mL
Farine tout usage	½ tasse	125 mL
Origan entier déshydraté	½ c. à thé	2 mL
Basilic déshydraté	½ c. à thé	2 mL
Sel	½ c. à thé	2 mL
Poivre	⅛ c. à thé	0,5 mL
Huile de cuisson (ou margarine dure)	2 c. à soupe	30 mL
Sauce tomate	14 oz	398 mL
Tranches de préparation de mozzarella fondu	8	8
Parmesan, râpé	½ tasse	125 mL

Cuire les aubergines dans l'eau bouillante additionnée de la première quantité de sel pendant 5 à 10 minutes. Elles doivent être encore fermes. Égoutter. Laisser refroidir quelques instants.

Combiner la farine et les assaisonnements.

Tremper les tranches d'aubergine dans le mélange de farine. Les faire dorer dans l'huile de cuisson, dans une poêle à frire.

Verser 6 mm (¼ po) de sauce tomate dans une cocotte de 2 L (2 pte). Coucher le ⅓ des tranches d'aubergine dans la cocotte, puis le ⅓ du reste de sauce tomate, le ⅓ du mozzarella et le ⅓ du parmesan. Faire d'autres couches jusqu'à ce que tous les ingrédients soient dans la cocotte. Couvrir. Cuire au four à 400° F (205° C) pendant 20 minutes. Découvrir et poursuivre la cuisson pendant 10 minutes. Pour 8 personnes.

1 portion : 218 calories; 12 g de protéines; 13,5 g de matières grasses; 13 g de glucides; 1 034 mg de sodium

Photo à la page 162.

Casserole de pommes de terre rapide, page 169

Carottes glacées aux noix, page 161

Riz élégant, page 170   Oignons en cocotte, ci-dessous

Oignons en cocotte

Ce plat accompagne bien un rôti. ☉*Peut être assemblé la veille. Ajouter la garniture de chapelure avant d'enfourner.*

Oignons, tranchés	6 tasses	1,5 L
Eau bouillante		
Sel	⅛ c. à thé	0,5 mL
Poivre	¼ c. à thé	1 mL
Monterey Jack (ou gruyère), râpé	1 tasse	250 mL
Crème de poulet condensée	10 oz	284 mL
Lait	½ tasse	125 mL
Sauce soja	1 c. à thé	5 mL
Garniture :		
Margarine dure (ou beurre)	1½ c. à soupe	25 mL
Chapelure fine	6 c. à soupe	100 mL
Miettes de simili-bacon (facultatives)	1 c. à thé	5 mL

Attendrir les oignons dans l'eau bouillante. Égoutter. Verser dans une cocotte non graissée de 2 L (2 pte).

Saler et poivrer. Répandre le fromage sur les oignons.

Combiner la soupe avec le lait et la sauce soja dans un bol. Verser dans la cocotte. Remuer.

Garniture : Faire fondre la margarine dans une casserole. Incorporer la chapelure et les miettes de bacon. Répandre le tout sur les oignons. Cuire au four, à découvert, à 350° F (175° C) environ 30 minutes, jusqu'à ce que le plat soit chaud et doré. Donne 1,4 L (5½ tasses).

125 mL (½ tasse) : 127 calories; 5 g de protéines; 7,1 g de matières grasses; 11 g de glucides; 394 mg de sodium

Photo ci-dessus.

Trio de haricots au four

Un joli plat coloré. Servir avec des biscuits de pâte chauds et beurrés. ☉*Peut être préparé à l'avance et congelé.*

Tranches de bacon (environ 227 g, ½ lb), coupées en dés	8	8
Oignon haché	3 tasses	750 mL
Cassonade, tassée	1 tasse	250 mL
Vinaigre blanc	¼ tasse	60 mL
Haricots rouges, en conserve, égouttés	14 oz	398 mL
Haricots au lard, en conserve	14 oz	398 mL
Haricots de Lima surgelés	1⅓ tasse	325 mL
Champignons tranchés, en conserve, égouttés	10 oz	284 mL

Faire revenir le bacon jusqu'à ce qu'il soit presque cuit. Dégraisser. Mettre l'oignon dans la poêle et le faire revenir jusqu'à ce que le bacon soit cuit et que l'oignon soit mou. Dégraisser.

Ajouter la cassonade et le vinaigre. Remuer. Porter à ébullition. Laisser bouillir 10 minutes.

Verser les 4 prochains ingrédients dans une cocotte non graissée de 2 L (2 pte). Ajouter le mélange de bacon. Bien remuer. Cuire au four, à découvert, à 350° F (175° C) environ 1 heure. Donne environ 1,5 L (6 tasses) de haricots.

250 mL (1 tasse) de haricots : 413 calories; 15 g de protéines; 5,5 g de matières grasses; 81 g de glucides; 873 mg de sodium; une excellente source de fibres alimentaires

Photo à la page 165.

Haricots au four

Si bons qu'on voudra doubler, voire tripler, la recette. Un plat simple, qui n'exige qu'un récipient. ☉*La préparation ne prend que cinq minutes!*

Haricots en sauce tomate, en conserve	4 × 14 oz	4 × 398 mL
Pois chiches, en conserve, égouttés	19 oz	540 mL
Haricots rouges, en conserve, non égouttés	14 oz	398 mL
Salsa, douce, moyenne ou épicée	1½ tasse	375 mL
Cassonade, tassée	½ tasse	125 mL
Flocons d'oignon	¼ tasse	60 mL

Combiner les 6 ingrédients dans un plat à rôtir. Cuire au four, à découvert, à 350° F (175° C) pendant 50 à 60 minutes, jusqu'à ce que le plat bouillonne et brunisse sur le bord. Donne environ 2,5 L (10 tasses) de haricots.

250 mL (1 tasse) de haricots : 332 calories; 14 g de protéines; 1,5 g de matières grasses; 72 g de glucides; 1 580 mg de sodium; une excellente source de fibres alimentaires

Photo à la page 168.

Champignons en crème

Un deuxième légume simple. ⊙Préparer le matin et réchauffer doucement avant de servir.

Margarine dure (ou beurre)	2 c. à soupe	30 mL
Farine tout usage	2 c. à soupe	30 mL
Sel	½ c. à thé	2 mL
Poivre	⅛ c. à thé	0,5 mL
Bouillon de poulet en poudre	¼ à ½ c. à thé	1 à 2 mL
Persil en flocons	½ c. à thé	2 mL
Lait	1 tasse	250 mL
Champignons entiers, en conserve, égouttés	2 × 10 oz	2 × 284 mL

Faire fondre la margarine dans une casserole. Incorporer la farine, le sel, le poivre, le bouillon en poudre et le persil.

Incorporer le lait et remuer jusqu'à ce que la préparation bouille et épaississe.

Ajouter les champignons. Remuer. Réchauffer. Donne 500 mL (2 tasses).

75 mL (⅓ tasse) de champignons (avec sauce) : 63 calories; 2 g de protéines; 4,2 g de matières grasses; 6 g de glucides; 624 mg de sodium

Photo ci-dessous.

Croustillant aux pommes de terre et aux navets

Bon avec une viande en sauce. ⊙On peut préparer les pommes de terre et les navets deux jours à l'avance ou utiliser des restes.

Pommes de terre cuites, coupées en dés	4 tasses	1 L
Navets jaunes cuits, coupés en dés	2 tasses	500 mL
Sel, une pincée		
Poivre, une pincée		
Margarine dure (ou beurre)	2 c. à soupe	30 mL
Oignon haché fin	¼ tasse	60 mL
Céréales de flocons de maïs, écrasées	1 tasse	250 mL

Combiner les pommes de terre et les navets dans une cocotte graissée de 2 L (2 pte). Saler et poivrer.

Faire fondre la margarine dans une poêle à frire. Ajouter l'oignon et le faire revenir jusqu'à ce qu'il soit mou. Retirer du feu. Incorporer les céréales. Répandre le tout sur les légumes. Cuire au four, à découvert, à 350° F (175° C) pendant 25 à 30 minutes, jusqu'à ce que le plat soit chaud et que le dessus soit doré. Pour 6 personnes.

1 portion : 200 calories; 4 g de protéines; 4,1 g de matières grasses; 39 g de glucides; 241 mg de sodium; une bonne source de fibres alimentaires

Photo ci-dessous.

En bas, à gauche :
Croustillant aux pommes de terre et aux navets, ci-dessus

En haut, à gauche :
Champignons en crème, ci-dessus

En haut, à droite :
Trio de haricots au four, page 164

En bas, à droite :
Casserole dorée aux aubergines, page 163

Galettes de pommes de terre

Casserole de pommes de terre

Un bon ajout au menu du dîner. ☺ *On utilise des pommes de terre rissolées pour gagner du temps. La préparation ne prend que 15 minutes.*

Margarine dure (ou beurre)	¼ tasse	60 mL
Pommes de terre rissolées, surgelées	5 tasses	1,25 L
Gros œufs	4	4
Lait chaud	1 tasse	250 mL
Oignon, haché fin	⅓ tasse	75 mL
Sel à l'oignon	1 c. à thé	5 mL
Paprika	½ c. à thé	2 mL
Sel	¼ c. à thé	1 mL
Poivre	¼ c. à thé	1 mL
Cheddar fort, râpé	1 tasse	250 mL

Faire fondre la margarine dans une grande casserole. Ajouter les pommes de terre. Bien remuer.

Battre les œufs dans un bol. Ajouter le lait, l'oignon, le sel d'oignon, le paprika, le sel et le poivre. Mélanger. Ajouter au mélange de pommes de terre. Remuer. Verser le tout dans une cocotte graissée de 3 L (3 pte). Cuire au four, à découvert, à 350° F (175° C) pendant environ 50 minutes.

Répandre le fromage sur le dessus et enfourner pendant 5 minutes, le temps que le fromage fonde. Pour 6 personnes.

1 portion : 378 calories; 15 g de protéines; 19,8 g de matières grasses; 37 g de glucides; 664 mg de sodium; une bonne source de fibres alimentaires

Photo ci-dessous.

Galettes de pommes de terre

Délicieuses avec du bacon et des œufs ou au dîner. ☺ *Utiliser un reste de purée de pommes de terre pour gagner du temps.*

Purée de pommes terre, réchauffée	2 tasses	500 mL
Sel assaisonné	½ c. à thé	2 mL
Sel	⅛ c. à thé	0,5 mL
Sel à l'ail	⅛ c. à thé	0,5 mL
Persil en flocons	1 c. à thé	5 mL
Margarine dure (ou beurre)	½ c. à soupe	7 mL

Combiner la purée avec le sel assaisonné, le sel, le sel à l'ail et le persil dans un bol. Façonner des galettes avec 75 mL (⅓ tasse) du mélange à la fois. Si la purée est très sèche, y rajouter un peu d'eau ou de lait.

Faire fondre la margarine dans une poêle à frire à revêtement anti-adhésif. Y faire dorer les galettes des deux côtés. Donne 6 galettes.

1 galette : 86 calories; 2 g de protéines; 1 g de matières grasses; 18 g de glucides; 213 mg de sodium

Variante : Ajouter 5 mL (1 c. à thé) de ciboulette hachée aux pommes de terre.

Photo ci-dessus.

Casserole de pommes de terre, ci-dessus   Légumes à l'italienne, page 162

Casserole épicée de pommes de terre et d'oignons

On goûte réellement les épices.
☺Cuire à l'avance et réchauffer avant de servir.

Grosses pommes de terre au four, coupées en morceaux de 5 cm (2 po)	5	5
Oignons moyens, coupés en 8 morceaux chacun	2	2
Margarine dure (ou beurre)	2 c. à soupe	30 mL
Sel assaisonné	1 c. à thé	5 mL
Poivre de Cayenne	⅛ c. à thé	0,5 mL
Basilic déshydraté	1 c. à thé	5 mL
Poudre d'ail	⅛ c. à thé	0,5 mL

Mettre les pommes de terre et les oignons dans un grand bol.

Combiner les 5 derniers ingrédients dans une petite tasse. Chauffer au micro-ondes à puissance maximale (100 %) pendant 30 secondes pour faire fondre le beurre. Remuer. Ajouter aux légumes. Remuer pour les enrober. Verser le tout dans un plat non graissé de 22 × 33 cm (9 × 13 po). Recouvrir de papier d'aluminium. Cuire au four à 425° F (220° C) pendant 30 minutes. Secouer le plat sans le découvrir. Poursuivre la cuisson pendant 30 minutes. Vérifier si les légumes sont à point et poursuivre la cuisson au besoin. Pour 8 personnes.

1 portion : 107 calories; 2 g de protéines; 3,1 g de matières grasses; 18 g de glucides; 211 mg de sodium

Photo sur cette page.

Pommes de terre aux herbes et à l'ail

Une recette qui peut facilement être multipliée. ☺Prolonger le temps de cuisson lorsque le plat a été réfrigéré, congelé ou multiplié.

Purée de pommes de terre, réchauffée	3 tasses	750 mL
Fromage à la crème à tartiner aux fines herbes ou à l'ail, sans gras	½ tasse	125 mL
Crème sure sans matières grasses (ou crème sure à faible teneur en matières grasses)	½ tasse	125 mL
Oignon vert, tranché fin	1	1
Sel	½ c. à thé	2 mL
Poivre	⅛ c. à thé	0,5 mL
Cheddar fort, râpé	½ tasse	125 mL

Écraser les 6 premiers ingrédients dans une casserole ou un bol. Verser le tout dans une cocotte graissée de 1,5 L (1½ pte). Couvrir. Le plat peut être réfrigéré ou congelé à ce stade. Cuire au four à 350° F (175° C) environ 30 minutes, jusqu'à ce que le plat soit bien chaud.

Répandre le fromage sur le dessus. Poursuivre la cuisson environ 5 minutes, le temps que le fromage fonde. Pour 6 personnes.

1 portion : 181 calories; 7 g de protéines; 3,5 g de matières grasses; 31 g de glucides; 302 mg de sodium

Photo à la page 161.

En haut, à gauche : Casserole épicée de pommes de terre et d'oignons, ci-contre
En bas, à gauche : Riz chinois au poulet, page 170
Au centre, à droite : Galettes de farce, ci-dessous

Galettes de farce

Délicieuses avec une viande en sauce. Une façon simple d'apprêter la pâte. ☺Préparer les galettes le matin et les réfrigérer jusqu'au moment de les cuire ou les cuire à l'avance et les réchauffer juste avant de servir.

Margarine dure (ou beurre)	¼ tasse	60 mL
Oignon haché	1½ tasse	375 mL
Céleri, haché	1½ tasse	375 mL
Sauge moulue	1 c. à thé	5 mL
Thym moulu	½ c. à thé	2 mL
Bouillon de poulet en poudre	2 c. à thé	10 mL
Sel	1 c. à thé	5 mL
Poivre	¼ c. à thé	1 mL
Tranches de pain, coupées en cubes	16	16
Eau	½ tasse	125 mL

Faire fondre la margarine dans une poêle à frire. Ajouter l'oignon et le céleri et les faire revenir jusqu'à ce qu'ils soient mous.

Incorporer les 5 prochains ingrédients. Verser le tout dans un bol, en utilisant une spatule de caoutchouc pour bien racler toute la margarine.

Ajouter les cubes de pain et l'eau. Bien remuer. Façonner 9 galettes avec environ 250 mL (1 tasse) du mélange à la fois. Disposer les galettes sur une plaque à pâtisserie graissée. Pour qu'elles soient plus moelleuses, les couvrir de papier d'aluminium. Cuites à découvert, elles sont plus fermes. Cuire au four à 400° F (205° C) environ 10 minutes. Donne 9 galettes.

1 galette : 200 calories; 5 g de protéines; 7,3 g de matières grasses; 29 g de glucides; 782 mg de sodium

Photo ci-dessus.

Haricots au four, page 164 — Purée de pommes de terre, ci-dessous — Carottes spéciales, page 160

Pommes frites maison

Un délice au brunch. ☺*Utiliser un reste de pommes de terre pour gagner du temps.*

Pommes de terre moyennes, cuites et refroidies	6	6
Huile de cuisson	1 c. à soupe	15 mL
Oignon, haché ou tranché	1 tasse	250 mL
Poivron rouge, haché	½ tasse	125 mL
Poivron vert, haché	½ tasse	125 mL
Sel, une pincée		
Poivre, une pincée		

Couper les pommes de terre en bouchées.

Réchauffer l'huile de cuisson dans une poêle à frire. Y mettre l'oignon et les poivrons et les faire revenir jusqu'à ce que l'oignon soit doré et que les poivrons soient mous. Ajouter les pommes de terre. Saler et poivrer. Frire le temps de réchauffer le tout. Pour 8 personnes.

1 portion : 124 calories; 3 g de protéines; 1,9 g de matières grasses; 25 g de glucides; 6,5 mg de sodium

Variante : Ajouter du jambon ou du corned beef émincé aux pommes de terre, au moment de la cuisson.

Photo à la page 171.

Purée de pommes de terre

La purée ordinaire est remontée d'un cran ou deux. ☺*Peut être préparée à l'avance et réchauffée. Se congèle bien.*

Pommes de terre moyennes, pelées et coupées en quatre	10	10
Eau bouillante		
Margarine dure (ou beurre), ramollie	¼ tasse	60 mL
Crème sure	½ tasse	125 mL
Lait	½ tasse	125 mL
Sel à l'oignon	2 c. à thé	10 mL
Sel	½ c. à thé	2 mL
Poivre	⅛ c. à thé	0,5 mL

Parmesan, une pincée

Attendrir les pommes de terre dans l'eau bouillante. Égoutter. Réduire en purée.

Ajouter les 6 prochains ingrédients. Bien écraser le tout.

Répandre le parmesan sur les pommes de terre. Pour 8 personnes.

1 portion : 234 calories; 4 g de protéines; 8,6 g de matières grasses; 36 g de glucides; 602 mg de sodium

Photo ci-dessus.

Riz frit aux crevettes

Tout plein de crevettes roses nichées dans du riz brun.
☺Cuire le riz à l'avance et le conserver au réfrigérateur.
Se mouiller les mains pour diviser le riz cuit.

Riz blanc à grains longs (ou 1,25 L, 4¾ tasses, de riz cuit)	1¼ tasse	300 mL
Eau bouillante	2½ tasses	625 mL
Huile de cuisson	1 c. à soupe	15 mL
Oignon, tranché fin	½ tasse	125 mL
Champignons frais, hachés	1 tasse	250 mL
Oignons verts, tranchés	⅓ tasse	75 mL
Sauce soja	2 c. à soupe	30 mL
Gingembre moulu	¼ c. à thé	1 mL
Sel	½ c. à thé	2 mL
Poivre, une petite pincée		
Petites crevettes cuites, dégelées si elles sont surgelées	½ lb	225 g
Gros œufs	2	2
Eau	1½ c. à soupe	25 mL

Combiner le riz et l'eau bouillante dans une casserole. Laisser bouillir doucement environ 15 minutes, jusqu'à ce qu'il soit tendre et ait absorbé l'eau. Laisser refroidir complètement. Pour qu'il refroidisse plus vite, l'étaler sur une plaque à pâtisserie.

Réchauffer l'huile de cuisson dans une poêle à frire. Ajouter l'oignon et le faire revenir jusqu'à ce qu'il soit mou.

Ajouter les champignons et les oignons verts et les faire revenir jusqu'à ce qu'ils mollissent légèrement.

Incorporer la sauce soja, le gingembre, le sel et le poivre. Ajouter le riz. Chauffer, en remuant souvent, jusqu'à ce que le riz soit très chaud.

Incorporer les crevettes et les réchauffer.

Battre les œufs avec l'eau. Verser sur le riz. Remuer jusqu'à ce que les œufs durcissent légèrement. Servir chaud. Donne 1,5 L (6 tasses).

125 mL (½ tasse) de riz frit : 113 calories; 6 g de protéines; 2,2 g de matières grasses; 16 g de glucides; 315 mg de sodium

Photo sur cette page.

Riz frit au poulet

Omettre les crevettes. Ajouter environ 375 mL (1½ tasse) de poulet cuit haché.

Riz frit aux crevettes, ci-contre

Casserole de pommes de terre rapide

Verser le mélange à soupe à l'oignon dans un sac de plastique à fermeture et l'écraser avec un rouleau à pâtisserie. ☺Préparer la casserole le matin et la réchauffer au moment de servir.

Pommes de terre moyennes, pelées, coupées en quatre sur la longueur et tranchées en morceaux de 2,5 cm (1 po)	5 lb	2,3 kg
Margarine dure (ou beurre), fondue	¼ tasse	60 mL
Sachet de mélange à soupe à l'oignon, écrasé	1 × 1½ oz	1 × 42 g
Crème sure, pour décorer		

Répandre la ½ des morceaux de pommes de terre dans une cocotte graissée de 3 L (3 pte).

Tremper un pinceau à pâtisserie dans la margarine fondue et badigeonner les pommes de terre dans la cocotte.

Répandre la ½ du mélange à soupe sur le contenu de la cocotte. Y mettre le reste des pommes de terre. Les badigeonner de margarine et ajouter le reste du mélange à soupe. Couvrir. Cuire au four à 350° F (175° C) environ 1¼ heure, jusqu'à ce que les pommes de terre soient tendres. Décorer avec la crème sure. Donne environ 2,75 L (11 tasses).

250 mL (1 tasse) de casserole : 175 calories; 4 g de protéines; 4,9 g de matières grasses; 30 g de glucides; 404 mg de sodium

Photo à la page 163.

Riz chinois au poulet

Presqu'un dîner complet. ☺Au lieu d'acheter des légumes, utiliser ceux qui se trouvent déjà dans le réfrigérateur.

Riz blanc à grains longs	1 tasse	250 mL
Eau	2 tasses	500 mL
Bouillon de poulet en poudre	1 c. à soupe	15 mL
Huile de cuisson	1 c. à soupe	15 mL
Demi-poitrine de poulet, dépouillée, désossée, et coupée en dés	1	1
Légumes hachés (pak choi, poivron vert ou rouge, germes de soja, pois en cosses ou autres)	2 tasses	500 mL
Eau	½ tasse	125 mL
Eau bouillante	1 tasse	250 mL
Bouillon de poulet en poudre	2 c. à thé	10 mL
Gros œufs, battus à la fourchette	5	5

Cuire le riz dans la première quantité d'eau additionnée du bouillon en poudre dans une casserole pendant environ 15 minutes, jusqu'à ce que le riz soit tendre et ait absorbé toute l'eau.

Réchauffer l'huile de cuisson dans une poêle à frire. Ajouter le poulet et les légumes. Faire revenir le tout pendant 2 à 3 minutes.

Ajouter la seconde quantité d'eau. Couvrir. Cuire 8 à 10 minutes, jusqu'à ce que les légumes soient tendres et que l'eau se soit évaporée.

Ajouter le riz cuit, l'eau bouillante et la seconde quantité de bouillon en poudre. Chauffer en remuant.

Ajouter les œufs. Remuer pendant que les œufs cuisent. Donne 1,5 L (6 tasses).

125 mL (½ tasse) de riz : 121 calories; 7 g de protéines; 3,7 g de matières grasses; 15 g de glucides; 307 mg de sodium

Photo à la page 167.

Riz élégant

Le goût d'oignon va si bien avec le bœuf. ☺Préparer à l'avance et réchauffer au moment de servir.

Riz blanc à grains longs, non cuit	1 tasse	250 mL
Eau	2½ tasses	625 mL
Sachet de mélange à soupe à l'oignon	1 × 1½ oz	1 × 42 g
Champignons frais, tranchés	2 tasses	500 mL

Combiner les 4 ingrédients dans une casserole. Laisser mijoter doucement pendant 15 à 20 minutes, jusqu'à ce que le riz soit tendre et ait absorbé toute l'eau. Donne 1 L (4 tasses).

125 mL (½ tasse) de riz : 109 calories; 3 g de protéines; 0,6 g de matières grasses; 23 g de glucides; 472 mg de sodium

Photo à la page 164.

Riz frit spécial

Des goûts qui se complètent, surtout l'aneth et le parmesan avec le riz brun. ☺Préparer le riz le matin et réchauffer avant d'ajouter les derniers ingrédients.

Riz brun à grains longs	¾ tasse	175 mL
Eau bouillante	1½ tasse	375 mL
Sel	¾ c. à thé	4 mL
Fromage cottage en crème, passé au mélangeur	1½ tasse	375 mL
Oignons verts, hachés	¼ tasse	60 mL
Persil en flocons	½ c. à thé	2 mL
Aneth	1 c. à thé	5 mL
Poudre d'oignon	¼ c. à thé	1 mL
Parmesan frais, râpé	2 c. à soupe	30 mL

Cuire le riz dans l'eau bouillante additionnée du sel à feu doux pendant environ 45 minutes, jusqu'à ce qu'il soit tendre et ait absorbé tout le liquide.

Ajouter les 5 prochains ingrédients au riz. Remuer. Verser le tout dans une cocotte graissée de 1 L (1 pte).

Répandre le parmesan sur le riz. Couvrir. Cuire au four à 350° F (175° C) pendant 30 à 35 minutes, jusqu'à ce que le plat bouillonne. Donne 750 mL (3 tasses).

125 mL (½ tasse) de riz : 145 calories; 10 g de protéines; 1,9 g de matières grasses; 21 g de glucides; 623 mg de sodium

Photo à la page 171.

Riz à l'oignon

Un riz très parfumé. ☺Garder les ingrédients sous la main pour pouvoir préparer ce riz à la dernière minute. Peut aussi être cuit et congelé, prêt à être dégelé et réchauffé.

Riz blanc à grains longs, non cuit	1 tasse	250 mL
Soupe à l'oignon condensée	10 oz	284 mL
Bouillon de poulet condensé	10 oz	284 mL

Combiner les 3 ingrédients dans une cocotte non graissée de 2 L (2 pte). Couvrir. Cuire au four à 350° F (175° C) environ 1 heure, jusqu'à ce que le riz soit tendre et ait absorbé toute l'eau. Remuer. Donne 875 mL (3½ tasses).

125 mL (½ tasse) de riz : 135 calories; 5 g de protéines; 1,2 g de matières grasses; 25 g de glucides; 634 mg de sodium

Photo à la page 171.

---

1. Riz frit spécial, page 170
2. Pommes frites maison, page 168
3. Riz à l'oignon, page 170
4. Légumes braisés, page 162

Recevoir dans la détente

Depuis le moment où l'invitation est lancée et le dernier au revoir aux invités, le reste n'est que des détails, encore des détails et toujours des détails. Il est impossible d'ignorer les détails et d'espérer que la rencontre sera réussie.

Que pouvez-vous faire pour parer au moindre détail tout en arrivant à vous détendre et à profiter dela présence de vos invités? Ayez l'esprit tranquille : avec les conseils et les idées qui suivent, vous pourrez «recevoir» en toute «simplicité».

N'oubliez pas les trois règles d'or des réceptions à la maison

1. Prévoyez toujours du temps pour vous détendre et vous préparer sans devoir vous presser! Que ce soit la dernière heure avant l'arrivée de vos invités ou une heure le matin du grand jour, ne négligez pas ces instants pour vous!

2. Déléguez autant de tâches que possible ou quand on vous offre de l'aide!

3. Ne vous excusez jamais d'avoir oublié quelque chose ou de n'avoir pas fait quelque chose qui était sur votre «liste»—après tout, personne à part vous sait ce qu'il y avait sur cette liste. Souriez et ne vous en faites pas!

Les préparatifs d'avance

Cette section contient une foule d'idées qui permettent de planifier sans hâte une rencontre, en y prenant plaisir et en arrivant, au bout du compte, à une rencontre réussie. Il est question des aspects clés de ce qu'on peut préparer à l'avance, avec des astuces pour se simplifier la vie, des indications des quantités de nourriture et de boissons à prévoir, des conseils sur ce qu'on peut faire quand des invités supplémentaires se présentent et, enfin, des mesures à prendre pour que tout se déroule sans anicroche sans avoir à faire d'effort énorme.

1. Questions qu'il faut se poser

- Est-ce que la rencontre marque une occasion particulière (un anniversaire, un retour) ou a un thème (fruits de mer, cuisine étrangère)?
- La rencontre est-elle formelle ou informelle?
- Combien de personnes sont invitées et à quel point se connaissent-elles?
- Quel est le budget de l'affaire?
- Quel jour convient le mieux pour acheter les fruits et légumes pour la rencontre, pour qu'ils soient le plus frais possible?
- Quelle est la date limite d'accusé de réception des invitations?
- Est-ce que des hors-d'œuvre seront servis avant le repas?
- Le repas sera-t-il servi à table ou s'agit-il d'un buffet?
- Quel genre de boissons seront servies?
- Y aura-t-il des décorations?
- Faut-il emprunter de la vaisselle supplémentaire ou acheter des assiettes et des serviettes de papier?
- Faut-il déplacer le mobilier?
- Faut-il prévoir un nettoyage particulier?

2. Listes à préparer

Dresser une liste dans chacun des cas suivants.

- ❑ Les invités et la réponse qu'ils ont donnée à l'invitation (sans oublier de se compter ainsi que les membres de la maisonnée).
- ❑ Les recettes choisies et la page à laquelle elles figurent. Prendre note de tout ce qui peut être préparé à l'avance et surgelé ou réfrigéré ainsi que des préparatifs qui peuvent être faits la veille au soir ou le matin de la rencontre.
- ❑ Les épiceries à acheter (en distinguant les biens périssables de ceux qui ne le sont pas).
- ❑ Les autres articles à acheter (serviettes de papier? bougies?).
- ❑ Les commandes spéciales, par exemple une coupe de viande particulière ou un rôti d'une certaine taille, ou encore des fleurs.

3. Emploi du temps

- Quel jour convient le mieux pour acheter les fruits et légumes frais qui figurent sur la liste d'épiceries?
- À quel moment doit-on acheter tous les articles non périssables (épiceries et autres)? Faire les achats nécessaires bien à l'avance et les ranger ensemble, dans un endroit à part, en attendant le moment de s'en servir.
- Quels plats peut-on préparer à l'avance et congeler ou réfrigérer? Lesquels peuvent être préparés la veille ou le matin du grand jour?
- Quels travaux de nettoyage doivent être complétés à l'avance, le jour de la rencontre ou juste avant l'arrivée des invités?
- À quel moment doit-on recevoir les articles qui ont été commandés?

> La quantité de nourriture à préparer dépend de la durée de la rencontre. S'inspirer de la page 175.

4. Derniers préparatifs

Ces dernières précautions peuvent suffire à garantir le succès d'une rencontre.

- ❑ Vérifier les verres et les ustensiles. Les laver et les polir au besoin.
- ❑ Mettre le couvert le soir d'avant. Cela permet de gagner du temps et donne l'impression que la situation est maîtrisée (que ce soit le cas ou non!).
- ❑ Empiler les plats de service, les plateaux, les bols et les ustensiles de service sur le comptoir de la cuisine. Coller sur chaque plat un morceau de papier sur lequel est inscrit ce qu'il doit contenir pour éviter de devoir s'en rappeler de mémoire à la dernière minute.
- ❑ Choisir de la musique et ranger les enregistrements dans l'ordre dans lequel ils doivent être joués.
- ❑ Hacher à l'avance tout ce qui peut l'être et ranger le tout dans des sacs ou des contenants hermétiques, dans le réfrigérateur.
- ❑ Préparer la veille la base pour le punch et la ranger au réfrigérateur dans des contenants. Y ajouter les boissons gazeuses et les glaçons au moment de servir. Préparer bien à l'avance un anneau de fruits glacé et le conserver au congélateur jusqu'au moment voulu.

Conseils généraux

- Il faut modérer les hors-d'œuvre avant un repas, autrement les invités risquent de n'avoir plus faim au moment de passer à table. Par ailleurs, il peut arriver que les invités touchent à peine aux hors-d'œuvre car ils ne veulent pas couper leur appétit, et toute la peine qu'on s'est donnée à les préparer est alors perdue.

- Servir les hors-d'œuvre froids sur des grands plateaux et les hors-d'œuvre chauds, sur des plus petits. Conserver le reste des hors-d'œuvre chauds au four ou dans un plat, prêts à être réchauffés dans le micro-ondes. Une fois réchauffés, on peut soit les verser dans le même plat, soit en prendre un propre.

- Il n'est pas toujours utile de passer beaucoup de temps à préparer un dessert compliqué, particulièrement quand les invités sont susceptibles de préférer un dessert léger. Servir des petites portions ou prévoir un dessert surgelé dont on peut prélever des morceaux. Par ailleurs, un assortiment de carrés ou un plateau de fruits et de fromages accompagnés d'une trempette peuvent suffire à sucrer les becs.

- Ne nettoyer que les pièces que fréquenteront les invités.

- Laver, sécher et ranger autant que possible les plats qui ont servi à la préparation. Faire en sorte que le lave-vaisselle soit vide pour pouvoir le remplir et le charger pendant la rencontre ou immédiatement après.

- Faire de la place pour les restes dans le réfrigérateur afin de pouvoir rapidement tout ranger.

- Avoir sous la main deux ou trois torchons propres en cas d'éclaboussures ou si quelqu'un renverse quelque chose.

Planification du menu

Lorsqu'on choisit des recettes, il faut faire la part des choses entre :

- les plats chauds et les plats froids
- les plats sucrés et les plats épicés
- les plats riches et ceux qui sont légers
- les couleurs pâles et les couleurs foncées
- les plats préparés à la maison et ceux qui sont achetés
- les aliments frais et ceux qui sont surgelés
- les plats avec et sans viande
- la diversité des groupes d'aliments
- les boissons avec et sans alcool

Enfin, lorsqu'il s'avère impossible de planifier à l'avance et de préparer des listes, on peut toujours garder sous la main les articles suivants pour accueillir des invités qui arrivent à l'improviste ou à la dernière minute.

Dans le garde-manger :

- un assortiment de craquelins et de croustilles
- de la sauce à salade ou de la mayonnaise
- du thon, du saumon, des crevettes ou du crabe en conserve
- des fines herbes et des épices déshydratées, comme du basilic, de l'aneth ou de la cannelle, ainsi que de la poudre d'ail
- des sachets de garniture à dessert
- des brisures de chocolat et des carrés de chocolat pour la cuisson
- différents parfums de gélatine (gelée) en poudre
- un mélange à pâte brisée
- un fond de tarte en chapelure de biscuits Graham ou de gaufrettes au chocolat

Dans le réfrigérateur* :

- un assortiment de fromages fermes
- du parmesan râpé
- des gros œufs
- de la vinaigrette italienne

Dans le congélateur* :

- de la charcuterie
- des paquets d'épinards surgelés
- du beurre à l'ail (faire ramollir un bloc de margarine dure, y incorporer 15 mL (1 c. à soupe) de poudre d'ail ou de sel d'ail et ranger le tout dans un petit contenant de plastique)
- des crêpes préparées à l'avance
- des tortillas, du pain pita
- des paquets de fraises et de framboises surgelées dans du sirop
- de la garniture à dessert surgelée (en gros contenant)
- un gâteau des anges cuit et surgelé
- un gâteau au fromage non décoré

* Comme certains produits portent une date «meilleur avant» ou ont une durée de vie limitée au congélateur, il faut veiller à ne pas en garder trop.

Consignez tous les détails en prévision de la prochaine fois.

Vous saurez ainsi quels plats vous avez servis à qui et en quelle quantité. Vous pourrez juger de ce qui a donné des bons résultats, de ce qui a échoué et de si vous aviez prévu assez de nourriture.

Combien en faire?

C'est la durée de la rencontre, l'âge des invités, le moment de la journée et la nature de la rencontre qui déterminent la quantité de nourriture à servir. Les quantités suggérées ci-dessous sont approximatives, et il faut donc user de jugement.

Hors-d'œuvre

Prévoir quatre ou cinq «bouchées» par invité si un repas doit suivre ou 10 à 12 s'il n'y a pas d'autres plats à venir.

Boissons

Prévoir trois à cinq boissons sans alcool de 175 mL (6 oz), environ deux à quatre boissons alcoolisées de 45 mL (1½ oz), plus l'allongeur, et environ deux à trois verres de vin de 175 mL (6 oz) par invité. Prévoir aussi deux à trois tasses de café par personne, sans oublier beaucoup de glaçons.

Fromage

Prévoir 28 à 56 g (1 à 2 oz) de fromage par invité s'il y a d'autres hors-d'œuvre et un repas. Autrement, prévoir 140 à 170 g (5 à 6 oz) par personne, si d'autres hors-d'œuvre sont prévus, mais pas de repas.

Dessert

Prévoir un carré de dessert d'environ 7,5 cm (3 po) ou ⅛ d'une tarte de 22 cm (9 po) par personne.

Plats de viande

Prévoir en moyenne 85 à 140 g (3 à 5 oz) de viande cuite par personne particulièrement si elle est précédée par des hors-d'œuvre.

Pâtes

Prévoir environ 85 g (3 oz) de pâtes non cuites par personne comme plat de résistance ou environ 42 à 56 g (1½ à 2 oz) comme plat d'accompagnement.

Salades

Prévoir 175 mL (¾ tasse) de salade par invité.

Carrés

Prévoir environ trois morceaux de 2,5 cm (1 po) par personne.

Légumes

Prévoir environ 125 mL (½ tasse) de légumes par invité lorsqu'on sert deux légumes. Si on sert plus de deux légumes, prévoir 60 mL (¼ tasse) de chaque légume par invité.

Couverts et décorations

Il est amusant de mettre le couvert, tout simplement parce qu'il y a une foule de façons de le faire. Il suffit de quelques attentions spéciales, comme un centre de table que vous avez fabriqué vous-même, pour que le résultat final soit spectaculaire.

Un couvert bien mis attire tout de suite l'attention, c'est pourquoi il devrait être considéré comme un élément clé de la décoration. Vos invités se diront : «si la table est aussi belle, j'ai bien hâte de goûter la nourriture!».

Depuis la nappe aux serviettes, en passant par le centre de table et les ustensiles, tous ces éléments se conjuguent pour rehausser les plats que vous avez préparés et compléter leur présentation. Vous trouverez dans cette section différentes dispositions en buffet ainsi que des présentations à table, complétées par des suggestions sur l'emploi des nappes et des serviettes. On y explique aussi comment fabriquer rapidement un centre de table et des cartes de table pour marquer la place des invités.

C'est l'attention qui est accordée à ces petits détails qui augmenteront votre sentiment de satisfaction personnelle et enrichiront l'ambiance que vous créez pour vos invités.

La table

Qu'il s'agisse de servir un souper, un buffet ou un assortiment de hors-d'œuvre, la table est nécessairement au centre de la rencontre. Il faut donc tenir compte de plusieurs principes de base quand on en planifie la décoration.

D'abord, il faut décider de la manière dont les invités s'approcheront de la table et donc de l'endroit où celle-ci doit être placée. Faut-il prévoir plus d'espace pour que les invités puissent aller et venir à leur guise pour se servir à boire et grignoter des hors-d'œuvre? Le cas échéant, il faut songer à placer la table contre un mur, telle la disposition décrite à la page 177. Les invités seront-ils plutôt conviés à prendre place à la table pour partager un joyeux petit déjeuner ou un souper à la chandelle? Alors, ce sont les différentes dispositions des couverts données pour le service à table, page 177, qu'il faut envisager. Les invités sont-ils si nombreux qu'il faudra les diriger pour que tous arrivent à manger? Alors, c'est le buffet pour une ou deux files, page 177, qui convient le mieux.

Une fois que l'emplacement et l'utilisation de la table sont décidés, il faut ensuite décorer celle-ci. Il faut alors songer à la couleur d'ensemble, en tenant compte de la couleur et de l'apparence des plats de service. On peut opter pour une seule couleur, avec des variantes de ton, des couleurs complémentaires, des contrastes dramatiques, des couleurs unies ou des motifs. Plus important encore, il reste à savoir si l'on a sous la main tout ce qui est nécessaire.

Les serviettes et le centre de table sont les éléments qui complètent une table parfaite. Il faut aussi choisir d'utiliser ou non des cartes de table. Ces dernières décorations doivent être simples pour ne pas distraire de la nourriture et il faut surtout éviter que la table soit trop chargée.

Mettre le couvert

Service à table

Des couverts bien disposés et ordonnés suffisent à rendre toute table attrayante. Il faut poser les assiettes et les ustensiles à 2,5 cm (1 po) du bord de la table. Les ustensiles devraient être rapprochés sans se toucher et alignés avec le bas de l'assiette. Ne mettre sur la table que les ustensiles qui sont requis. Si l'on en met trop, la table risque d'avoir l'air encombré.

1. Fourchette de table
2. Couteau de table
3. Cuillère à thé
4. Fourchette à dessert
5. Fourchette à salade
6. Cuillère à soupe
7. Verre à jus
8. Verre à eau
9. Verre à vin
10. Couteau à beurre

Cette disposition est celle d'un couvert de base. Elle convient si la salade accompagne le plat de résistance. La cuillère à thé peut être utilisée si le dessert se mange à la cuillère ou on peut distribuer des fourchettes à dessert avec les assiettes à dessert.

Couvert mis pour le plat de résistance et le dessert. Cette disposition convient si la salade accompagne le plat de résistance. Il n'est pas nécessaire de distribuer de fourchettes à salade.

Couvert mis pour la salade et le plat de résistance. La cuillère à thé peut être utilisée si le dessert se mange à la cuillère ou on peut distribuer des fourchettes à dessert avec les assiettes à dessert.

Couvert mis pour la soupe, la salade, le plat de résistance et le dessert. Pour servir la salade après le plat de résistance, il suffit de poser les fourchettes à salade à la droite des fourchettes de table.

Buffet

Les invités devraient pouvoir circuler facilement autour du buffet et se servir en ordre logique. De plus, ils devraient se diriger vers l'endroit où ils vont éventuellement s'asseoir.

1. Assiettes
2. Plat de viande
3. Plat de légumes
4. Sauce
5. Salade de légumes
6. Aspic
7. Sel, poivre
8. Condiments
9. Beurre
10. Petits pains
11. Eau, lait
12. Verres
13. Serviettes, ustensiles
14. Café et thé
15. Dessert
16. Cuillères
17. Menthes
18. Centre de table
19. Tasses, soucoupes
20. Crème, sucre

Buffet sur table placée contre un mur

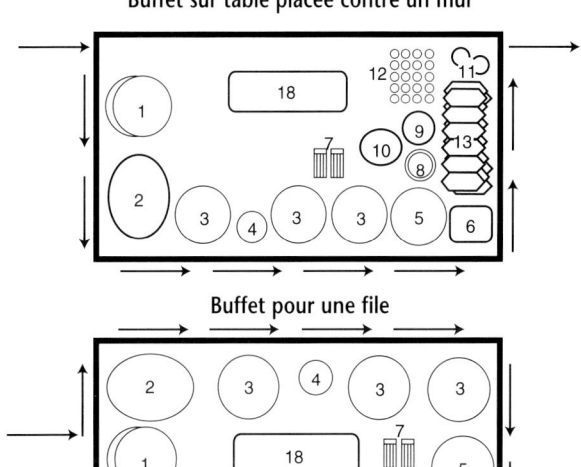

Buffet pour une file

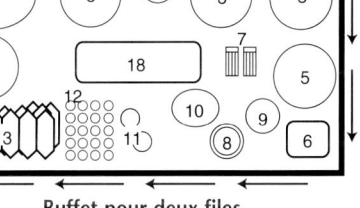

Buffet pour deux files

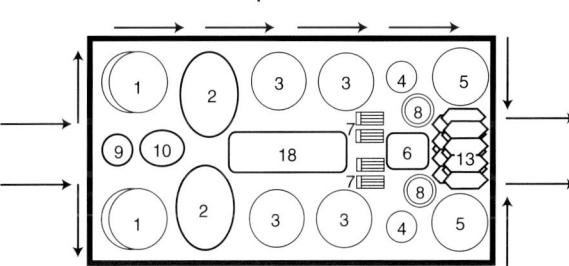

Buffet de desserts (assortiment)

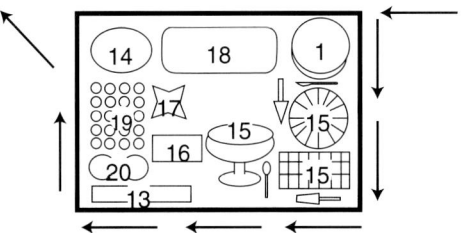

Buffet de desserts (après le plat de résistance)

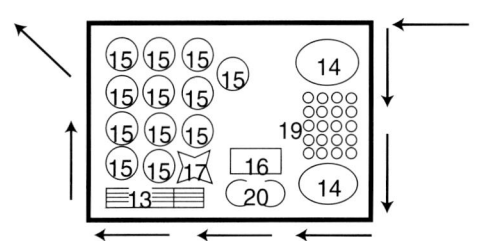

Nappes

La présentation de la table commence avec ce qu'on y pose. C'est la couleur ou le mélange de couleurs, la simplicité ou la complexité, le ton dramatique ou frivole que vous retenez qui détermine le reste des décorations de table.

Naturellement, le plus simple, c'est de laisser la table découverte. La richesse de l'acajou ou du cerisier, la chaleur du chêne ou du noyer, l'effet saisissant d'un dessus de table en verre ou en noyer ronceux ou l'air campagnard du pin peuvent créer l'apparence que vous recherchez et faire ressortir les plats et les aliments que vous y posez. Cette alternative est idéale pour les buffets, mais il faut mettre des sous-plats sous les plats chauds pour protéger la table.

Comme accent visuel, on peut ajouter un chemin de table de 45 cm (18 po) de large au centre de la table, sur la longueur.

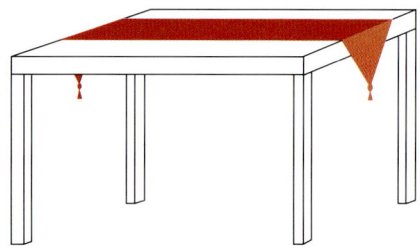

Si les invités doivent s'asseoir à table, mais qu'on veut quand même montrer la finition en bois de celle-ci, il y a toujours la solution des napperons qui protègent la table et éliminent les bruits de vaisselle et d'ustensiles. En ajoutant aussi un chemin de table, on protège également le bois et on peut éliminer les sous-plats.

Il y a plusieurs façons de se servir d'une nappe. Une seule nappe, unie ou à motifs, est synonyme de simplicité et d'élégance. Une nappe carrée plus petite, de couleur contrastante et tendue en diamant sur la première nappe, évoque la frivolité.

Pour faire plus dramatique, il suffit de choisir une nappe unie de couleur vive (ou un sous-nappe) et de la recouvrir d'une nappe toute en dentelle (ivoire ou blanche).

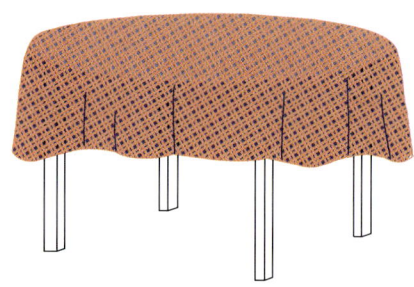

On peut aussi mettre une nappe rectangulaire sur une table ovale. Les coins créent un accent visuel intéressant. On peut même poser des napperons sur une nappe pour donner plus de dimension.

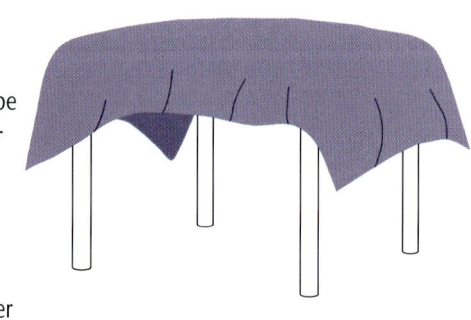

Les magasins de tissus vendent une abondance de tissus de 150 cm (60 po) de large qui font de jolis nappes et napperons. On peut alors acheter la longueur qui convient exactement pour la table, en prévoyant un surplus de 15 cm (6 po) à chaque bout une fois la nappe ourlée. Il suffit de replier la lisière du tissu et de la coudre pour finir la nappe. On peut aussi finir l'ourlet à la surjeteuse, en se servant de fils qui contrastent.

Serviettes

Il n'y a pas de règles quant au choix des serviettes—elles peuvent être assorties à la nappe ou d'un ton plus pâle ou plus foncé que celle-ci ou elles peuvent être ornées d'un joli motif qui rehausse subtilement la nappe, ou encore elles peuvent être d'une couleur complémentaire ou contrastante.

Pour compléter joliment et aisément les serviettes, il suffit de les entourer d'un gland, d'un ruban ou de raphia, comme dans ces exemples.

On peut aussi pousser les choses plus loin et plier les serviettes. On explique, aux pages 30 et 31, trois manières de plier les serviettes pour un buffet (en y enfermant les ustensiles) et quatre méthodes simples pour plier les serviettes de table. Le résultat de chaque opération est présenté aux pages 30 et 31 ainsi que sur cette page.

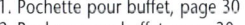

1. Pochette pour buffet, page 30
2. Rouleau pour buffet, page 30
3. Feu d'artifice, page 31
4. Bouquet, page 31
5. Roue de paon, page 31
6. Enveloppe pour buffet, page 30
7. Éventail, page 31

Il faut faire preuve d'imagination lorsqu'on dispose les serviettes pour un buffet. Le plus pratique pour les invités, c'est d'envelopper les ustensiles dans les serviettes. Par contre, il ne faut pas se contenter de poser le tout pêle-mêle sur la table. On disposera plutôt les serviettes selon un motif ou les entassera dans un panier, tel qu'illustré ci-contre.

Couverts et décorations

Glossaire de la verrerie

Les verres dans lesquels on sert à boire sont aussi importants que les ingrédients, le goût et la décoration des boissons. Il existe une telle variété de verres qu'il est indispensable de savoir quelle boisson servir dans quel verre. Dans certains cas, le choix du verre est motivé par des raisons précises. Ainsi, on doit tenir un verre à cocktail par la tige pour éviter de réchauffer le contenu avec la main. Au contraire, le verre à dégustation repose dans la paume pour réchauffer le contenu et en libérer l'arôme. Les flûtes à champagne sont étroites pour préserver l'effervescence du liquide. Divers verres sont illustrés sur ces deux pages afin d'en faciliter la sélection.

1. **Verre à collins** : haut verre droit, il contient 300 à 500 mL (1 ¼ à 2 tasses). Il convient pour déguster un collins, par exemple.

2. **Grande coupe** : de forme et de taille variées, on y verse de l'eau, des spritzers ou des boissons exotiques. Il contient 250 à 500 mL (1 à 2 tasses).

3. **Verre à dégustation** : pour le brandy ou les boissons à base d'eau-de-vie. Il contient 175 à 750 mL (¾ à 3 tasses).

4. **Verre à vin rouge** : il est légèrement plus gros que le verre à vin blanc et contient 250 à 300 mL (1 à 1 ¼ tasse).

5. **Verre à cocktail** : verre sur pied de forme triangulaire, très ouvert, dans lequel on sert le martini et autres cocktail. Il contient 125 à 175 mL (½ à ¾ tasse).

6. **Flûte à champagne** : haut verre sur pied qui sert pour le champagne et les vins blancs mousseux. Il contient 175 à 250 mL (¾ à 1 tasse).

7. **Verre à whisky** : plus petit que le verre à collins, il s'agit d'un verre ordinaire qui sert pour toutes sortes de boissons. Il contient 250 à 300 mL (1 à 1 ¼ tasse).

8. **Verre à cocktail double ou coupe à champagne** : grand verre arrondi dans lequel on sert les cocktail à base de crème ou qui contiennent des glaçons broyés, comme le daiquiri. Il contient 175 à 300 mL (¾ à 1 ¼ tasse).

9. **Verre à liqueur** : on s'en sert pour les boissons servies en petite quantité, sans être mélangées. Contient 30 à 60 mL (1 à 2 oz).

10. **Verre à vin blanc** : un peu plus petit que le verre à vin rouge, il contient 175 à 250 mL (¾ à 1 tasse).

11. **Verre à l'ancienne** : gobelet en verre bas, à paroi droite. Il contient 125 à 250 mL (½ à 1 tasse).

La finition
Centres et cartes de table

Le centre de table—voilà un nom qui en dit long. Il est le centre de l'attention,
le point focal de la table. Dramatique ou subtil, à vous d'en décider.

L'allée de jardin

Cette composition subtile est à faire lorsque les fleurs qui sont larges et montées sur une forte tige (comme les gerberas ou les tulipes) sont en saison. Remplir des contenants de pellicule photographique vides aux ¾ d'eau pour y placer des fleurs uniques, puis disposer les contenants çà et là sur la table de buffet. Pour le service à table, on peut grouper les contenants ou les poser un peu à l'écart les uns des autres et intercaler des bougies cylindriques basses. Avec des fleurs individuelles, on peut choisir d'employer une seule couleur ou plusieurs couleurs, comme c'est le cas ici.

Couronne de fines herbes

Ce centre de table épatant est très économique, prend moins d'une heure à faire et peut être préparé trois jours à l'avance! Légèrement aromatisé, il convient le mieux pour la table du dîner ou du petit déjeuner, mais il est aussi très élégant autour d'un bol de trempette sur une table de buffet, tel qu'illustré à la page 27. De même, il est fort joli comme centre de table à café, encore disposé autour d'une trempette.

Les fleuristes vendent les anneaux de mousse oasis à peu de frais, mais comme il faut parfois les commander, il est bon de planifier bien à l'avance. Ensuite, il faut se renseigner pour savoir quel jour les herbes fraîches sont livrées au magasin d'alimentation. Il faut une petite quantité (quatre ou cinq brins) des herbes qui sont utilisées pour fournir la couronne (sauge, romarin, thym) et davantage de menthe (15 ou 20 brins). Il faut aussi une quantité généreuse de persil bien frais (la moins coûteuse de toutes les fines herbes). Laisser l'anneau détremper dans l'eau (il devrait être fourni avec un plateau). En commençant au bas de l'anneau et à l'extérieur, introduire les brins de persil dans la mousse de façon à recouvrir les côtés. Introduire ensuite les brins de sauge à quatre points équidistants, au haut de l'anneau. Ajouter environ quatre brins de menthe à chacune des quatre sections de l'anneau, puis compléter avec le romarin et le thym. Vérifier s'il reste des endroits découverts et, le cas échéant, les compléter au goût. Si la couronne est préparée à l'avance, la ranger au réfrigérateur dans un grand sac de plastique scellé. La sortir du sac toutes les 24 heures et la laisser reposer dans 2,5 cm (1 po) d'eau pendant environ une minute.

Couronne de fleurs : planter des fleurs uniques (comme des pensées) sur une tige d'environ 2,5 cm (1 po) dans l'anneau de mousse oasis. Poser une bougie cylindrique au centre.

Couronne de houx : avec des branches de houx frais et un anneau de mousse oasis, il est facile de fabriquer une couronne de Noël que l'on complète avec une bougie cylindrique rouge ou verte ou un plat de bonbons des Fêtes.

Parfois, c'est le plus simple des centres de table qui attire le plus l'œil.

Ce vase fait d'un poivron orange est simple et fait valoir la beauté naturelle du fruit et des œillets. Pour le fabriquer, tailler les tiges des fleurs à environ 1½ fois la hauteur du poivron. Laver et «polir» le poivron. Poser le poivron sur le bout de la tige et «creuser» des petits trous avec la pointe d'un couteau-éplucheur dans chacun des quartiers bombés. Tenir le poivron sous l'eau pour le remplir d'eau, l'essuyer et y introduire les fleurs. Photo à la page 48.

Variante : choisir des poivrons de différentes couleurs, mais de taille comparable et les grouper au centre de la table. Les couleurs assorties sont parfaites pour une fête mexicaine tandis que les poivrons rouges et verts sont tout indiqués à Noël.

Ce vase en citron exquis est sûr de fasciner tout le monde. Pour le faire, choisir des citrons très jaunes qui ont une jolie forme. Comme les gerberas ont une grosse tête et une tige solide, retailler la tige à environ 2½ fois la hauteur du citron. Laver et «polir» le citron. Poser le citron sur son côté pour trouver son point d'équilibre naturel. Avec la pointe d'un couteau-éplucheur, tailler dans le dessus du citron, au centre, un trou légèrement plus large que le diamètre de la tige. Creuser le citron autant que possible, mais sans élargir le trou. Parce que les citrons sont acides, il faut poser un peu de pellicule plastique dans le trou et y verser un peu d'eau. Introduire les fleurs. Tailler deux feuilles dans du papier d'aluminium ou du papier vert luisant. Les fixer au bout de cure-dents en bois. Introduire les deux «feuilles» dans le citron.

Variante : utiliser des petits citrons et ne mettre qu'une fleur et une feuille dans chaque citron, en suivant la démarche qui précède. Avec un marqueur indélébile, inscrire le nom de chaque invité sur un citron. Et voilà, les citrons sont devenus cartes de table!

Pour les cartes de table, on peut aussi acheter de ces petits sacs-cadeaux que l'on trouve partout de nos jours. Les remplir de menthes digestives ou de chocolats posés sur un lit de papier de soie coloré. Avec un marqueur doré ou à encre indélébile, inscrire le nom de chaque invité sur un sac en évitant de frotter l'encre avant qu'elle ne soit sèche. Plus simple encore, et plus polyvalent, il suffit d'acheter un paquet de cartes blanches (vendues dans les magasins de cartes et de fournitures pour les mariages).

Les cartes blanches peuvent être coloriées ou on peut y dessiner quelque chose. On peut aussi les décorer avec des autocollants qui reprennent le thème ou les couleurs de la rencontre. Il existe des centaines d'autocollants, y compris des formes, des animaux, ceux qui reprennent des fêtes spécifiques, des mots, des scènes naturelles et bien d'autres.

Les cartes de table permettent d'éviter que les invités soient nécessairement assis à côté de leur conjoint ou de leur partenaire. Elles permettent également de placer les gauchers aux coins extérieurs gauches pour éviter que les invités se cognent les coudes. Réserver une place munie d'une chaise confortable pour une tante âgée. Il y a une foule de raisons qui justifient l'emploi de cartes de table lorsque plus de six personnes doivent prendre place à la table.

Acheter plusieurs bouquets de petites fleurs de soie dans un magasin d'artisanat ou un magasin d'alimentation. Dégager les tiges les unes des autres, puis envelopper les fleurs uniques autour des serviettes ou de la tige des verres à vin. En mettre deux ou trois autour des bougeoirs et des anses des paniers. En poser des petits bouquets dans des petits vases, pichets ou autres contenants. Ces fleurs sont subtiles, mais ajoutent un peu de couleur à la table. Trouver d'autres endroits, dans le salon ou la salle de bain des invités, qui sont propices à les accrocher. Désormais, un thème décoratif guide les invités dans leurs déplacements.
Ces fleurs sont particulièrement jolies comme décoration quand on fête une naissance ou un mariage.

Alors que l'heure de l'arrivée des invités approche, le moment est venu de reprendre vos listes et de vérifier que vous n'avez rien oublié. Mettez une musique de fond et profiter de quelques moments de paix et de détente. Le tour est joué—c'est simple, n'est-ce pas?

Couverts et décorations

Tableaux de mesures

Dans cet ouvrage, les quantités sont exprimées en mesures impériales et métriques. Pour compenser l'écart entre les deux systèmes quand les quantités sont arrondies, une pleine mesure métrique n'est pas toujours utilisée.

La tasse correspond aux 8 onces liquides courantes.

La température est donnée en degrés Fahrenheit et Celsius.

Les dimensions des moules et des récipients sont en pouces et en centimètres ainsi qu'en pintes et en litres. Une table de conversion métrique exacte, avec l'équivalence pratique (mesure courante), se trouve ci-contre.

Températures du four

Fahrenheit (°F)	Celsius (°C)
175°	80°
200°	95°
225°	110°
250°	120°
275°	140°
300°	150°
325°	160°
350°	175°
375°	190°
400°	205°
425°	220°
450°	230°
475°	240°
500°	260°

Moules

Mesure courante, en pouces	Métrique, en centimètres
8x8 po	20x20 cm
9x9 po	22x22 cm
9x13 po	22x33 cm
10x15 po	25x38 cm
11x17 po	28x43 cm
8x2 po (rond)	20x5 cm
9x2 po (rond)	22x5 cm
10x4½ po (cheminée)	25x11 cm
8x4x3 po (pain)	20x10x7,5 cm
9x5x3 po (pain)	22x12,5x7,5 cm

Cuillerées

Mesure Courante	Métrique Conversion exacte, en millilitre (mL)	Métrique Mesure standard, en millilitre (mL)
⅛ cuillerée à thé (c. à thé)	0,6 mL	0,5 mL
¼ cuillerée à thé (c. à thé)	1,2 mL	1 mL
½ cuillerée à thé (c. à thé)	2,4 mL	2 mL
1 cuillerée à thé (c. à thé)	4,7 mL	5 mL
2 cuillerées à thé (c. à thé)	9,4 mL	10 mL
1 cuillerée à soupe (c. à soupe)	14,2 mL	15 mL

Tasses

Mesure courante	Métrique Conversion exacte	Métrique Mesure standard
¼ tasse (4 c. à soupe)	56,8 mL	60 mL
⅓ tasse (5⅓ c. à soupe)	75,6 mL	75 mL
½ tasse (8 c. à soupe)	113,7 mL	125 mL
⅔ tasse (10⅔ c. à soupe)	151,2 mL	150 mL
¾ tasse (12 c. à soupe)	170,5 mL	175 mL
1 tasse (16 c. à soupe)	227,3 mL	250 mL
4½ tasses	1022,9 mL	1000 mL (1 L)

Mesures sèches

Mesure courante, en onces (oz)	Métrique Conversion exacte, en grammes (g)	Métrique Mesure standard, en grammes (g)
1 oz	28,3 g	28 g
2 oz	56,7 g	56 g
3 oz	85,0 g	85 g
4 oz	113,4 g	125 g
5 oz	141,7 g	140 g
6 oz	170,1 g	170 g
7 oz	198,4 g	200 g
8 oz	226,8 g	250 g
16 oz	453,6 g	500 g
32 oz	907,2 g	1000 g (1 kg)

Récipients (Canada et Grande-Bretagne)

Mesure courante	Mesure métrique exacte
1 pte (5 tasses)	1,13 L
1½ pte (7½ tasses)	1,69 L
2 pte (10 tasses)	2,25 L
2½ pte (12½ tasses)	2,81 L
3 pte (15 tasses)	3,38 L
4 pte (20 tasses)	4,5 L
5 pte (25 tasses)	5,63 L

Récipients (États-Unis)

Mesure courante	Mesure métrique exacte
1 pte (4 tasses)	900 mL
1½ pte (6 tasses)	1,35 L
2 pte (8 tasses)	1,8 L
2½ pte (10 tasses)	2,25 L
3 pte (12 tasses)	2,7 L
4 pte (16 tasses)	3,6 L
5 pte (20 tasses)	4,5 L

Index

A

Abaisse au chocolat 143
Abaisse de chapelure Graham 144
Abaisses
    Fond de meringue 142
Abricots
    Bouchées 21
    Bœuf au four 113
    Liqueur 56
    Poulet 132
Agneau
    Cari spécial 131
Ail
    Beurre 160
    Pommes de terre aux herbes ... 167
Ailes au four 38
Ailes en sauce 38
Amandes
    Biscuits réfrigérés 87
    Carrés fromagés 157
    Dessert 99
Ananas
    Gâteau 78
Arachides
    Pain au beurre d'arachides 65
    Tarte givrée au beurre
        d'arachides 144
Arachides au sucre 85
Artichauts
    Fondue au fromage 20
    Salade au riz 147
Aubergines
    Casserole dorée aux
        aubergines 163
Aubergines au parmesan 163

B

Bacon
    Œufs au four 72
    Œufs et fromage 72
Bagatelle à l'orange 101
Bagatelles épicées 45
Bananes en sauce 97
Bananes
    Tarte à la crème 144
Bandes pâtissières 89
Barres sucrées 155
Bâtonnets de fromage 50
Beurre à l'ail 160
Bifteck à la suisse suprême 112
Biscuits
    Bandes pâtissières 89
    Bouchées aux brisures
        de chocolat 88
    Doigts de meringue 21
    Marguerites jaunes 88
Biscuits au caramel bouillis 87
Biscuits aux épices mous 86
Biscuits de pâte à l'orange et
    aux raisins 62
Biscuits de pâte au blé entier 62
Biscuits de pâte au jambon 60
Biscuits de pâte aux fines herbes ... 62
Biscuits de pâte chauds 62
Biscuits de pâte feuilletés 60
Biscuits de pâte garnis 74
Biscuits réfrigérés aux amandes 87
Biscuits réfrigérés aux noix 87
Bleuets
    Pain 63
    Petits pains 67
Boissons
    Chocolat chaud à la menthe ... 55
    Eau-de-vie de cerises 57
    Frappé 56
    Frappé aux canneberges 54
    Liqueur à la menthe 57
    Liqueur d'abricots 56
    Liqueur de canneberges 56
    Liqueur de cerises 57
    Liqueur de framboises 56
    Liqueur de pommettes 56
    Mokas panachés 55
    Punch à la rhubarbe 53
    Punch au café 54
    Punch au raisin 54
    Thé glacé aux canneberges 53
Bouchées aux abricots 21
Bouchées aux brisures de
    chocolat 88
Bouchées aux olives noires 43
Bouchées de bagel 44
Bouchées de courgettes 43
Bœuf
    Bifteck à la suisse suprême 112
    Boulettes en sauce 36
    Boulettes mexicaines 18
    Canapés à la viande et
        au fromage 34
    Canapés de bœuf salé 32
    Cari spécial 131
    Casserole de bœuf au riz 121
    Casserole de l'amitié 113
    Fondue à la bière 20
    Fondue au bifteck 17
    Fondue de pizza 16
    Galettes de bœuf salé 114
    Galettes en sauce épicée 119
    Grand fricassé 121
    Lasagne 124
    Médaillons de bœuf 119
    Nouilles à la thaïlandaise 117
    Pain de viande abondance 120
    Pain de viande extraordinaire ... 120
    Pointe de poitrine de bœuf 124
    Presque lasagne 116
    Ragoût de bœuf 122
    Ragoût de haricots 117
Bœuf au gingembre 116
Bœuf aux abricots au four 113
Bœuf bourguignon 122
Bœuf en croûte 118
Bœuf et pommes de terre
    au four 118
Bœuf Stroganov simple 112
Boule de fromage et jambon 51
Boulettes de porc 127
Boulettes de porc en sauce 125
Boulettes en sauce 36
Boulettes mexicaines 18
Brie caramélisé 49

Brochettes hawaïennes 35
Brocoli
    Casserole 161
Bruschetta............................... 34

C

Canapés à la viande et
    au fromage 34
Canapés aux champignons.......... 34
Canapés aux crevettes 32
Canapés de bœuf salé 32
Canapés épicés 32
Canneberges
    Frappé 54
    Liqueur 56
    Thé glacé 53
Caramel
    Biscuits bouillis 87
    Carrés aux pacanes 158
    Carrés croustillants 158
    Crème 96
    Fondue............................... 20
    Glaçage 81
    Maïs soufflé 84
    Noix caramélisées................... 83
    Pains collants........................ 66
Cari de dinde et de nouilles 133
Cari spécial 131
Carottes glacées aux noix 161
Carottes spéciales 160
Carrés
    Barres sucrées....................... 155
    Fudge aux noix 158
    Fudge simplicité 156
Carrés à la crème sure 157

Carrés au fudge 156
Carrés aux amandes fromagés 157
Carrés aux courgettes 60
Carrés aux pacanes et
    au caramel 158
Carrés croustillants au caramel..... 158
Carrés de pizza végétarienne 44
Carrés Graham au chocolat 156
Carrés marbrés 155
Casserole de bœuf au riz 121
Casserole de brocoli................... 161
Casserole de crevettes................ 108
Casserole de l'amitié 113
Casserole de pommes de terre
    rapide............................... 169
Casserole de pommes de terre..... 166
Casserole dorée aux aubergines... 163
Casserole épicée de pommes de
    terre et d'oignons................ 167
Casseroles
    Oignons en cocotte................ 164
Cerises
    Eau-de-vie 57
    Liqueur 57
    Pain aux pommes................... 64
    Sauce 96
Champignons
    Canapés 34
    Crème 151
Champignons champêtres........... 42
Champignons en crème 165
Chaudrée de palourdes.............. 152
Chaudrée de palourdes rapide..... 152
Chili grillé 70
Chocolat
    Abaisse............................... 143
    Bouchées aux brisures 88
    Carrés Graham 156
    Fondue............................... 20
    Gâteau 75
    Gâteau au lait chaud 76
    Gâteau simple 80
    Glaçage rapide 82
    Pain à l'orange 65
    Sauce sucrée 97
    Tarte des anges 142
    Tarte mousseline 140
Chocolat chaud à la menthe........ 55

Chutney simple 131
Citron
    Dessert................................ 98
    Dessert des anges.................. 102
Citrouille
    Soupe................................ 151
    Tarte double........................ 141
Concombres
    Mousse............................... 148
Confiseries
    Barres sucrées....................... 155
    Carrés au fudge.................... 156
    Fudge aux noix 158
    Fudge simplicité 156
Côtelettes épicées aux pruneaux... 126
Coulibiac 105
Courgettes
    Bouchées............................. 43
    Carrés................................ 60
    Mini-muffins 60
Crabe
    Enchiladas 106
    Gratin aux tomates 107
    Hors-d'œuvre 48
    Petits choux 46
Crabe à l'impériale.................... 108
Crabe extraordinaire 107
Crème caramel 96
Crème de champignons 151
Crevettes
    Canapés 32
    Casserole 108
    Riz frit................................ 169
    Salade de riz........................ 145
    Tartelettes 49
    Trempette 25
Croustillant aux pommes de terre
    et aux navets...................... 165
Croustillants au fromage............. 49

D

Déjeuner au four....................... 72
Délice de côtes levées................ 127
Délice frais aux fruits.................. 103
Dessert à la citrouille.................. 99
Dessert à la rhubarbe 95
Dessert au citron....................... 98

Dessert au kahlua	102
Dessert aux amandes	99
Dessert aux craquelins	91
Dessert des anges au citron	102
Dessert réfrigéré	97
Dessert spécial	98
Desserts	
Bagatelle à l'orange	101
Bananes en sauce	97
Crème caramel	96
Délice frais aux fruits	103
Dessert à la rhubarbe	95
Dessert aux craquelins	91
Dumplings aux brisures	103
Gâteau à la bostonnaise	91
Gâteau au fromage classique	90
Meringue aux noisettes	94
Meringue forêt-noire	94
Pavlova à plat	95
Dinde	
Cari de dinde et de nouilles	133
Escalopes de dinde à l'italienne	136
Hachis de dinde	136
Pain de dinde	135
Papillotes de dinde	135
Poitrines de dinde au four	137
Rôti de dinde	137
Soupe à la dinde	154
Doigts de meringue	21
Dumplings aux brisures	103

E

Eau-de-vie de cerises	57
En-cas aux piments verts	39
Enchiladas au crabe	106
Escalopes de dinde à l'italienne	136

F

Farce aux fines herbes	137
Filet de porc	128
Filets de poulet panés	132
Flétan au four	111
Fond de meringue	142

Fondue à la bière	20
Fondue au bifteck	17
Fondue au caramel	20
Fondue au chocolat	20
Fondue aux artichauts et au fromage	20
Fondue de pizza	16
Fondue orientale au bouillon	17
Fraises	
Tarte	143
Tarte à l'anglaise	142
Framboises	
Liqueur	56
Salade	149
Vinaigrette	149
Frappé	56
Frappé aux canneberges	54
Fromage	
Bâtonnets	50
Boule de jambon	51
Canapés à la viande	34
Carrés aux amandes	157
Croustillants	49
Fondue aux artichauts	20
Gâteau au bleu	52
Gâteau classique	90
Œufs au bacon	72
Pain de saucisse	71
Pépites	52
Rouleau	52
Surprise de macaroni	71
Tarte	51
Tour	50
Fruits	
Bagatelle à l'orange	101
Bananes en sauce	97
Biscuits de pâte à l'orange et aux raisins	62
Cari spécial	131
Chutney simple	131
Côtelettes épicées aux pruneaux	126

Délice frais	103
Dessert à la rhubarbe	95
Dessert spécial	98
Muffins à la rhubarbe	58
Muffins Bonjour	58
Pain au chocolat et à l'orange	65
Pain aux bleuets	63
Pain aux pommes et aux cerises	64
Pain aux pruneaux	64
Pavlova à plat	95
Salade aux pêches melba	147
Salade de pommes et d'épinards	148
Sauce	91
Sauce aux cerises	96
Trempette	25
Trempette	25
Fruits de mer	
Canapés aux crevettes	32
Casserole de crevettes	108
Chaudrée de palourdes	152
Chaudrée de palourdes rapide	152
Crabe à l'impériale	108
Crabe extraordinaire	107
Enchiladas au crabe	106
Gratin de crabe aux tomates	107
Jambalaya	132
Pâtes fumées	110
Petits choux au crabe	46
Riz frit aux crevettes	169
Salade de riz aux crevettes	145
Sauce	48
Tartelettes aux crevettes	49
Trempette aux crevettes	25
Fudge aux noix	158
Fudge simplicité	156

G

Galettes de bœuf salé	114
Galettes de farce	167
Galettes de pommes de terre	166
Galettes en sauce épicée	119
Garniture pralinée	80

Gâteau à l'ananas	78
Gâteau à la bostonnaise	91
Gâteau au chocolat	75
Gâteau au chocolat simple	80
Gâteau au fromage bleu	52
Gâteau au fromage classique	90
Gâteau au lait chaud au chocolat	76
Gâteau au nectar doux	77
Gâteau au sherry	77
Gâteau aux épices et aux noix	81
Gâteau aux pistaches	75
Gâteau aux pommes épicé	80
Gâteau délice	76
Gâteau rapide	82

Gâteaux
Roulé des anges	81
Gâteries à la meringue	21

Gingembre
Bœuf	116
Muffins	59
Porc	126
Sauce	126

Glaçage à l'orange	65
Glaçage à la pistache	75
Glaçage à la vanille	78
Glaçage au caramel	81
Glaçage au chocolat rapide	82
Glaçage au nectar doux	77
Glaçage rose	82
Glaçage sept-minutes	82
Grand fricassé	121
Gratin de crabe aux tomates	107
Gratin de saucisses	130
Grignotises glacées	85
Grillades	130
Guacamole	26

H

Hachis de dinde	136
Hachis de poulet	136

Haricots
Ragoût	117
Soupe aux haricots noirs	154
Trio au four	164
Haricots au four	164

Hors-d'œuvre
Ailes au four	38

Hors-d'œuvre
Ailes en sauce	38
Bagatelles épicées	45
Bâtonnets de fromage	50
Bouchées aux olives noires	43
Bouchées de bagel	44
Bouchées de courgettes	43
Boule de fromage et jambon	51
Boulettes en sauce	36
Brie caramélisé	49
Brochettes hawaïennes	35
Bruschetta	34
Canapés à la viande et au fromage	34
Canapés aux champignons	34
Canapés aux crevettes	32
Canapés de bœuf salé	32
Canapés épicés	32
Carrés de pizza végétarienne	44
Champignons champêtres	42
Crabe	48
Croustillants au fromage	49
En-cas aux piments verts	39
Gâteau au fromage bleu	52
Guacamole	26
Mousse de saumon	48
Pains au poulet	37
Pelures de pommes de terre	35
Pépites de fromage	52
Petites bouchées au jambon	45
Petites saucisses fumées	36
Petits choux au crabe	46
Quesadillas en hors-d'œuvre	39
Rouleau au fromage	52
Rouleaux au chili	50
Saucisse sur réchaud	37
Saucisses en pâte	36
Tarte au fromage	51
Tartelettes aux crevettes	49
Tostadas	39
Tour de fromage	50
Trempette à fruits	25
Trempette à la moutarde	26
Trempette aux biscuits	25
Trempette aux crevettes	25
Trempette chaude au four	42
Trempette mexicaine	42
Trempette printanière	25
Verdurettes	46
Hors-d'œuvre au crabe	48

J

Jambalaya	132

Jambon
Biscuits de pâte	60
Boule de fromage	51
Petites bouchées	45
Tranches au four	125
Jambon et pâtes au four	129
Julienne de poulet	134

L

Lasagne	124

Légumes
Aubergines au parmesan	163
Carottes glacées aux noix	161
Carottes spéciales	160
Carrés de pizza végétarienne	44
Casserole de brocoli	161
Casserole de pommes de terre	166
Casserole de pommes de terre rapide	169
Casserole dorée aux aubergines	163
Casserole épicée de pommes de terre et d'oignons	167
Champignons en crème	165
Croustillant aux pommes de terre et aux navets	165

Galettes de farce 167
Galettes de pommes de terre... 166
Haricots au four...................... 164
Oignons en cocotte................ 164
Pâtissons 160
Pommes de terre aux herbes et
 à l'ail 167
Pommes frites maison 168
Purée de navets aux
 guimauves 161
Purée de pommes de terre...... 168
Trio de haricots au four 164
Légumes à l'italienne 162
Légumes braisés 162
Liqueur à la menthe 57
Liqueur d'abricots 56
Liqueur de canneberges 56
Liqueur de cerises 57
Liqueur de framboises 56
Liqueur de pommettes 56

M

Maïs soufflé au caramel 84
Marguerites jaunes 88
Marmelade surgelée 73
Médaillons de bœuf 119
Mélange de céréales à
 grignoter 84
Meringue
 Doigts 21
 Fond 142
 Gâteries 21
Meringue aux noisettes 94
Meringue forêt-noire 94
Mini-muffins aux courgettes 60
Mokas panachés 55
Morue au four 108
Morue mijotée 111
Mousse aux concombres 148
Mousse de saumon 48
Muffins
 Mini-muffins aux courgettes... 60
 Muffins à la rhubarbe 58
 Muffins au gingembre 59
 Muffins au son 59
 Muffins Bonjour 58

N

Navets
 Croustillant aux pommes de
  terre 165
 Purée aux guimauves 161
Noix
 Arachides au sucre 85
 Biscuits réfrigérés 87
 Carottes glacées 161
 Fudge 158
 Gâteau aux épices 81
 Grignotises glacées 85
 Mélange de céréales à
  grignoter 84
 Tarte mousseline 143
Noix caramélisées 83
Noix enrobées de sucre 83
Nouilles à la thaïlandaise 117
Nouilles et soupe 150

O

Œufs
 Gratin de saucisses 130
 Omelette au four 72
 Pain de fromage et de saucisse... 71
 Quiche française à l'oignon 70
 Quiche sans fond rapide 129
 Sandwich de Denver 70
 Surprise de macaroni et
  fromage 71
Œufs au bacon et fromage 72
Œufs et bacon au four 72
Œufs sur pain grillé 73
Oignons
 Casserole épicée de pommes
  de terre 167
 Quiche française 70
 Riz 170
Oignons en cocotte 164
Omelette au four 72
Oranges
 Bagatelle 101
 Biscuits de pâte aux raisins 62
 Glaçage 65
 Pain au chocolat 65
 Sauce épicée 148

P

Pain à la Hovis 65
Pain au beurre d'arachides 65
Pain au chocolat et à l'orange 65
Pain aux bleuets 63
Pain aux pommes et aux cerises... 64
Pain aux pruneaux 64
Pain de blé entier 63
Pain de dinde 135
Pain de fromage et de saucisse 71
Pain de poulet 135
Pain de viande abondance 120
Pain de viande extraordinaire ... 120
Pains au poulet 37
Pains collants à la cannelle 66
Pains collants au caramel 66
Pains éclairs
 Biscuits de pâte à l'orange et
  aux raisins 62
 Biscuits de pâte au jambon 60
 Biscuits de pâte au blé entier... 62
 Biscuits de pâte aux fines
  herbes 62
 Biscuits de pâte chauds 62
 Biscuits de pâte feuilletés 60
 Biscuits de pâte garnis 74
 Mini-muffins aux courgettes 60
 Muffins à la rhubarbe 58
 Muffins au gingembre 59
 Muffins au son 59
 Muffins Bonjour 58
 Pain à la Hovis 65
 Pain au beurre d'arachides 65
 Pain au chocolat et à l'orange... 65
 Pain aux bleuets 63
 Pain aux pommes et
  aux cerises 64
 Pain aux pruneaux 64
 Pain de blé entier 63
 Pains collants à la cannelle 66
 Pains collants au caramel 66
 Petits pains aux bleuets 67

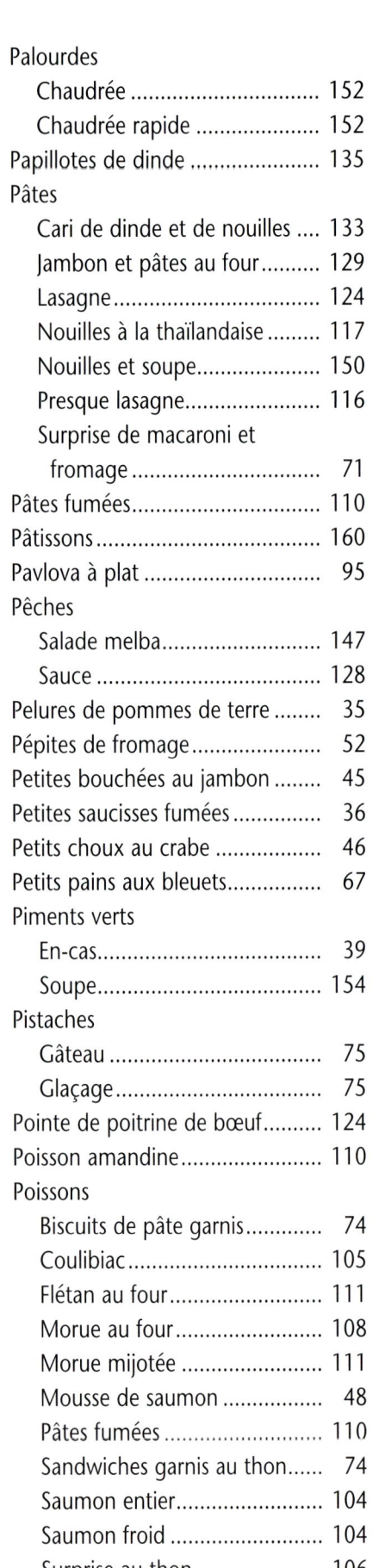

Palourdes
- Chaudrée 152
- Chaudrée rapide 152

Papillotes de dinde 135

Pâtes
- Cari de dinde et de nouilles 133
- Jambon et pâtes au four 129
- Lasagne 124
- Nouilles à la thaïlandaise 117
- Nouilles et soupe 150
- Presque lasagne 116
- Surprise de macaroni et fromage 71

Pâtes fumées 110
Pâtissons 160
Pavlova à plat 95

Pêches
- Salade melba 147
- Sauce 128

Pelures de pommes de terre 35
Pépites de fromage 52
Petites bouchées au jambon 45
Petites saucisses fumées 36
Petits choux au crabe 46
Petits pains aux bleuets 67

Piments verts
- En-cas 39
- Soupe 154

Pistaches
- Gâteau 75
- Glaçage 75

Pointe de poitrine de bœuf 124
Poisson amandine 110

Poissons
- Biscuits de pâte garnis 74
- Coulibiac 105
- Flétan au four 111
- Morue au four 108
- Morue mijotée 111
- Mousse de saumon 48
- Pâtes fumées 110
- Sandwiches garnis au thon 74
- Saumon entier 104
- Saumon froid 104
- Surprise au thon 106

Poitrines de dinde au four 137

Pommes
- Gâteau épicé 80
- Liqueur de pommettes 56
- Pain aux cerises 64
- Salade d'épinards 148

Pommes de terre
- Bœuf au four 118
- Casserole 166
- Casserole épicée d'oignons 167
- Casserole rapide 169
- Croustillant aux navets 165
- Galettes 166
- Pelures 35
- Pommes frites maison 168
- Potage 150
- Purée 168

Pommes de terre aux herbes et à l'ail 167
Pommes frites maison 168

Porc
- Biscuits de pâte au jambon 60
- Boule de fromage et jambon ... 51
- Boulettes 127
- Boulettes en sauce 125
- Brochettes hawaïennes 35
- Canapés à la viande et au fromage 34
- Côtelettes épicées aux pruneaux 126
- Délice de côtes levées 127
- Filet 128
- Gratin de saucisses 130
- Grillades 130
- Jambalaya 132
- Jambon et pâtes au four 129
- Œufs au bacon et fromage 72
- Œufs et bacon au four 72
- Omelette au four 72
- Pain de fromage et de saucisse ... 71
- Petites bouchées au jambon 45
- Petites saucisses fumées 36
- Quiche sans fond rapide 129
- Sandwich de Denver 70
- Saucisse sur réchaud 37
- Saucisses en pâte 36
- Saucisses en sauce 125
- Tranches de jambon au four ... 125

Porc aigre-doux 128
Porc au gingembre 126
Potage aux pommes de terre 150

Poulet
- Ailes au four 38
- Ailes en sauce 38
- Filets panés 132
- Grillades 130
- Hachis 136
- Julienne 134
- Nouilles et soupe 150
- Pain 135
- Pains 37
- Riz chinois 170
- Riz frit 169
- Sandwiches garnis 74
- Suprême de filets 133

Poulet aux abricots 132
Poulet aux tomates 134
Poulet pratique 136
Presque lasagne 116

Pruneaux
- Côtelettes épicées 126
- Pain 64

Punch à la rhubarbe 53
Punch au café 54
Punch au raisin 54
Purée de navets aux guimauves 161
Purée de pommes de terre 168

Q

Quesadillas en hors-d'œuvre 39
Quiche française à l'oignon 70
Quiche sans fond rapide 129

R

Ragoût de bœuf 122
Ragoût de haricots 117
Rhubarbe
    Dessert 95
    Muffins 58
    Punch 53
    Tarte aux raisins 140
Riz
    Casserole de bœuf 121
    Jambalaya 132
    Poulet pratique 136
    Salade aux artichauts 147
    Salade aux crevettes 145
Riz à l'oignon 170
Riz chinois au poulet 170
Riz élégant 170
Riz frit au poulet 169
Riz frit aux crevettes 169
Riz frit spécial 170
Rôti de dinde 137
Roulé des anges 81
Rouleau au fromage 52
Rouleaux au chili 50

S

Salade au riz et
  aux artichauts 147
Salade aux pêches melba 147
Salade de bretzels 149
Salade de chou 148
Salade de framboises 149
Salade de pommes et d'épinards ... 148
Salade de riz aux crevettes ... 145
Salade pour un buffet 146
Salade verte 146
Salades
    Mousse aux concombres 148

Sandwich de Denver 70
Sandwiches à la reuben 114
Sandwiches garnis au poulet ... 74
Sandwiches garnis au thon 74
Sauce à l'orange épicée 148
Sauce aigre-douce 18
Sauce au fudge 97
Sauce au gingembre 126
Sauce aux cerises 96
Sauce aux fruits 91
Sauce aux pêches 128
Sauce chutney aux mangues 18
Sauce épicée 119
Sauce pour fruits de mer 48
Sauce sucrée au chocolat 97
Sauce teriyaki au sésame 18
Sauces à salade
    Sauce à l'orange épicée 148
    Vinaigrette aux framboises .. 149
    Vinaigrette épicée 146
Saucisse sur réchaud 37
Saucisses en pâte 36
Saucisses en sauce 125
Saumon
    Mousse 48
Saumon entier 104
Saumon froid 104
Soupe à la citrouille 151
Soupe à la dinde 154
Soupe aux haricots noirs 154
Soupe aux piments verts 154
Soupes
    Chaudrée de palourdes 152
    Chaudrée de palourdes
      rapide 152
    Crème de champignons 151
    Nouilles et soupe 150
    Potage aux pommes de terre .. 150
Suprême de filets de poulet ... 133
Surprise au thon 106
Surprise de macaroni et fromage ... 71

T

Tarte à la citrouille double .. 141
Tarte à la confiture 141
Tarte à la crème aux
  bananes 144
Tarte au fromage 51
Tarte aux fraises à l'anglaise ... 142
Tarte aux fraises fraîches 143
Tarte aux raisins et à la
  rhubarbe 140
Tarte des anges au chocolat ... 142
Tarte givrée au beurre
  d'arachides 144
Tarte mousseline au chocolat .. 140
Tarte mousseline aux noix 143
Tartelettes aux crevettes 49
Tartinade à l'aneth 44
Tartinade aux olives 44
Thé glacé aux canneberges 53
Thon
    Sandwiches garnis 74
    Surprise 106
Tostadas 39
Tour de fromage 50
Tranches de jambon au four 125
Trempette à fruits 25
Trempette à la moutarde 26
Trempette au chili et
  au raifort 18
Trempette aux biscuits 25
Trempette aux crevettes 25
Trempette chaude au four 42
Trempette mexicaine 42
Trempette printanière 25
Trempettes
    Guacamole 26
Trio de haricots au four 164

V

Verdurettes 46
Vinaigrette aux framboises 149
Vinaigrette épicée 146